De la Wilaya VI aux États-Unis :
Témoignage d'un enfant de Berrouaghia pendant la guerre de libération d'Algérie

Abderrahmane MEGATELI

De la Wilaya VI aux États-Unis :
Témoignage d'un enfant de Berrouaghia pendant la guerre de libération d'Algérie

L'Harmattan

Du même auteur

Petroleum Policies and National Oil Companies : A Comparative Study of Investment Policies with Emphasis on Exploration of SONATRACH (Algeria), NIOC (Iran), and PEMEX (Mexico), 1970-1975, Thèse de doctorat, University of Texas at Austin, 1978.

Investment Policies of National Oil Companies : A Comparative Study of Sonatrach, NIOC, and Pemex, Praeger Publishers, New York, 1980.

« La politique d'investissement en recherche pétrolière de Sonatrach, SNIP et PEMEX », *Revue El-Hindiss*, n°6, Union des ingénieurs algériens, 1980.

© 2020, L'Harmattan
5-7, rue de l'École-Polytechnique – 75005 Paris
www.editions-harmattan.fr

ISBN : 978-2-343-21297-5

EAN : 9782343212975

Sommaire

Remerciements
par Larbi Megateli

Mon regretté père était très sociable et avait de nombreux amis de tous les horizons, et je ne les connais pas tous. Je voudrais m'excuser d'avance si j'ai omis le nom de toute personne qui avait aidé mon père pour l'écriture de son livre.

D'abord, je voudrais remercier un ami de mon père de longue date, Chérif Faïdi[1], de m'avoir mis en contact avec le célèbre militant et historien Mohammed Harbi qui à son tour m'a aidé à établir le contact avec l'éditeur Abderahmane Bouchène des Éditions Bouchène que je remercie sincèrement de m'avoir aidé à formater les notes de mon père. Je suis également reconnaissant à Zahida Bestani née Hassen-Khodja (la femme de Rachid Bestani, un bon ami de mon père) de m'avoir orienté vers l'éditeur Rachid Bouzid des Éditions Rafar. Je voudrais remercier profondément Rachid Bouzid pour son aide, son enthousiasme et sa détermination quant à l'achèvement de la publication du livre et son attachement à la diffusion des récits des moudjahidine. Je remercie aussi l'équipe des Éditions L'Harmattan pour les dernières retouches apportées au manuscrit et pour leur aide dans la publication du livre. J'exprime également ma profonde gratitude à la traductrice-interprète Esma K. Zahzah de Esmacom (avec qui j'ai été mis en contact par Rachid Bouzid) pour ses révisions très utiles du manuscrit.

Mes remerciements vont encore à Chérif Faïdi pour des discussions utiles que j'ai engagées avec lui sur l'industrie pétrolière algérienne après l'indépendance.

Je voudrais également remercier profondément Elaine Klein Mokhtefi[2] pour son soutien et sa relecture du manuscrit. Elaine Mokhtefi a vu le texte avec un œil neuf et a donné beaucoup de commentaires perspicaces qui ont considérablement amélioré le contenu du livre.

---

1. Chérif Faïdi, comme mon père, a été envoyé par le GPRA pour étudier aux États-Unis juste avant l'indépendance algérienne, et ensuite a été, avec mon père, l'un des premiers pionniers de la Sonatrach après l'indépendance dans les années 1960.

2. Écrivain et peintre de talent. Elle a travaillé au bureau du FLN à New York pendant la guerre d'indépendance algérienne et a vécu en Algérie et a travaillé dans la presse nationale après l'indépendance. Elle est l'épouse du moudjahid et écrivain Mokhtar Mokhtefi.

Je suis aussi reconnaissant à Elaine Mokhtefi et à Abderahmane Bouchène de m'avoir aidé à formuler le titre du livre. J'ai fini par combiner les suggestions originales de mon père à celles d'Abderahmane Bouchène pour arriver au titre actuel.

Je voudrais à nouveau offrir mes remerciements de la part de mon père à Chérif Faïdi, Hamou Amirouche[1] et Mohammed Harbi. Chérif Faïdi et Hamou Amirouche étaient des amis communs de Mohammed Harbi (que mon père a rencontré lors d'un bref passage en Suisse en 1959). Ils ont facilité la reprise de contact avec Mohammed Harbi qui a aidé mon père alors qu'il écrivait encore son livre, surtout avec les Archives nationales françaises. Je me rappelle aussi que Hamou Amirouche et mon père ont eu beaucoup de discussions stimulantes sur leurs expériences au maquis pendant la Révolution algérienne. Karim Budin, un ancien collègue de mon père à la Banque mondiale, a également aidé mon père avec les Archives nationales françaises.

Je voudrais également rendre hommage aux compagnons de mon père au maquis pour leur soutien et leur amitié à vie, comme le capitaine Si Yahia Megherbi[2], le capitaine Chaïd Hamoud dit Si Abderrahmane[3], Si Mohamed Oussaïd, Zizi Khelifa dit Si Abdelkader « *Speak-lui* »[4], le capitaine Si Ali Lounici[5], Hamid Boumahdi[6], Mustapha Benamar[7], Mokhtar

1. Originaire de Tazmalt, un moudjahid et le secrétaire du colonel Amirouche dans la wilaya III, comme il le décrit brillamment dans son livre *Akfadou : Un an avec le colonel Amirouche*, un livre que mon père admirait beaucoup. Hamou rappelait affectueusement à mon père qu'ils étaient parmi les seuls moudjahidine envoyés étudier aux États-Unis.

2. Originaire de Biskra, un moudjahid et le chef de la zone 7 de la wilaya V. Son amitié généreuse a été une source constante de grand confort et de soutien pour mon père et notre famille. Après l'indépendance, je me souviens qu'il nous envoyait chaque année des dattes délicieuses du type *deglet nour* de sa ferme familiale de dattiers, peu importe où nous étions dans le monde.

3. Originaire de Dellys, un moudjahid et un compagnon de mon père dans la wilaya VI. Il a écrit un livre *Sans Haine ni Passion : Pages d'histoire de l'Algérie combattante* que mon père a trouvé intéressant et utile.

4. Un compagnon de mon père au lycée Duveyrier de Blida (actuellement lycée Ibn Rochd) et aussi un moudjahid qui était l'un de ses premiers compagnons dans la wilaya VI qui l'a aidé à prendre le maquis. Plus tard, il est devenu professeur de mathématiques à l'université de Paris et a écrit des manuels scolaires de mathématiques pour les étudiants universitaires algériens. Il m'a expliqué qu'il a eu ce sobriquet marrant de *Speak-lui* au maquis parce que chaque fois que quelqu'un avait une question, les gens se tournaient vers lui pour expliquer les choses avec la remarque « *Speak-lui* » qui est un diminutif dialectal algérien de « Explique-lui ».

5. Un moudjahid, capitaine de la zone 2, wilaya IV, et a été un compagnon de mon père lors de son deuxième voyage au Maroc et après en Égypte en 1958.

6. Un ami d'enfance de mon père à Berrouaghia et un moudjahid de la wilaya VI.

7. Originaire de Laghouat, un moudjahid de la wilaya VI qui a écrit le livre impressionnant, *C'étaient Eux les Héros*.

Mokhtefi[1], et bien d'autres.

J'exprime ma gratitude à Philippe Gaillard et à Chaïd Hamoud dit Si Abderrahmane pour l'aimable permission qu'ils m'ont accordée pour l'utilisation des cartes et des photos de leurs livres respectifs.

Je voudrais également remercier Benyoucef Ben Khedda qui a gracieusement reçu mon père et moi chez lui en 2000, quelques années avant sa mort en 2003 (*Allah yarahmou*, que Dieu ait son âme). Lors de cette rencontre, il a encouragé mon père à apporter son témoignage et à publier son histoire sur la wilaya VI[2], un encouragement qui l'a aidé à commencer à écrire son livre.

Un grand merci aux membres de ma famille : ma mère Khedaoudj Megateli qui a rassemblé des photos et des documents et qui a révisé le manuscrit ; ma sœur Nabiha Megateli pour son enregistrement de l'entretien qu'elle a effectué avec mon père ; la nièce de mon père Fella Moussaoui-El Kechai pour ses recherches sur l'histoire de la famille Megateli ; et les sœurs de mon père Aicha, Djamila et Nadjia Megateli qui lui ont rapporté des anecdotes familiales pendant son absence après qu'il avait déjà pris le maquis, notamment l'emprisonnement et la torture par les Français de mon grand-père, Ahmed Megateli. Benyoussef Fergani, un compagnon de cellule de prison de mon grand-père, a aussi apporté son aide en racontant à mon père l'emprisonnement de mon grand-père. Fort heureusement, mon grand-père, juste avant sa mort en 1985 (*Allah yarahmou*), a aussi relaté des anecdotes révélatrices et fascinantes à mon père.

Enfin, je tiens particulièrement à remercier la famille du colonel Ali Mellah dit Si Chérif (*Allah yarahmou*), le premier chef de la wilaya VI avec qui mon père était au maquis, en particulier sa veuve, Sadia Mellah née Lebdiri, son fils Amar et son petit-fils Sidali. La famille a aidé mon père par des discussions et des documents portant sur la vie et l'itinéraire extraordinaire du colonel Si Chérif.

En effet, l'histoire de ce livre est en l'honneur des martyrs (*Allah yarhamhoum*) comme le colonel Si Chérif (Ali Mellah), le colonel

1. Un ami d'enfance de mon père à Berrouaghia et l'un de ses compagnons au lycée Duveyrier de Blida (actuellement lycée Ibn Rochd). Il était aussi un moudjahid dans les transmissions à la wilaya V, comme en témoigne son livre fascinant, *J'étais Français-musulman : Itinéraire d'un soldat de l'ALN.*

2. « Wilaya » est un mot d'origine arabe pour région administrative ou province qui, pendant la guerre d'indépendance algérienne, représentait une région militaire. Le FLN a divisé l'Algérie en six wilayas : wilaya I (Aurès), wilaya II (Constantinois), wilaya III (Kabylie), wilaya IV (Algérois), wilaya V (Oranie) et wilaya VI (Sud algérien). La Fédération de France du FLN représentait la septième wilaya. (Voir aussi la carte des wilayas en Algérie pendant la guerre d'indépendance algérienne dans l'annexe.)

Si M'Hamed (Ahmed Bougara)[1] (chef de la wilaya IV qui a aidé à sauver la wilaya VI et mon père), le commandant Si Abderrahmane Djouadi[2], le colonel Si Tayeb El-Djoughlali[3], le colonel Lotfi (Benali Boudghène)[4], Abane Ramdane[5], le docteur Salim Zmirli[6], le lieutenant Si Mouloud (Abderrahmane Bentorkia)[7], Mohamed Rachid Amara[8], Larbi Saïdi[9] et tous ceux qui ont sacrifié leur vie pendant la Révolution algérienne pour que le reste d'entre nous puisse vivre dans l'indépendance.

---

1. Militant du PPA-MTLD, dirigeant de l'OS dans l'Algérois, parmi les moudjahidine de la première heure au maquis dans l'Algérois au moment du déclenchement de la Révolution algérienne en novembre 1954, a assisté au congrès de la Soummam en 1956 en tant que membre de l'équipe de la zone 4 (l'Algérois), adjoint politique, commandant, puis colonel et chef de la wilaya IV, tombé au champ d'honneur le 5 mai 1959 lors d'un accrochage avec l'armée française à Ouled Bouachra près de Médéa.

2. Commandant politique de la wilaya VI et adjoint du colonel Si Chérif Mellah. Assassiné et tombé au champ d'honneur comme le colonel Si Chérif Mellah lors du complot de Chérif Ben Saïdi en 1957.

3. Un compagnon du colonel Si M'Hamed à la wilaya IV qui a aidé à la reconstitution de la wilaya VI après le complot de 1957. Il est devenu le chef de la wilaya VI après la mort du colonel Si Haouès le 29 mars 1959. Il a été assassiné par Ali Ben Messaoud et tomba au champ d'honneur le 23 juillet 1959.

4. Un moudjahid de la wilaya V qui est devenu par la suite le chef de la wilaya V en mai 1958. Lorsqu'il retournait en Algérie en traversant la frontière marocaine, il a été tué lors d'un accrochage avec l'armée française et tomba au champ d'honneur près de Béchar le 27 mars 1960.

5. Militant et membre du Comité central du PPA-MTLD, membre de l'OS, en prison lors du déclenchement de la Révolution algérienne le 1er novembre 1954, libéré après presque cinq ans de prison le 19 janvier 1955, contacté par Ouamrane et Krim Belkacem pour rejoindre le FLN en tant que conseiller politique de la zone algéroise, a rallié au FLN presque toutes les tendances politiques algériennes (Ben Khedda et les centralistes, Ferhat Abbas et l'UDMA, l'Association des oulémas, le Parti communiste algérien, les étudiants et certains syndicats importants, mais pas Messali Hadj et le MNA qui ont refusé de se rallier au FLN) pour le transformer en un véritable mouvement révolutionnaire, l'architecte du congrès de la Soummam en août 1956 et des institutions de la Révolution algérienne, et membre du CNRA et du CCE. Il a été assassiné par le colonel Boussouf avec la complicité des membres militaires du CCE au Maroc en décembre 1957.

6. Chef de l'infirmerie et du service sanitaire de la wilaya VI. Il avait aussi une passion pour la musique jazz américaine et les chevaux arabes. Il tomba au champ d'honneur en 1959.

7. Un compagnon de maquis de mon père lors de son deuxième voyage au Maroc en 1958 au cours duquel il a été tué par l'armée française et tomba au champ d'honneur.

8. Un médersien qui a été un compagnon de mon père au lycée Bugeaud d'Alger (actuellement lycée Emir Abdelkader). Il était avec Abane Ramdane à Alger et plus tard à la wilaya IV où il tomba au champ d'honneur en juillet 1956.

9. Le meilleur ami d'enfance de mon père à Berrouaghia. Sa famille a émigré de la Kabylie à Berrouaghia et est devenue voisine de la famille de mon père. Il a été plus tard un compagnon de mon père au lycée Duveyrier de Blida (actuellement lycée Ibn Rochd) et après au lycée Bugeaud d'Alger (actuellement lycée Emir Abdelkader). Séparément de mon père, il avait pris le maquis où il tomba au champ d'honneur. Je porte son prénom.

Présentation

par Larbi Megateli

Quand j'ai appris la mort de mon père, Abderrahmane Megateli, en mars 2016, une de mes premières pensées était : « Ô mon Dieu ! Maintenant les précieux souvenirs de mon père, surtout ceux de la guerre d'indépendance algérienne, allaient être enterrés avec lui, *Allah yarahmou* (que Dieu ait son âme). » Heureusement que peu de temps avant sa mort, je venais de l'aider à faire des sauvegardes de toutes ses notes qu'il avait écrites pour son projet de livre sur ses expériences au maquis pendant la Révolution algérienne. Ce qui m'a permis de retrouver ses notes et de les examiner après sa mort. Bien que ses notes étaient encore assez fragmentées, j'étais reconnaissant que beaucoup de souvenirs de mon père eussent été notés et que j'aie été en mesure d'organiser ces notes pour en faire ce livre qui est un véritable trésor d'événements dramatiques et historiques pour la postérité et le patrimoine national. Je pense que l'une des meilleures façons d'honorer mon père à titre posthume est de publier comme il l'avait souhaité ce témoignage de ses expériences au maquis pendant la guerre d'indépendance algérienne.

Entre autres, ce livre essaie de faire la lumière sur l'histoire tumultueuse, méconnue et négligée de la wilaya VI (la région du Sud algérien) pendant la Révolution algérienne, y compris le conflit entre le FLN et le MNA ainsi que le terrible complot du Chérif Ben Saïdi et la vie et l'itinéraire de l'homme extraordinaire qui était le colonel Ali Mellah dit Si Chérif (*Allah yarahmou*), le premier chef de la wilaya VI avec qui mon père était au maquis, une histoire tragique et dramatique dont l'importance mérite plus d'attention.

Je ne connaissais pas le monde de l'édition, donc un ancien ami de mon père, Chérif Faïdi, m'a mis en contact avec le célèbre militant et historien Mohammed Harbi, que Chérif Faïdi connaissait depuis les années 1950. Mohammed Harbi a fait preuve d'une grande gentillesse et m'a mis en contact avec l'éditeur Abderahmane Bouchène des Éditions Bouchène qui a aidé à formater les notes et les mettre sous forme de publication. Rachid Bouzid des Éditions Rafar, la traductrice-interprète Esma K. Zahzah de Esmacom et l'équipe des Éditions L'Harmattan ont aidé à compléter la publication du livre.

Sur la question du titre du livre, mon père avait quelques suggestions dans ses notes concernant un enfant de Berrouaghia qui témoigne, son temps avec le colonel Si Chérif, l'expérience douloureuse de la wilaya VI, la wilaya VI comme orpheline de la guerre de libération d'Algérie, et la crise d'identité pendant la Révolution algérienne. Elaine Mokhtefi a conseillé que le titre soit plus accrocheur. Je me suis donc souvenu de l'épisode du premier jour d'école de mon père au lycée Duveyrier (actuellement lycée Ibn Rochd) à Blida en 1946 quand les fils des colons ont cogné plusieurs fois sa chéchia rouge (un couvre-chef masculin musulman) qu'il portait fièrement. J'ai alors trouvé une suggestion pour un titre pour le livre : *La Chéchia cognée.* Auquel Elaine a suggéré d'ajouter des pataugas : *J'ai troqué la chéchia contre des pataugas.* J'ai aimé cette suggestion d'Elaine parce qu'elle était un peu plus proactive, et elle faisait référence à encore un autre épisode lorsque mon père a acheté par ses propres moyens une tenue militaire et des pataugas (des chaussures de marche montantes et robustes à semelle épaisse) au marché aux puces de Berrouaghia juste avant de prendre le maquis, car il savait que le FLN ne disposait probablement pas des ressources nécessaires pour les lui fournir. Je pensais donc qu'un autre bon titre révisé serait quelque chose comme *La Chéchia cognée échangée avec des pataugas* ou *La Chéchia cognée troquée contre des pataugas.* Abderahmane Bouchène a ensuite suggéré le titre *Un enfant de Berrouaghia : de la Wilaya VI à Los Angeles.* J'ai aimé la simplicité et la fidélité de la suggestion de Bouchène, alors j'ai combiné le titre de Bouchène aux suggestions originales de mon père pour arriver au titre actuel *De la Wilaya VI aux États-Unis : Témoignage d'un enfant de Berrouaghia pendant la guerre de libération d'Algérie.* Ce titre n'est peut-être pas très tape-à-l'œil, mais il est très descriptif, informatif, précis, pertinent et complet, car il se concentre sur l'itinéraire extraordinaire de mon père à partir de Berrouaghia puis au maquis dans la wilaya VI jusqu'aux États-Unis.

Mohammed Harbi a aussi aidé mon père plus tôt pendant qu'il était encore en train d'écrire son livre, surtout par ses conseils, entre autres, sur l'utilisation des Archives nationales françaises récemment ouvertes sur la guerre d'Algérie. En effet, l'une des contributions historiques de ce livre est la recherche que mon père avait effectuée dans les Archives nationales françaises.

Il y a lieu d'indiquer que malheureusement mon père n'avait pas complété deux chapitres dans ses notes : « *Notre aventure en direction de la wilaya V pour récupérer les armes revenant à la wilaya VI* » et « *Retour au pays après l'indépendance et l'émigration* », mais je les ai ajoutés avec une note d'information appropriée qui indique qu'ils sont incomplets et basés sur sa table des matières et son plan détaillé du livre. J'ai aussi ajouté des notes de l'éditeur dans ces chapitres pour donner plus de détails, quand nécessaire.

J'ai également tenté de rédiger à la fin du livre un chapitre intitulé « *En guise de conclusion* » avec un sommaire, quelques observations et quelques leçons à tirer.

Nous avons laissé le style de langue de mon père essentiellement tel qu'il était dans ses notes originales avant sa mort. Parfois, j'ai ajouté quelques notes de bas de page comme explications ou clarifications au texte de mon père avec l'étiquette portant mes initiales « *Note de LM* ». Laissons maintenant les mots de mon regretté père nous raconter son histoire marquante.

Avant-propos

Pourquoi ce livre ? Et pourquoi maintenant ?

Quel est le but recherché ?

Témoignage et plus que témoignage.

A-t-on appris notre leçon après tant de sacrifices durant la colonisation, durant la lutte armée, durant plus de 50 années d'indépendance ?

A-t-on le droit de tromper notre peuple ?

Pouvons-nous nous permettre de continuer à manquer de courage et d'honnêteté pour nous mettre d'accord sur notre identité nationale ? Laïcité ? Islamité ? Arabité ? Berbérité ? Africanité ? Un ensemble de tout cela ?

J'ai longtemps résisté à mettre noir sur blanc mon témoignage sur ma participation à la lutte armée pour différentes raisons. La première, et de loin la plus importante, est l'expérience douloureuse et traumatisante que j'ai eue en ma qualité de témoin vivant du fameux et horrible « complot du lieutenant félon Chérif Ben Saïdi » qui a eu lieu dans la wilaya VI commençant à la fin de mars 1957. Je reviendrais en détail sur ce complot qui aurait pu avoir des répercussions extrêmement graves pour notre révolution. J'ai failli en être une victime compte tenu de la position que j'occupais, à savoir le secrétaire de la wilaya VI sous le colonel Si Chérif (Ali Mellah). Cette expérience m'a amené au début à ne pas revendiquer ma qualité d'ancien moudjahid. Sans l'insistance de mes chers compagnons de lutte et amis Si Yahia Megherbi et Si Abderrahmane (Chaïd Hamoud) et celle de mon père, je n'aurais jamais constitué mon dossier de moudjahid.

1
Mon milieu social et familial

Mes origines

Je suis né à Berrouaghia[1], village des asphodèles dans la wilaya de Médéa, en 1935 dans la maison de mon grand-père. Mon grand-père, du nom d'Abdelkader Ben Ahmed Megateli, est mort en 1938, quand j'avais à peine trois ans. Je ne me souviens pas de lui, mais on m'a toujours dit que je lui ressemble un peu et que j'avais la même démarche, la même couleur des yeux. Nous étions cinq enfants : deux garçons, moi et mon frère Mohamed Tawfiq Abdelkader et trois filles, Aïcha l'aînée, Djamila et Nadjia.

Mon père Ahmed Megateli était enfant unique. Son père était originaire des Ouled Ferguen, une tribu vivant dans les hauteurs de Benchicao, à une dizaine de kilomètres du centre du village de Berrouaghia. Très jeune il avait quitté Ouled Ferguen pour s'établir à Berrouaghia où il s'est lancé dans le commerce du demi-gros de céréales. Il était marié à une fille Mokdad Khedaoudj, dont le père était originaire d'Alger, mais qui s'était établi à Boghar, à une quarantaine de kilomètres au sud-ouest de Berrouaghia.

Ma grand-mère m'aimait beaucoup et me protégeait contre les punitions sévères de mon père. Elle était très douce et me gâtait en me préparant à chaque fois une petite galette de *matlou* spéciale pour moi que j'aimais déguster chaude avec du beurre frais maison que nous obtenions de notre vache Blanchette. Un régal surtout quand il était accompagné de lait caillé tout frais !

Mon père pensait que l'origine de sa famille était de Seghia El-Hamra du Sud saharien. Mais ma nièce Fella[2] en faisant sa recherche a découvert que notre origine était berbère d'Andalousie. En se repliant sur l'Afrique du Nord, la famille s'est établie dans la région de Mostaganem, puis a migré vers la région de Benchicao. Fuyant une épidémie de choléra, notre ancêtre

---

1. Le nom de Berrouaghia vient du mot *Berouag* qui est le nom d'une fleur avec une longue tige portant le nom français d'asphodèle. Cette fleur pousse au printemps et est très visible sur les flancs de la route qui mène à Berrouaghia.

2. Fella Moussaoui-El Kechai est une intellectuelle de grande classe. Elle a fait des études très poussées en Histoire. Elle a obtenu un doctorat d'État et une agrégation avec mention très honorable.

Sidi Abderrahmane Benmegatel, un personnage pieux et plein de sagesse – un marabout – a fui la région avec toute sa tribu et a choisi les hauteurs de Benchicao comme zone de repli, où il est enterré. Sa tombe érigée en mausolée est un lieu de pèlerinage pour la famille des Megateli et les gens de la région. Je porte son nom.

Ma mère Zohor Megateli née Benramoul est originaire de Médéa, une ville à vingt kilomètres de Berrouaghia. Elle appartient à une famille citadine assez aisée, la famille Benramoul. Son père était un bijoutier bien connu dans la région. Elle se disait descendante de l'Andalousie de la région de Grenade. Elle aimait souvent faire rappeler à mon père ses origines andalouses, dont elle était très fière ! Elle s'est mariée jeune à l'âge de 17 ans, l'année où elle devait passer son examen de certificat d'études primaires. Sa maîtresse l'estimait beaucoup parce qu'elle était studieuse et très appliquée. Elle était parmi les premières de sa classe. Très jeunes on aimait, ma sœur Aïcha (que Dieu ait son âme) et moi, l'écouter réciter des poèmes, récitations qu'elle avait apprises à l'école. Elle se faisait un plaisir de nous en réciter une en particulier, « L'aiguille » et bien d'autres récitations de La Fontaine. Nous étions émerveillés par son bel accent, sa diction très nette et surtout sa mémoire.

Notre maison était de style mauresque avec une cour centrale, *wast-ad-dar,* entourée de couloirs avec arcades mauresques. Les chambres étaient agencées tout autour de cette cour au milieu de laquelle était planté un bel abricotier qu'entrelaçait un rosier grimpant qui étalait ses branches couvrant pratiquement toute la cour. Ses roses damasquines, d'une couleur rosâtre douce parfumaient toute la cour avec ses couloirs couverts de carrelage aux couleurs vives. Des plants de vigne plantés dans des carrés entourés de carrelage blanc montaient adossés aux colonnes qui soutenaient les belles arcades ornementées d'arabesques. Des jasmins grimpants agrémentaient ces plants de vigne. L'odeur des jasmins combinée à celle des roses de Damas enveloppait d'un parfum féérique.

La maison était entourée d'un très grand jardin planté d'arbres fruitiers variés : amandiers, pruniers, figuiers, cerisiers, abricotiers. En plus des plants de vigne, des jardins maraîchers selon la saison couvraient une grande partie de la propriété. Étant jeune, j'aimais aider le jardinier dans son travail. Je retournais la terre avec lui et je plantais fèves, petits pois, oignons, ail, pommes de terre. Tout près du puits, je cultivais des carottes, du piment doux et piquant, du maïs, des haricots blancs et verts et des tomates. Pour l'irrigation, j'utilisais deux grands tonneaux que je remplissais d'eau du puits. J'utilisais un système de rigoles enchevêtrées pour arroser mes plantes. Ma mère se réjouissait de déguster les piments verts, surtout ceux qui étaient piquants en les faisant soit griller au feu de charbon soit frire à l'huile d'olive. Pendant la récolte des amandes et des noix, j'étais chargé avec mes sœurs de les cueillir. C'était moi qui grimpais sur les arbres et les secouais. Quand la récolte de l'année était bonne, il nous arrivait de remplir plus de dix sacs d'amendes de toutes variétés.

L'eau distribuée par la commune du village était rare, surtout en été. On n'avait droit qu'à une demi-heure par jour, et des fois tous les trois jours seulement. On utilisait alors l'eau du puits pour nous et pour les voisins. Chaque soir, j'étais chargé par mon père de tirer l'eau du puits en utilisant une corde et une poulie. Je remplissais trois tonneaux. Tous les gens du quartier étaient invités à s'approvisionner parce qu'ils n'avaient pas suffisamment d'eau chez eux. Mon père me disait que c'était une *hassana* (bonne action) que d'offrir de l'eau à nos voisins qui venaient se servir eux-mêmes en remplissant leurs seaux d'eau. Il m'arrivait de rester au puits jusqu'à la tombée de la nuit. Inutile de dire que tirer l'eau du puits était un travail fatiguant pendant ces journées d'été où la température pouvait atteindre jusqu'à quarante degrés centigrades et plus.

La vie dans le village de Berrouaghia

Berrouaghia a été créé par la France comme centre de colonisation. En 1956 elle comptait à peu près 2000 habitants. Elle a été d'abord une commune mixte avant d'être une mairie.

La population européenne était constituée surtout de gros colons qui possédaient de grands domaines où ils cultivaient les céréales et le vignoble. Alternativement, ils cultivaient aussi des pois chiches et des lentilles. Ils étaient assez aisés et ils dominaient la politique du village. Bien qu'ils habitaient le village, ils avaient aussi de grandes fermes qui comprenaient de grandes maisons avec des hangars, étables, écuries, silos et des jardins où ils cultivaient des produits maraîchers pour leur propre consommation et aussi pour en vendre sur les marchés. La main-d'œuvre qu'ils utilisaient était constituée d'ouvriers algériens qu'ils payaient généralement au mois pour ceux qui étaient employés d'une manière permanente. Par contre, ils utilisaient beaucoup de saisonniers surtout durant la saison des labours, des semences et des moissons. Le reste de la population européenne est constitué de fonctionnaires, de professions libérales et d'artisans spécialisés.

Ces gros colons maintenaient des liens très étroits entre eux. Pour sauvegarder leur pouvoir et leur contrôle sur la vie du village, ils procédaient à des mariages entre eux. Ils étaient généralement très religieux, souvent catholiques. Ils avaient toujours leurs représentants dans la municipalité qui défendait leurs intérêts au détriment des Algériens ou comme on nous appelait les Français musulmans[1]. Le maire du village est généralement élu parmi eux. À Berrouaghia, c'était M. Pergaux, un raciste notoire qui en plus de sa ferme avait reçu une concession pour l'exploitation d'une source thermale, Hammam Essalihine, réputée pour ses eaux sulfureuses très bénéfiques pour les soins des maladies de la peau.

1. Voir la note de bas de page ci-après sur le décret Crémieux pour plus d'informations sur la citoyenneté française en Algérie avant l'indépendance, y compris la catégorie des Français musulmans. *Note de LM.*

2
L'éducation de mon père et son itinéraire politique

L'influence de mon grand-père

Mon grand-père était très fier de ses origines. Ses ancêtres avaient soutenu l'Émir Abdelkader quand il s'était établi au Titteri. Les Ouled Ferguen avaient combattu à ses côtés. Ils étaient sept frères, tous guerriers. Les sept s'étaient rendus à La Mecque à cheval. Parmi les sept frères sont : Hadj Ahmed, Hadj Ali, Hadj Boumezian. Il existe plusieurs anecdotes à leur sujet et même une chanson sur eux quand ils ont rejoint ses rangs. La chanson dit : « *Ya Abderrahmane Moualik, Ouledek sedou men andek ghir agdaa leyas, Ya kouti mhlaha kasa manha cheb el ras* [...] [Ô Abderrahmane, tes parents et tes enfants sont partis de chez toi. N'espères plus les revoir. Chers frères, quelle belle histoire ! De cette histoire mes cheveux sont devenus blancs [...]] »

Mon grand-père était un membre fondateur de l'Association des oulémas. Cheikh Larbi Tebessi et Cheikh El-Okbi se sont réunis plusieurs fois chez lui. Mon père se souvient de cette période. Il me racontait les festins et les grandes réunions que mon grand-père organisait à cette occasion. C'est dans cet environnement que mon père grandit. Très jeune, il avait côtoyé des hommes célèbres qui défendaient l'héritage culturel de notre pays et la défense des citoyens contre les abus de la colonisation.

Comment mon père est entré à l'école française et à la Médersa d'Alger

Mon grand-père Abdelkader est éduqué en arabe. Il avait appris très jeune le Coran et il savait écrire et lire l'arabe. Par contre, il ne connaissait pas le français. En fait, il était contre la langue française. C'était pour lui la langue du colonialisme, la langue de l'ennemi. Il n'était pas question que son fils l'apprenne. C'est d'ailleurs pour cette raison qu'il ne l'a pas inscrit à l'école primaire du village. Par contre, il l'a inscrit à l'école coranique dès qu'il a atteint l'âge de sept ans.

Mon père qui était doué et avait une bonne mémoire a réussi à apprendre tout le Coran en quatre ans environ. À onze ans, il avait maîtrisé le livre sacré du Coran, *men djelda li djelda* (du cuir au cuir), comme on dit chez nous. Mon grand-père en était fier. Mon père l'était aussi. Il savait maintenant écrire et lire l'arabe et pouvait réciter les soixante *hizb*[1] à la perfection. Par contre, il ne connaissait pas du tout le français et, compte tenu de la position de son père, il n'était pas prêt à l'apprendre.

Un « miracle » allait se produire à cet effet. Mon grand-père gérait un café maure, « Le grand café d'Alger » au centre du village juste en face de la mairie. En plus, il faisait le commerce de demi-gros de céréales (blé, orge et avoine). Il pensait tout naturellement initier son fils au commerce en le faisant travailler avec lui. Mais le hasard allait en décider tout autrement.

Mon père m'a raconté l'anecdote suivante durant un séjour de trois mois qu'il a effectué en Arabie Saoudite en 1985 en compagnie de ma mère et seulement trois mois avant sa mort, *Allah yarahmou* (que Dieu ait son âme). À ce moment-là, je travaillais dans ce pays depuis plus de cinq ans pour APICORP, une corporation créée par l'OPAEP (Organisation des pays arabes exportateurs de pétrole). Un soir à l'occasion d'une veillée, il m'a raconté comment son père a décidé de l'inscrire à l'école primaire de Berrouaghia. Il m'explique que son père l'avait inscrit dans l'une des écoles coraniques du village et qu'il n'avait pas du tout l'intention de l'inscrire à l'école primaire du village.

Mon grand-père avait un ami intime, un algérien commerçant juif Ayache Yakob, qui avait son commerce et son domicile pas très loin du café maure que gérait mon grand-père. Mon père me raconte qu'Ayache était pratiquement le meilleur ami de mon grand-père. Ils se consultaient sur tout, même en ce qui concerne les questions de famille. À titre d'exemple, mon père m'a dit qu'Ayache n'a donné son accord pour le mariage de sa fille qu'après avoir consulté mon grand-père. Tel était l'ampleur du respect, de la confiance et de l'amitié qu'ils éprouvaient l'un pour l'autre. C'est en vertu de cette amitié qu'il a tenu à lui annoncer le succès qu'avait obtenu son fils. Ayache a demandé tout innocemment à mon grand-père quel serait l'avenir de mon père.

Studieux et assidu, mon père a appris tout le Coran à l'âge de onze ans environ. Mon grand-père, très fier de son fils, informa son ami intime juif, Yakob Ayache, de l'exploit de son fils. C'est alors que ce dernier, très heureux de la nouvelle, tint en arabe ce langage à mon grand-père :

— *Ya* Abdelkader, *mabrouk alik,* félicitations pour ton fils pour son succès. Il est studieux et semble être très doué pour les études. Maintenant qu'il a appris le Coran par cœur, quel sera son avenir ? Que penses-tu faire de lui ? Que va-t-il faire dans la vie ? Ne connaissant pas le français, il ne peut pas faire grand-chose sauf le commerce comme toi.

1. Le *hizb* est une section du Coran. Le Coran entier compte au total 60 *hizb* (ou pl. *ahzab*). *Note de LM.*

— Justement, je pensais le prendre avec moi et lui apprendre le métier que je pratique. Il pourra commencer à travailler avec moi et m'aider, répliqua ton grand-père.

Ayache, pas du tout convaincu du projet que son ami prévoyait pour son fils, lui réplique :

— À mon avis il mérite mieux, compte tenu de ses capacités intellectuelles et ses dispositions aux études. Je ne pense pas que ce que tu prévois pour lui soit une bonne solution. De plus, je ne suis pas d'accord avec toi de ton refus de l'inscrire à l'école française bien que je comprenne très bien ta position ce sujet. Ahmed est assidu, sérieux et intelligent. Il a des aptitudes à étudier. Il peut à mon avis prétendre à une situation meilleure et plus stable et à avoir une profession plus intéressante en apprenant le français. Comme tu le sais, le français est la langue requise dans pratiquement tous les domaines. C'est l'outil de travail par excellence. Les perspectives qu'offre cette langue pour l'obtention d'un bon emploi sont énormes. Je te recommande vivement de revoir ton point de vue à ce sujet.

Continuant son argumentation et pour convaincre davantage mon grand-père, il lui cite l'exemple de ses ancêtres juifs sépharades qui, depuis leur expulsion de l'Espagne et leur arrivée en Afrique du Nord, se sont mis à apprendre la langue française dès la promulgation du décret Crémieux[1] de

1. Le décret Crémieux de 1870, nommé d'après l'avocat et le politicien juif français Adolphe Crémieux (1798-1880), a accordé automatiquement la citoyenneté française aux Israélites indigènes d'Algérie. Un autre décret de la même année a permis la naturalisation des indigènes musulmans et des étrangers résidant en Algérie, mais cette naturalisation n'était pas automatique puisqu'elle devait être expressément demandée par une procédure arbitraire et seulement après l'âge de 21 ans. Les indigènes musulmans n'ont été que très rarement naturalisés parce qu'il fallait renoncer à leur statut personnel comme musulmans. En conséquence, ils restaient sous le code de l'Indigénat très discriminatoire et oppressif. Plus tard, une autre loi en 1889 (loi Batbie) autorisait la naturalisation automatique aux étrangers résidant en Algérie, mais pas aux indigènes musulmans. En 1919, après les sacrifices des Algériens musulmans pour la France pendant la Première Guerre mondiale, la loi Jonnart (surnommée d'après Charles Jonnart, gouverneur général d'Algérie, ministre des Affaires étrangères et sénateur) a facilité par une procédure un peu plus généreuse et moins arbitraire l'accès à la citoyenneté française aux indigènes musulmans âgés de plus de 25 ans qui étaient des militaires, propriétaires, diplômés ou fonctionnaires, leur a ouvert l'accès à certains emplois de la fonction publique (mais pas tous) et a reconnu leur représentation électorale dans un collège séparé (et donc inéquitable) pour ces indigènes musulmans qui ont abandonné leur statut personnel comme musulmans. En 1936, comme une réponse partielle aux revendications du Congrès musulman et soutenu comme une première étape par ce dernier, le projet Blum-Viollette (du gouvernement français du Front populaire avec Léon Blum comme président et Maurice Viollette, ancien gouverneur général de l'Algérie, comme ministre d'État) proposait d'accorder la citoyenneté française à un petit nombre d'élites indigènes musulmans (diplômés, élus, militaires ou fonctionnaires) sans avoir à renoncer à leur statut personnel comme musulmans, mais ce projet a été bloqué à la Chambre des députés française en 1938. Plus tard, l'Ordonnance de mars 1944 du général de Gaulle, une réponse française très diluée au Manifeste du peuple algérien de Ferhat Abbas de 1943 vers la fin de la Seconde

1870 pour trouver un emploi et renforcer leur position dans la société. C'est ce qu'Ayache a dit qu'il a fait lui-même. Il faut signaler ici que les Juifs sépharades qui s'étaient réfugiés en Algérie après la défaite des musulmans en Espagne et l'Inquisition ne connaissaient que l'arabe. Ayache ajoute qu'après la conquête de l'Algérie par la France, les juifs ont vite compris qu'il fallait apprendre le français afin de gagner leur vie. Le décret Crémieux allait faciliter cette transition de l'arabe au français. Alors Ayache, avec toute sa conviction, termine son « plaidoyer » en faisant une proposition concrète à mon grand-père que ce dernier ne pouvait pas refuser.

— Je te propose de faire suivre des leçons privées de français à ton fils par le biais de mon beau-fils Sportiche qui, comme tu le sais, est instituteur à l'école primaire du village. Il le préparera à l'examen d'entrée à l'école primaire afin qu'il accède à la deuxième année à la classe de cours élémentaire. Je pense qu'il pourra avoir, s'il le faut, une dispense d'âge, surtout s'il obtient de bonnes notes à l'examen d'entrée. Après avoir terminé le cycle primaire, toujours avec l'aide de mon beau-fils, il préparera l'examen d'entrée à la Médersa d'Alger. Pendant toute cette période, mon beau-fils continuera à le suivre afin qu'il puisse réussir. Par ailleurs, tu continueras de lui faire suivre des cours privés en grammaire arabe et en éducation religieuse. Je pense que ton fils qui connaît déjà bien l'arabe n'aura aucune difficulté à être admis à la médersa. Voilà à mon avis une meilleure option que celle que tu proposes.

Mon grand-père, très touché par ce que lui a proposé son ami et convaincu par sa vision éclairée et sa sincérité finit par changer d'avis et accepte le « marché » de son ami. C'est ainsi que mon père, informé de cet

---

Guerre mondiale et de l'occupation nazie de la France et après les sacrifices des Algériens musulmans pour la France pendant cette guerre, a partiellement réalisé les propositions du projet Blum-Viollette et a supprimé l'épouvantable code de l'Indigénat en reconnaissant la catégorie des Français musulmans. L'Ordonnance a aussi ouvert aux musulmans l'accès à tous les emplois civils et militaires et a légèrement augmenté leur représentation inéquitable dans les assemblées locales d'un maigre tiers à une proportion un peu plus grand de deux cinquièmes. Le Statut organique de l'Algérie de 1947, juste après la Seconde Guerre mondiale, a accordé la citoyenneté française à tous les indigènes musulmans, mais a créé une Assemblée algérienne qui a maintenu le système injuste du double collège (injuste car effectivement une voix dans le premier collège pour la population européenne valait environ huit voix dans le deuxième collège pour la population musulmane). Cependant, ces réformes ont été considérées comme trop insuffisantes et trop tardives par les militants algériens qui favorisaient maintenant soit l'autonomie (comme Ferhat Abbas et l'UDMA), soit l'indépendance (comme Messali Hadj et le PPA-MTLD). Les Ordonnances de novembre 1958 ont supprimé les deux collèges électoraux avec l'adoption du collège unique et ont fusionné les populations en une seule catégorie pour donner à la population algérienne une représentation politique plus équitable et proportionnelle, mais c'était après que la guerre d'indépendance algérienne avait déjà commencé en 1954. (Voir aussi Benjamin Stora et Zakya Daoud, *Ferhat Abbas : une autre Algérie*.) *Note de LM.*

arrangement et tout content de pouvoir enfin entrer à l'école primaire, s'est attelé d'arrache-pied aux leçons privées de Sportiche et du *Cheikh el-mecid* (enseignant de l'école). Il réussit non seulement à être admis à l'école primaire de Berrouaghia et à obtenir son diplôme de fin d'école, mais aussi par la suite à être admis à la médersa d'Alger. Il y obtiendra son certificat d'études des médersas et son diplôme d'études supérieures des médersas en août 1932 et novembre 1934, respectivement. Après l'obtention de ses diplômes à la médersa d'Alger, il s'inscrit à la faculté de droit. En juin 1935 il est nommé *mouderrès* stagiaire à Berrouaghia et commence à enseigner l'arabe à l'école primaire où il a étudié. Ce faisant, il a dignement honoré le pari que lui avait fait Ayache, cet ami intime juif à son père, et fait honneur à son père, à toute la famille et au village en étant le premier de Berrouaghia à entrer à la prestigieuse médersa d'Alger, la Tha'âlibiyya, centre de formation d'agents du culte et droit musulman, des interprètes judiciaires, et des *mouderrès* c'est-à-dire des enseignants en arabe.

Le passage à la médersa d'Alger et son impact sur la vie politique de mon père

Ayant réussi à l'examen d'entrée à la médersa d'Alger[1], la Tha'âlibiyya, mon père y entre à l'âge de 17 ans environ. Il y passera à peu près 7 ans avant d'obtenir ses certificats et diplômes. Il y avait la section normale des quatre années et la section supérieure de deux années, les classes de cinquième et de sixième année. Ne pouvaient accéder à la section supérieure que ceux qui avaient obtenu le diplôme de quatrième. Tha'âlibiyya était située sur la rue Marengo non loin du jardin Marengo, c'est-à-dire aux portes de la haute Casbah. De création française, cette institution prodiguait un enseignement bilingue arabe-français pour former des *mouderrès*, des interprètes judiciaires et des magistrats spécialisés dans le statut personnel algérien et en droit musulman.

Ils prenaient leur repas du midi et du soir à crédit dans des gargotes du coin et portaient sur un petit carnet le misérable total de ces repas. Souvent les gargotiers étaient très généreux. Ils offraient des prix très raisonnables pour les repas. Mon père mangeait à crédit. Il avait un abonnement chez un gargotier dans la Casbah qui avait attiré, par sa gentillesse et sa générosité, la plupart des médersiens en leur faisant crédit. Mon père avait son carnet rangé dans une boîte sur le pupitre du patron et réglait sa facture à chaque fin de mois. Ceux qui n'étaient pas hébergés par la médersa dormaient dans des bains maures du quartier. Mon père avait eu la chance d'être hébergé dans

1. Le colonialisme français a toléré trois médersas qui prodiguaient un enseignement bilingue : une à Alger, la Tha'âlibiyya, une à Constantine et une à Tlemcen. Ces trois institutions seront des foyers de nationalisme et de militantisme.

les bâtiments de la Tha'âlibiyya qui dominaient le gouffre séparant cette dernière des dortoirs et des classes du lycée Bugeaud. Il partageait la chambre avec deux autres élèves, dont El-Antri de Lesnam, ex-Orléansville.

C'est dans ce nouvel environnement, loin de sa famille et son milieu habituel, que mon père fit ses premiers pas et apprit à vivre seul. Avec ses collègues, en fin de semaine, il se promenait dans la Casbah et découvrait la capitale. Ces dans les gargotes de la Casbah centrale que mon père se trouvait en contact avec des « forces naissantes, frustes ou raffinées, du jeune nationalisme algérien ». Mais l'initiation politique avait commencé d'une façon inhabituelle et à un âge très avancé.

L'initiation de mon père à la vie politique

Mon père n'a commencé à m'entretenir de ses activités politiques dans sa jeunesse et de son passé politique qu'après mon entrée au lycée de Blida, c'est-à-dire vers les années cinquante. À ce moment-là, j'avais à peu près quinze ans. Je commençais moi-même à m'intéresser et à comprendre un peu ce domaine. Mes aînés au lycée, particulièrement ceux qui étaient en classes terminales, parlaient entre eux et souvent, ceux qui étaient engagés en politique, nous mettaient au courant de ce qui se passait dans le pays.

Quand mon père me parlait de politique, il me disait :

— Abderrahmane, tu es encore jeune pour te mêler de politique. Concentre tes efforts sur tes études pour ne pas doubler ta classe et pour finir tes études au lycée. Le temps viendra où tu pourras t'aventurer dans ce domaine. Mais il faut que tu saches, la police et les services de renseignement du colonialisme sont toujours à l'affût. J'en connais quelque chose pour avoir été victime de leurs tactiques et sévices.

Il m'a indiqué que pour sa part, tout jeune, il a été exposé indirectement à la vie politique du pays par son père qui avait été un membre fondateur de l'Association des oulémas musulmans algériens. Ce dernier avait comme tradition de recevoir périodiquement ses leaders lors de leur tournée d'information et de formation à travers le pays. Son père leur offrait l'hospitalité en les accueillant chez lui pour un repas. De ce fait, il m'a dit que son père lui demandait à chaque fois de servir ses invités. Ce qui lui permettait d'écouter leurs conversations.

Ces repas étaient de véritables « festins » réunissant autour d'une table bien copieuse des personnalités comme Cheikh Bachir El-Ibrahimi, Si Larbi Tebessi, Si El-Tayeb El-Okbi, ainsi que des notables du village comme l'imam Si Ali Bentobbal, Si Abdelkader El-Marabout. Les invités étaient accueillis dans *El-Bit el-Kebira*, c'est-à-dire le salon d'honneur qui pouvait accommoder jusqu'à 30 personnes assises autour de quatre *maïdas* (tables basses rondes) sur lesquelles étaient posés de grands plateaux en cuivre qui reluisaient à la lumière du jour ou de l'éclairage.

Le salon comprenait trois sections : une à gauche surélevée par rapport au reste abritant le lit de mon grand-père en cuivre doré, une magnifique pièce antique. Une arcade imposante séparait cette partie du reste du salon. Au centre et en contrebas la partie centrale revêtue d'un joli carrelage, couvert d'un *hanbel* ou *mzerba* en laine haute. Adossés contre le mur et de part et d'autre en forme de U ouvert vers la porte d'entrée se trouvaient des canapés au bas desquels étaient posés de gros matelas recouverts de belles couvertures en laine aux couleurs vives ornementées de jolis dessins en forme de fleurs. C'est cette section du salon qui accueillait les invités. Enfin la troisième section du salon, beaucoup plus étroite que les autres, abritait deux grandes armoires à deux battants avec miroir, séparées par une jolie commode de fabrication syrienne faite en acre incrusté, composée de cinq tiroirs ornementés de jolies petites poignées en porcelaine bleue et blanche et couverte d'une jolie dalle en marbre rose sur laquelle étaient posées deux « fanousettes ». Cette section comme celle qui abritait le lit de mon grand-père était séparée par une jolie ajoutait un charme particulier à ce salon dont les murs étaient peints à l'huile de couleur rose et décorés par de jolis tableaux en arabesques, un tableau du *bourack*[1] et une panoplie ornementée par de beaux fusils, pistolets et sabres qui appartenaient à mon grand-père.

Les invités étaient assis à la turque et en guise de serviettes individuelles, ils étaient conviés à utiliser un *bachkir,* un morceau de tissu pour se couvrir et essuyer les mains.

C'était donc mon père qui apportait les grands plats qu'il déposait sur les plateaux de cuivre, généralement deux par *maïda.* Sauf pour la soupe pour laquelle on utilisait des cuillères en bois, les invités mangeaient dans le même plat en utilisant la main droite. Mon père ne mangeait pas avec eux, mais était invité à écouter les discussions des invités à la fin du repas lors du service de café et thé et de gâteaux qui concluait ces véritables festins. D'après ce que me racontait mon père, ces rencontres étaient très animées, pleines d'humour, de plaisanteries. Elles touchaient des sujets divers allant de la pratique de la religion et de l'usage de la langue arabe jusqu'à la politique et les faits saillants de la vie courante sans oublier naturellement les méfaits du colonialisme et de l'administration coloniale française. C'est ainsi qu'il était informé de la vie politique du pays.

Les années de maturation politique

Sur le plan politique, mon père a été influencé d'abord par son père et ensuite par le milieu estudiantin qu'il a fréquenté durant ses études à la

1. Le *bourack* ou *bouraq* est une monture avec une tête humaine, un corps de cheval et des ailes qui a transporté le Prophète de La Mecque à Jérusalem pendant le voyage nocturne (*Isra*) selon la tradition islamique. *Note de LM.*

médersa d'Alger et à l'université d'Alger. Son père qui appartenait à la tribu des Ouled Ferguen qui avait combattu dans le Titteri aux côtés de l'Émir Abdelkader contre la conquête française était très nationaliste. Son nationalisme se traduisait par la protection de la religion et la langue arabe, pour la justice sociale et contre les abus du colonialisme. C'est d'ailleurs pour cette raison qu'il a adhéré comme membre fondateur à l'Association des oulémas. Mon père a grandi dans cet environnement et dès qu'il a été nommé au poste de *mouderrès* stagiaire en 1935, il est devenu plus actif sur le plan politique.

Pendant ses années d'études à Alger, il se frottait avec ses aînés dont certains sont devenus plus tard des militants connus du MTLD, UDMA, Oulémas ou du Scoutisme algérien. C'était un foyer actif de jeunes nationalistes qui étaient en contact permanent avec les gens du peuple de par la situation de la médersa au cœur de la Casbah. C'est là aussi où les rapporteurs et agents de renseignements travaillant pour le compte de l'administration française faisaient leur sale besogne en mouchardant sur les étudiants et toute autre personne qui osaient critiquer le colonialisme ou qui se distinguaient par des propos considérés alors comme « subversifs ».

Au cours du voyage de fin d'études de sa promotion en France en 1934 alors qu'il était en visite dans la région de la Haute-Savoie à Grenoble, il profite du week-end pour traverser avec un de ses collègues la frontière franco-suisse pour se rendre à Genève et visiter l'émir Chakib Arslan[1] qui était en exil dans cette ville. À son retour en Algérie, il a été convoqué par le deuxième bureau de la sous-direction des affaires indigènes qui lui a demandé de s'expliquer sur les raisons de sa rencontre avec Chakib Arslan.

Il fut surpris par tout le détail de l'information qu'avait l'administration française sur cette visite. Il fut soumis à un interrogatoire qui a duré plusieurs heures. Cette expérience va renforcer ses convictions politiques contre le colonialisme, mais l'a amené à faire cela d'une manière plus subtile et discrète surtout après avoir terminé ses études. Mon père se fait donc déjà remarquer à la fin de ses études par ce que les colonialistes appelaient des « propos anti-français ». Mais il n'a jamais été très sérieusement inquiété. Ceci ne l'a pas empêché de dénoncer d'une manière discrète et intelligente la présence des Français.

Comme son père, il adhère en 1935 à l'Association des oulémas musulmans algériens qui avait été créée en mai 1931 et en devient un membre actif à Berrouaghia. En août 1936, il assiste au fameux meeting du

1. Chakib Arslan (1869-1946) était un célèbre panislamiste d'origine libanaise druze. Les Français le considéraient comme une personne suspecte et une mauvaise influence sur les jeunes nationalistes algériens émergents, y compris Messali Hadj qui l'avait rencontré en 1935 (ce qui a encouragé ce dernier à élargir son militantisme communiste en cherchant une alliance avec le monde arabo-islamique contre l'impérialisme). *Note de LM.*

stade municipal à Alger où Messali Hadj a prononcé un discours historique en affirmant que « cette terre qui est la nôtre, cette terre de la baraka n'est pas à vendre, ni à marchander, ni à rattacher à personne »[1]. Il militait dans l'Association des oulémas et plus tard au sein de l'UDMA. Il n'était membre ni du PPA ni du MTLD. Par contre il a adhéré en 1937 au parti socialiste Section française de l'internationale ouvrière (SFIO) avant la Révolution. De plus, sentant le besoin d'éduquer et d'informer la population en plus de sa fonction d'enseignant, il lance à la mosquée de Berrouaghia un cycle de conférences avant la prière du vendredi où il aborde des sujets variés touchant à la vie quotidienne du citoyen algérien et à ses rapports avec le colonialisme, attaquant d'une manière subtile et déguisée le colonialisme français. Il se fait remarquer par l'administration coloniale en tenant des propos nationalistes. Traité de « personnage remuant et suspect » par le sous-préfet de Médéa[2], tenant des propos « permettant de douter de son loyalisme ».

En octobre 1937, le 2e Bureau propose le déplacement « dans l'intérêt du service » de mon père. En janvier 1938, mon père est informé de sa mutation à Perrégaux (actuellement Mohammadia) par mesure disciplinaire. Il rejoint son nouveau poste en avril 1938. Il y séjournera jusqu'au mois d'octobre 1939, date de sa mutation temporaire à Berrouaghia. Pendant son séjour à Perrégaux (qui a duré 19 mois), il était tenu de se présenter au poste de Police chaque fin de journée. Il était par ailleurs surveillé. Toutefois, il réussit à s'adapter et à accepter cette vie « d'exilé » loin de sa famille et en particulier de sa femme et de ses enfants. Il s'est fait un cercle d'amis qui l'ont bien accueilli et admis dans leur milieu. Les notables de la ville étaient très accueillants et chaleureux envers lui. En octobre 1939, à sa demande, il est autorisé à rejoindre son poste à Berrouaghia.

À la création de l'Union démocratique du manifeste algérien (UDMA) en 1946, il adhère à ce parti et développe des relations personnelles avec son fondateur Ferhat Abbas, que j'ai eu l'occasion de rencontrer au cours d'une manifestation organisée par son parti à Bouhnifia. Toute la famille se trouvait dans cette station thermale à l'occasion d'une cure.

---

1. In Khaled Merzouk, *Messali Hadj et ses compagnons à Tlemcen, récits et anecdotes de son époque 1898-1974*, Dar Othmania, Alger, 2008, p. 271.

2. Dans un rapport du Centre d'Information et d'Études de la préfecture d'Alger du 21 mars 1942 intitulé *Renseignement,* il est fait état d'une série d'événements décrivant l'attitude politique de mon père allant de son voyage en Suisse en 1934 jusqu'à l'une de ses conférences en juin 1938 à la mosquée où il est indiqué qu'il avait tenu des propos tendancieux qui ont suscité les protestations d'une partie de l'assistance, selon un rapport de la gendarmerie datant du 27 juin 1938. (Archives privées).

Une deuxième anecdote juive durant la Seconde Guerre mondiale

J'ai déjà raconté l'anecdote de l'ami intime de mon grand-père, le commerçant juif Ayache Yakob, qui avait convaincu mon grand-père à inscrire mon père à l'école primaire du village. Une deuxième anecdote juive concerne un ami intime à mon père, le docteur Khelifa Guedj. Guedj était juif et médecin du village de Berrouaghia. Très estimé par la population musulmane pour ses qualités de médecin, mais aussi et surtout pour son humanisme et sa générosité envers les musulmans algériens nécessiteux du village, Guedj n'était pas très bien vu par la population européenne du village. Quand la France a capitulé devant Hitler durant la Seconde Guerre mondiale, l'Algérie était tombée sous le contrôle nazi et le régime Pétain. Les gros colons du village ont commencé à persécuter la population juive du village. Ils avaient ourdi un complot pour enlever Guedj et l'assassiner. Mon père qui était assez bien introduit parmi la population européenne en particulier parmi le corps enseignant a eu vent de ce complot. Très vite avec la collaboration de deux de ses amis, il s'est rendu chez Guedj, l'a informé du complot et lui a proposé de le déguiser en Arabe et de l'emmener au désert chez un ami nomade qu'il connaissait et qui était éleveur de moutons. Guedj n'avait pas de temps à perdre étant donné qu'il avait été déjà victime de brimades et de menaces. Mon père a conduit Guedj chez cet ami berger éleveur et l'a laissé là-bas jusqu'à ce que le régime Pétain tombe et que l'Algérie soit libérée du régime nazi.

Ces deux anecdotes mettent en relief les valeurs universalistes et humanistes de tolérance, d'amitié et d'amour pour le prochain qui existaient à l'époque et qui malheureusement sont en train de disparaître. Elles soulignent aussi le caractère solennel et confidentiel du geste envers autrui. Il a fallu attendre trois mois avant la mort de mon père pour que ce dernier me fasse ces confidences qu'il tenait jalousement secrètes pour donner encore davantage de valeur et de poids à ces actions grandioses et magnanimes qui auraient pu être enterrées à jamais avec comme seul témoin Dieu le Tout Clément.

Arrestation de mon père durant la guerre d'Algérie

Au déclenchement de la Révolution, mon père était toujours *mouderrès* à Berrouaghia. Vers la fin de 1955, le FLN et l'ALN avaient commencé la pénétration dans la région. L'organisation secrète du FLN s'est graduellement installée dans la ville. La wilaya IV la prend en main. Au départ, timide, puis avec le temps, elle se renforce. Elle est chargée d'abord d'organiser la ville pour encadrer la population et la mobiliser pour appuyer la lutte armée. De plus, elle fournit des renseignements sur l'ennemi, et ceux qui l'aident, d'approvisionner l'ALN en ravitaillement, médicaments, habillement, liaisons et communications et autres besoins matériels tels que des outils d'impression, et naturellement les finances.

Une cellule secrète composée de cinq personnes prend les choses en main pour faire ce travail. Mon père en fait partie dès le début et en devient le responsable. Il fallait tout de suite mettre en place une organisation en choisissant des cadres ayant une certaine formation en matière politique. Il fallait aussi veiller à ce que l'administration française, en particulier sa police et ses services de renseignements, ne découvre pas les membres. La tâche n'était pas facile parce qu'il fallait d'abord identifier les personnes qui étaient prêtes à faire ce sacrifice et à prendre le risque d'être arrêtées et même d'être tuées soit par la police, la gendarmerie ou même l'armée française. Ce risque était réel et permanent.

C'était le cas de la cellule de la ville de Boghari, ville sœur située à une vingtaine de kilomètres au sud de Berrouaghia. La gendarmerie de cette ville a arrêté, sur renseignements, tous les membres de la cellule de cette ville. Après les avoir torturés pendant plusieurs jours, la gendarmerie n'a pas réussi à leur arracher par la violence des aveux pour les inculper. Alors, pour donner l'exemple, elle les relâche juste un petit peu avant l'heure du couvre-feu dans un lieu retiré de la ville. Quelques instants après, des militaires arrivés en jeep les assassinent tous par des rafales meurtrières de leurs mitraillettes. Cet assassinat a résonné dans toute la région et en particulier à Berrouaghia. Mon père me citera cet incident lors de l'entretien qu'il a eu avec moi pour me dissuader de monter au maquis.

À mon retour des États-Unis en août 1964 après huit ans de séparation, mon père me raconte les conditions de son arrestation. Je venais de retrouver la famille après cette longue absence et j'étais assoiffé d'écouter mon père me raconter en détail ce qui lui était arrivé. Il me dit qu'après avoir dirigé la cellule pendant plusieurs mois, il est arrêté le 22 février 1957 et jugé le 21 mai 1957 avec ses compagnons, dont Mohamed Mahdjoubi le mécanicien, un ami intime à lui, Ferhat Slimane, Driss Boukhari et d'autres encore. Il fut condamné à un an de prison et 30 000 francs d'amende. Il est détenu à la prison de Barberousse à Alger pendant plus de cinq mois. Sur appel, il obtient un sursis par la cour d'appel le 9 octobre 1957. Il sera libéré le 10 octobre 1957. Il est arrêté une deuxième fois le 21 septembre 1959 et relâché après deux jours de détention.

Mes sœurs Aïcha, Djamila, et Nadjia[1] m'ont raconté comment les gendarmes et les soldats français avaient escaladé les murs, le toit et la terrasse de la maison et atterri dans la cour au milieu de la nuit. En emmenant mon père, menottes à la main, pieds nus, et sans ses habits uniquement avec sa gandoura, ma sœur Aïcha lui a jeté son burnous et sa

1. Interview conduite le 30 septembre 2000.

ceinture de hernie. Les soldats disent à ce moment-là à mes sœurs qu'elles peuvent lui dire au revoir parce qu'elles n'auront plus l'occasion de le voir et qu'il sera, d'après eux, jeté aux loups dans la forêt du Fernen.

Je l'écoutais avec une émotion profonde et en même temps avec beaucoup d'admiration pour n'avoir rien avoué ni même dénoncé quelqu'un malgré les tortures atroces auxquelles il a été soumis. Lui et ses camarades ont été torturés pendant des heures et interrogés pendant environ 15 jours. C'était un véritable calvaire pour eux. Le chef de la gendarmerie, le commandant de la place Fleuret[1] voulait à tout prix sa peau. C'est lui qui donnait les instructions pour les tortures et c'est lui qui a pris en main l'interrogatoire. Ils utilisaient toute une série de techniques aussi barbares qu'inhumaines. C'était l'électricité dans les parties génitales, la baignoire, le mazout, le savon, la bouteille, les coups de crosse et de fouet, etc. Mon père, grâce à sa foi, n'a pas fléchi et n'a rien avoué. Il a résisté courageusement à toutes les tortures qu'il a subies, jour après jour. Un soir, à la tombée de la nuit, Monsieur de Bezaoucha, clerc à la gendarmerie et frère à un ami à mon père, passe par sa cellule et lui souffle hâtivement le message suivant :

— Mohamed le mécanicien a, sous l'effet de la torture, avancé ton nom comme étant le responsable de la cellule de Berrouaghia et que tu es chargé en particulier de la collecte des cotisations et des fonds. J'ai entendu dire que demain au matin Fleuret allait te confronter avec Mohamed le mécanicien en présence de Josserand, l'interprète-procureur du tribunal de justice de Berrouaghia. *Ya cheikh, waged rouhek wa Allah ysutreck.* [Ô cheikh, préparez-vous et que Dieu vous protège.]

— Merci beaucoup d'être venu me donner cette information importante. *Tesbah ala kheir* [Bonne nuit], répondit mon père.

Le lendemain, tôt le matin un gendarme vient prendre mon père de sa cellule et l'emmène dans une salle d'interrogatoire où se trouvait le commandant de la place Fleuret, Josserand et Mohamed le mécanicien. Averti la veille de ce qui allait se passer et ayant prié toute la nuit, mon père prend la parole et demande au procureur Josserand s'il peut dire « deux mots » à Mohammed en arabe. Et sans tarder, il dit ceci :

— *Ya Mohamed rak metfakar al nahar elli anta wa ana ouqafna qodam el chebek antaa Kbar antaa el Nabi (SAAWS) fel Medina we chedina el chebek ma'a ba'ath. Hadak ahd ma tensahech.* [Ô Mohamed, te rappelles-tu le jour où toi et moi nous étions debout devant le tombeau du Prophète (SAAWS) à Médine alors que toi et moi nous tenions la grille ? N'oublie pas le serment que nous avons fait ensemble.]

1. Mohamed Berrouaghia aura sa peau pour tous les crimes qu'il a commis au village et dans la région. À la tête d'un petit commando, il l'abattra dans le café-bar Brenvwal alors qu'il faisait la fête un soir d'été en compagnie en particulier du garde champêtre Redouane.

Fleuret, se tourne vers Josserand et lui demande :

— Qu'est-ce qui se passe ? Qu'est-ce qu'ils sont en train de se dire ?

Josserand qui avait un certain respect pour mon père auprès duquel il avait sollicité à maintes reprises conseil en matière de langue arabe, répond à Fleuret :

— Oh, rien de spécial. Tu sais, ces Arabes quand ils se rencontrent ils aiment parler entre eux pour dire n'importe quoi.

Fleuret, apparemment agacé par cette discussion, demande à Josserand de traduire ce qui a été dit. Josserand lui répond :

— Il n'y a rien d'important qui mérite votre attention.

Après cela, Fleuret demande à Mohamed de répéter ce qu'il a dit hier et qui a été noté dans sa déposition, en particulier que Megateli est le responsable de la cellule de Berrouaghia. Mohamed se tourne vers Josserand et déclare en arabe :

— *Ya* monsieur Josserand, ce que j'ai dit hier est complètement faux. J'ai avoué des choses sur Megateli qui ne sont pas vraies. Depuis plusieurs jours, j'ai été torturé d'une manière sauvage pendant des heures entières. À la fin, je ne pouvais plus supporter la douleur tellement elle était atroce. À ce moment-là, j'ai commencé à dire n'importe quoi uniquement pour que je ne sois plus torturé. Ce que j'ai déclaré sur Megateli, ce sont de fausses déclarations. Il n'y a rien de vrai dans tout cela.

Fleuret, furieux, dit à Mohamed :

— Mais tu as fait une déposition par écrit.

Mohamed répète avec force et à plusieurs reprises à Josserand que ce qu'il a dit n'a rien de vrai. Josserand se tourne alors vers Fleuret et lui dit qu'il les a gardés plus de dix jours. Aucune preuve n'existe montrant qu'ils soient coupables de quoi que ce soit. La loi exige qu'ils soient remis aux autorités civiles pour qu'ils passent devant le tribunal civil de Blida.

— De ce fait, je vous demande dès maintenant de les remettre à ma disposition pour les transférer à la maison d'arrêt de Berrouaghia afin qu'ils passent devant la justice civile.

C'est ainsi que mon père, après un séjour de dix jours à la prison de Berrouaghia, se voit transféré à la prison de Blida dirigée par un certain Kassar réputé par sa violence et sa haine contre les Algériens. Après un séjour de presque trois mois, mon père fut transféré après jugement à la prison de Barberousse où il passera presque cinq mois avant d'être libéré. D'après Benyoussef Fergani[1], mon père a fait preuve de beaucoup de courage et d'une conduite exemplaire durant tout son séjour en prison.

---

1. Interview du 21 octobre 2011 à Berrouaghia. Fergani a été arrêté en même temps que mon père et se trouvait dans la même salle 13 en compagnie de certains membres de la famille de l'imam Sahnoun de Belcourt. À leur libération, ils ont passé la nuit chez Mohamed

La ville de Berrouaghia et sa place dans le nationalisme

Berrouaghia, comme beaucoup d'autres villes et villages, a fourni un certain nombre de militants qui ont joué un rôle important dans le nationalisme algérien. Certains ont même accédé à des postes élevés dans le PPA-MTLD. Je ne citerai ici que les plus importants. Il y a eu d'abord Benyoucef Ben Khedda[1] qui est né à Berrouaghia. Son père était *oukil* judiciaire à la *mahakma* de Berrouaghia. En 2000, j'ai eu le plaisir de rencontrer Ben Khedda chez lui. J'étais en compagnie de mon fils Larbi et d'un ami Omar Hamza. Il nous a accueillis chez lui. Il se souvenait bien de mon père et de mon grand-père. Il y a aussi Mohammed Dekhli dit Si Bachir[2], M'Hammed Ben M'Hel[3], Fodhil Bensalem dit Noureddine[4], Mohammed Mokhtefi[5], Kouider Megateli[6], Yahia Ferhat et d'autres[7].

Bendjaffar, un ami intime à mon père. Très heureux d'être libérés, ils n'ont fait que raconter leurs expériences et les moments inoubliables de leur incarcération.

1. Membre du Comité central du PPA-MTLD, secrétaire général du PPA-MTLD, à la tête des centralistes pendant la scission du MTLD entre Messali Hadj et le Comité central en 1953-54, puis recruté par Abane Ramdane au FLN en 1955, membre du CNRA et du CCE, ministre des Affaires sociales du premier GPRA, et le président du troisième GPRA. *Note de LM.*

2. Membre du Comité central du PPA-MTLD, l'un des initiateurs du CRUA puis devenu centraliste, ensuite un associé de Rabah Bitat au FLN. *Note de LM.*

3. Membre du Comité central du PPA-MTLD, secrétaire de Messali Hadj, puis directeur de presse du FLN. *Note de LM.*

4. Militant du PPA, responsable du MTLD pour l'Est de la France, puis chef de la zone Nord de la Fédération de France du FLN (septième wilaya), membre du CNRA. *Note de LM.*

5. Militant du PPA-MTLD et le frère de Mokhtefi Mokhtar (qui était un moudjahid dans les transmissions à la wilaya V). *Note de LM.*

6. Militant du MTLD et le cousin de l'auteur. *Note de LM.*

7. Par exemple, Yahia Bousmaha qui était l'un des principaux instigateurs de la grève générale des étudiants algériens en 1956, ensuite chef de la zone 2 de la wilaya IV, et tombé au champ d'honneur lors d'un accrochage en décembre 1957. *Note de LM.*

3
Mes années de lycée à Blida et à Alger

Blida

Au cours d'un voyage à Blida vers la fin de l'année 1945, mon père et moi avons rencontré par pur hasard Madame Monique Thiriet, ancienne institutrice à Berrouaghia, dont le mari était l'ancien directeur de l'école primaire de garçons de Berrouaghia. Les Thiriet avaient obtenu une meilleure position à Blida : monsieur Thiriet comme directeur d'une école et madame Thiriet comme institutrice de la classe de septième au collège colonial de Blida. Cette rencontre fortuite dans la rue des Kouloughlis à Blida allait changer le cours de ma vie. En effet, madame Thiriet suggère à mon père de m'inscrire en septième dans sa classe et en qualité d'interne. Elle lui promet même pour mon inscription son aide auprès du proviseur du lycée avec lequel elle a d'excellents rapports. D'après elle, mon inscription dans sa classe me permettrait de me préparer à l'examen d'entrée en sixième et d'entamer par ce biais le cycle secondaire dans de bonnes conditions.

C'est ainsi que je suis admis en septième en qualité d'interne au collège colonial en septembre 1946 à l'âge de 11 ans. Il faut signaler que le lycée colonial avait été évacué par l'armée française en 1945 juste après la fin de la Deuxième Guerre mondiale et avait ouvert ses portes pour les enfants de la Mitidja et de l'intérieur du pays. De collège colonial, il devint collège Duveyrier et quelques années plus tard il fut érigé en lycée. Dès mon acceptation, il fallait préparer le trousseau. Ma grand-mère maternelle, ma mère et ma tante maternelle s'attelèrent à cette tâche, mon père ne pouvant se permettre de tout acheter. Mon numéro d'internat était 28. Il fallait accoler ce numéro à tous les articles de mon trousseau. Je passerai sept années d'internat jusqu'à la classe de mathématiques élémentaires en 1954. Il est important de signaler que le nombre d'élèves algériens ne dépassait pas les vingt pour cent du nombre total. Il fallait étudier sans relâche pour ne pas être renvoyé. Il fallait aussi faire face au racisme des professeurs et des élèves, dont beaucoup étaient enfants de colons. Par ailleurs, il fallait savoir faire face à une administration qui ne cachait pas du tout son parti-pris et sa méchanceté envers nous.

Je pris le train de Berrouaghia jusqu'à Blida, un trajet qui a duré plus de trois heures. Le train était tiré par une locomotive qui marchait cahin-caha, alimentée par du charbon. Le train peinait en montant le col de Benchicao qui se trouvait à plus de 1140 mètres d'altitude. Il fallait traverser plusieurs tunnels, plusieurs ponts et ravins. Bien que les fenêtres soient fermées, cela n'empêchait pas la fumée d'entrer dans les wagons. On y étouffait. Ce n'était pas la première fois que je prenais le train, mais c'était la première fois que je le prenais seul avec une mission précise : réussir coûte que coûte dans mes études malgré les obstacles multiples que nous dressait le colonialisme pour nous faire échouer. Un véritable défi ! Mais aussi un rêve. Toute ma famille et mon village mettaient un grand espoir dans mon entreprise. J'étais le premier à quitter le village. J'étais conscient que je voulais donner l'exemple pour que d'autres Algériens suivent mes pas. En effet, j'ai été suivi l'année suivante par Saïdi Larbi, Mokhtefi Mokhtar, Boumahdi Ali, et Nabi Mohamed et deux années après par Bousmaha Chérif.

Une anecdote mérite d'être signalée pour clore ce chapitre de Blida. Mon père, *Allah yarahmou* (que Dieu ait son âme), tenait à ce que je porte ma chéchia[1] rouge. Il m'a demandé de la porter à chaque occasion. C'est ce que je fis lors de mon premier jour de classe de septième. Tous les élèves étaient en ligne pour l'appel. Je portais fièrement ma chéchia quand tout d'un coup un fils de colon sortit des rangs et l'a cognée, l'envoyant rouler sur le sol dans la poussière. Je courus derrière pour la ramasser et je la remis sur ma tête. Aussitôt en place, un autre élève répéta la plaisanterie aux yeux et aux rires de tout le monde. Ce jeu se répéta plusieurs fois jusqu'au moment où je décidai de la garder dans la main. Je bouillonnais de colère, de rage contre ces petits Français arrogants et sans éducation. Il faut croire que mon action était comme un défi à ces fils de colon qui étaient dérangés par mon désir d'afficher ostensiblement et fièrement mon identité d'Algérien fortement attaché à mes racines. Je voulais m'imposer en m'opposant d'autant plus que j'étais le seul à porter une chéchia ce jour-là, avec un autre élève du nom de Bounedjar Hosni lequel connut le même sort que moi. J'ai informé mon père de cet incident qui m'avait beaucoup marqué et surtout bouleversé. Ce dernier m'a consolé et m'a donné l'autorisation de ne plus la porter et de la ramener avec moi lors de mon retour à la maison. Malgré tous les affronts, les difficultés et les déboires, je garde des souvenirs inoubliables de mon passage au lycée Duveyrier, des liens d'amitié que j'ai tissés et de mes professeurs libéraux qui m'ont aidé, en particulier de l'affection de madame Thiriet, de monsieur Lubrano, professeur de mathématiques et de monsieur Khaddache, professeur d'histoire.

1. La chéchia est un couvre-chef masculin cylindrique, souvent rouge, porté par les musulmans. *Note de LM.*

Alger

Après mon échec au baccalauréat mathématiques élémentaires, j'ai demandé à mon père de m'inscrire au lycée Bugeaud d'Alger pour repasser mon baccalauréat. J'avais envie de changer d'environnement et de m'éloigner de ces fils de colons et de l'extrême droite qui constituaient la majorité des élèves du lycée Duveyrier. De plus, je convoitais de préparer l'examen d'entrée aux grandes écoles. Le lycée Bugeaud offrait cette possibilité. C'était le seul établissement dans toute l'Algérie qui préparait pour des écoles comme l'École Polytechnique de Paris, l'École Supérieure d'Électricité de Paris, l'École Vétérinaire d'Alfort, l'École Navale de Brest, l'École des Ponts-et-Chaussée, l'École Nationale d'Administration, etc. Mon père a accédé à ma demande. Pour m'inscrire, il demanda l'appui de Cheikh Ahmed Benzekri, proviseur de la médersa d'Alger[1]. Comme j'avais un assez bon livret scolaire, je n'ai pas eu beaucoup de difficultés à être admis comme interne pour l'année scolaire 1954-1955 en classe de mathématiques élémentaires pour représenter la deuxième partie du baccalauréat. Mon ami d'enfance Larbi Saïdi (que Dieu ait son âme) qui avait aussi échoué comme moi à la deuxième partie du baccalauréat m'a suivi au lycée Bugeaud. Donc on s'est retrouvé tous les deux dans la même classe qui comptait 40 élèves parmi lesquels 10 Algériens. Notre professeur de mathématiques était M. Padovani, un excellent enseignant qui était aussi un libéral animé de beaucoup de sympathie et de bonne volonté envers les Algériens.

L'internat au lycée Bugeaud était uniquement pour les années de la seconde, la première, les classes terminales et les grandes écoles. Il n'y avait pas d'internes ni de classes pour les sixième, cinquième, quatrième, et troisième années. De plus, le régime d'internat pour les élèves des grandes écoles était plus souple. D'abord, on avait des cubicules individuels pour dormir. De plus, on pouvait sortir sans permission pendant la journée. Par ailleurs on mangeait dans un petit réfectoire autour de tables rondes de six personnes au lieu de dix.

L'année 1954 était marquée par le début de la Révolution algérienne dont le déclenchement a eu lieu le 1er novembre. De ce fait, l'ambiance au lycée était tendue. Beaucoup de nos camarades français montraient beaucoup de

1. Mon père a poursuivi ses études dans cette médersa. Il en est sorti *mouderrès*, c'est-à-dire professeur d'arabe d'école primaire et secondaire. M. Benzekri était à la fois professeur et proviseur directeur de cette institution qui formait les cadis (juges), professeurs de langue arabe (*mouderrès*), *adel* et *bach adel* (clerc de justice) et interprètes. Il était ami de M. Fresnaux. La bâtisse de la médersa d'Alger était mitoyenne au lycée. Quand elle fut transférée dans de nouveaux locaux à Ben-Aknoun, elle a été convertie en médersa de jeunes filles en 1956. C'est là où ma sœur Nadjia a commencé ses études pour devenir enseignante bilingue en langue arabe et en langue française.

hargne envers nous et étaient hostiles à notre cause. Souvent, ils nous provoquaient. Ils cherchaient des disputes, lesquelles nous coûtaient cher avec l'administration du lycée. Rares étaient ceux qui sympathisaient avec nous et cherchaient notre compagnie et amitié. Malgré cette ambiance très nuisible aux études et les nouvelles démoralisantes que rapportait la presse coloniale, nous travaillons très dur. Pour ma part, j'ai réussi à décrocher mon bac et à être admis en classe de mathématiques supérieures. Larbi a lui aussi réussi, mais il a décidé de faire MPC (Mathématiques Physiques et Chimie) en France, plus précisément à l'Université de Toulouse.

Durant toute l'année scolaire 1954-1955, on était absorbé par les événements d'Algérie. On suivait avec avidité la vie politique et surtout les événements qui nous parvenaient des différents maquis, et que nous aimions véhiculer de bouche à oreille. Les dimanches, on se retrouvait dans les cafés que fréquentaient les militants algériens. On allait souvent au café-restaurant *Tlemçani*. Là, on se retrouvait ensemble avec d'autres jeunes de la Casbah en particulier qui nous informaient des faits glorieux de notre armée de libération opérant en Kabylie et dans l'Algérois, régions les plus proches d'Alger. On apprenait pour la première fois les noms de moudjahidine comme ceux de Krim Belkacem, Ouamrane. En plus, on multipliait nos contacts avec d'autres camarades étudiants dans d'autres collèges et lycées comme ceux de Blida, de Sétif, d'Oran et de Constantine. On était avide d'information. On voulait apprendre et comprendre. On ne pouvait pas se contenter uniquement de ce que racontaient la presse et la radio françaises. C'est au cours de mon année au lycée que j'ai eu l'occasion de connaître le frère Mohamed Rachid Amara[1] qui était en classe de philosophie au même lycée que moi. Ce dernier, avec Mokhtefi Mokhtar[2], avait créé en 1955 l'Association de la jeunesse estudiantine musulmane d'Alger (AJEMA) qui allait jouer un rôle primordial dans l'organisation et la mobilisation des jeunes lycéens et collégiens pour militer pour la cause algérienne. De plus, on rencontrait nos aînés qui étaient à l'université d'Alger et qui habitaient à la cité universitaire de la Robertsau.

Pendant ce temps, une répression féroce s'abattait sur les Algériens et plus particulièrement les Algérois. Les arrestations se multipliaient ainsi que les attentats. On ne se sentait plus en sécurité.

---

1. Amara Mohamed Rachid était un brillant médersien qui a réussi à obtenir avec mention le baccalauréat première série comme candidat libre alors qu'il terminait sa dernière année de médersa. Il avait joué un rôle important dans l'organisation clandestine d'Alger, notamment comme homme de confiance d'Abane Ramdane. Recherché, il rejoint la wilaya IV où il tomba au champ d'honneur en juillet 1956 à Beni Miscera.

2. Mokhtefi Mokhtar est originaire de mon village. Comme Saïdi Larbi, ils m'ont suivi au lycée de Blida jusqu'à la première partie du Baccalauréat. Mokhtar fut un élément déterminant dans la création de l'AJEMA.

Mais c'est durant l'année de Mathématiques supérieures que je commençais à prendre part activement aux rencontres à caractère politique. Avec l'obtention de mon deuxième bac, j'étais devenu étudiant. À ce titre, je pouvais de plein droit participer aux activités politiques qu'organisait le foyer des étudiants algériens. Le frère Benyahia et d'autres avec lui organisaient durant l'été et l'automne 1955 des sorties à Sidi Ferruch où on se retrouvait pour débattre des événements de l'heure, pour échanger les informations que l'on recevait du bled et pour chanter des hymnes nationaux. En ce qui concerne les hymnes nationaux, je les ai appris par l'intermédiaire d'un cousin éloigné, Kouider Megateli, un excellent coiffeur employé chez M. Paillasse qui avait le seul salon de coiffure à Berrouaghia. Élevé par mon grand-père, il a été longtemps hébergé par mon père dans notre maison. Militant MTLD à un très jeune âge, il aimait me parler de son parti, de la lutte qu'il menait contre le colonialisme français. Plusieurs fois interné en prison, il n'a jamais réduit son enthousiasme et sa détermination pour la lutte pour l'indépendance. C'est lui qui m'a initié au militantisme en plus de ce que m'enseignait mon père. Beaucoup de ces chants nationaux faisaient partie du répertoire du MTLD. Alors que je n'avais que sept ans, Kouider ne cessait de me faire rappeler à chaque occasion de ne pas être leurré par l'éducation que l'on recevait à l'école française. Pour lui ce n'est qu'un vernis qui ne s'insère pas dans le contexte de notre personnalité forgée par des siècles d'histoire. J'ai aussi bénéficié des leçons d'endoctrinement de Guernina Mehdi, le fils de notre voisin Mohamed Guernina qui avait développé des tirades virulentes contre le colonialisme. Mehdi disait que le colonialisme avait sucé notre sang. Le meilleur d'entre nous n'était qu'un pauvre *khemmes* (serf). Ces conciliabules, loin des yeux de l'administration française, servaient d'endoctrinement et d'échanges d'information. Ils permettaient aussi d'établir des liens de solidarité et de fraternité durant ces moments difficiles que nous traversions. Il fallait être vigilant et discret pour éviter d'attirer l'attention de la police française qui commençait à nous surveiller et à infiltrer nos rangs. En fait, pour nous qui étions jeunes et sans expérience de militantisme directe, nous étions en train de mettre la main à la pâte et vite. Apprendre à s'organiser, à communiquer, à obtenir l'information d'une manière efficace et discrète, à comprendre les événements et les analyser, tout cela pour se préparer à participer à la lutte auprès de nos frères moudjahidine.

L'université d'Alger ne pouvait échapper à cette atmosphère enfiévrée. À Alger, toute discussion devint impossible entre les partisans du maintien inconditionnel de la souveraineté française et ceux de l'indépendance. Les étudiants français se partagèrent en deux camps inégaux, la plupart ne voyant de salut que dans l'écrasement de la « rébellion » alors qu'une minorité de libéraux persistait à penser que seule une négociation entre toutes les tendances politiques algériennes, sans exclure les « insurgés », pouvait éviter le pire. L'Association générale des étudiants d'Alger (AGEA), anciennement Société des Étudiants, fondée en 1883, avait pendant longtemps fermé les portes pour l'admission des étudiants musulmans algériens. Mais en décembre 1955, l'AGEA se donna un bureau en majorité libéral qui fut contrecarré par le Comité d'action universitaire (CAU) pour le maintien de l'Algérie française lequel était de l'extrême droite.

Entre-temps, le 8 juillet 1955 s'ouvrait à Paris le congrès constitutif de l'Union générale des étudiants musulmans algériens (UGEMA). Après un désaccord politique sur sa définition, opposant les partisans de l'Union nationale des étudiants algériens (UNEA) à ceux de l'UGEMA, cette dernière est créée. Belaïd Abdesselam, ancien président de l'Association des étudiants musulmans d'Afrique du Nord (AEMAN) et représentant des étudiants au Comité central du Mouvement pour le triomphe des libertés démocratiques (MTLD), était fervent défenseur du projet de l'UGEMA en insistant sur l'introduction du « M » abréviation pour musulman pour isoler les communistes et leurs sympathisants au sein de l'Union des étudiants algériens de Paris (UEAP). L'UGEMA cesse d'être un « trait d'union » entre deux camps irréconciables pour se transformer en une « unité de combat » subordonnée au FLN comme le souligne Guy Pervillé[1]. Le congrès désigne un comité directeur composé d'une vingtaine de membres qui lui-même élit un comité exécutif composé de cinq membres, tous étudiants à Paris. Désormais, l'UGEMA s'engage contre la répression et pour le Front de libération nationale (FLN). Le deuxième congrès de l'UGEMA, qui s'est réuni du 24 au 39 mars 1956 à Paris, vote à l'unanimité une motion décisive demandant :

– la proclamation de l'indépendance de l'Algérie
– la libération de tous les patriotes emprisonnés
– des négociations avec le FLN.

Le 18 mai 1956, les membres de l'UGEMA adoptent une motion appelant à la grève générale illimitée des cours et des examens et à l'engagement dans les rangs de l'Armée de libération nationale (ALN) et du FLN. Un tract est ronéotypé et glissé sous les portes à Ben Aknoun, à la Robertsau et au centre Clarté pendant la nuit. Ce tract souligne en particulier la désertion « des bancs de l'université pour le maquis. Il faut rejoindre en masse les rangs de l'ALN et son organisme politique le FLN ».

À cela s'ajoute l'aggravation de la guerre et l'éloignement des espoirs de paix.

1. Cf. Guy Pervillé, *Les étudiants algériens de l'université française 1880-1962*, Casbah Editions, Alger, 1997, p. 118.

4
Mes débuts dans l'organisation clandestine du FLN

Dès l'ordre de grève lancé, j'ai quitté le lycée comme beaucoup de mes compatriotes pour rejoindre mon village avec ma sœur Nadjia qui était elle aussi interne à la médersa des filles. D'un côté, j'étais fier de répondre présent à cet appel de l'UGEMA. Des images de ces moments historiques tourbillonnent encore dans ma tête comme une tornade. Est-ce vraiment la révolution tant attendue par notre génération ? Ma vie en tout cas allait prendre une tout autre tournure, pleine de défis, d'imprévus et de risques. D'un autre côté, je savais que cette réponse à l'appel était le prélude pour moi d'une grande aventure que seul Dieu en connaissait le développement et les conséquences.

Ma famille qui avait appris la nouvelle de la grève attendait notre arrivée. Mon père en particulier était sur le qui-vive. Il devait se poser plusieurs questions, lui qui était déjà très impliqué dans la cellule clandestine de notre village aux côtés de certains de ses amis. En nous accueillant, il était content de nous voir. S'adressant à moi il me demande :

— Comment cela s'est passé ?

Je réponds :

— Le plus simplement du monde. Nous nous sommes consultés entre nous et très vite nous avons pris la décision unanime de répondre présents à l'appel de l'UGEMA. On s'est mis d'accord pour informer officiellement l'administration du lycée de notre intention d'arrêter les cours et de rejoindre le plus tôt possible nos villages respectifs. Celle-ci nous avertit qu'il y aura représailles et sanctions.

Mon père me répond :

— J'aurais fait la même chose à votre place. Maintenant, il va falloir faire très attention parce que vous allez être fichés.

Notre discussion s'est arrêtée là. Ma mère qui y assistait, me regardant d'un regard affectif, ajoute :

— *Oulidi, rud balleck. Akoud fi dar ou ma tukhredj. Farança ouara.* [Mon fils, soit prudent. Reste à la maison et ne sors pas. La France est dangereuse.]

Très vite après l'ordre de grève, on apprenait que beaucoup de lycéens et collégiens et quelques étudiants avaient déjà rejoint les maquis pour prêter main-forte à leurs frères et sœurs moudjahidine et moudjahidate. La plupart avaient pris cette décision par conviction, mais aussi par crainte des représailles féroces de l'administration française, de son armée et de sa police. Nous étions tout d'un coup devenus des « *Fellaghas* », des « hors-la-loi ». Je n'ai pas attendu longtemps avant de recevoir une lettre du proviseur (voir l'annexe) me signifiant de regagner le lycée dans les vingt-quatre heures sinon je serais renvoyé définitivement sans aucune chance de réintégration.

Mon père qui me tenait au courant de ses activités militantes au sein de la cellule FLN de Berrouaghia, voulait tout de suite me prendre en charge afin de canaliser ma fougue de jeune Algérien désireux d'apporter sa contribution à la lutte armée. Il m'expliqua quel était son rôle dans la cellule. Il en était le chef. Il précisa, avec conviction, qu'il était en contact permanent avec les autres membres de la cellule ainsi qu'avec le responsable du secteur de l'ALN. Il précisa que, pour le moment, les besoins urgents étaient armes et munitions, intelligence et information, médicaments, ravitaillements et fonds. Il ajouta qu'il a besoin d'aide dans le domaine de la logistique en particulier le transport de *fidaiyine*[1] et moudjahidine, de transmission de courrier et d'achat à partir d'Alger de matériel divers, dont auraient besoin les maquis. Il m'invite à travailler avec lui et à montrer beaucoup de discrétion. De ce fait, il me mit tout de suite à l'épreuve après m'avoir donné certaines consignes de prudence et montré la manière d'opérer. C'est ainsi que j'ai eu à transporter, à maintes reprises, plusieurs militants, entre autres M. Fekhar ancien militant MTLD, Si Abdelaziz, agent de liaison. De plus, j'ai eu à acheter, à différentes reprises, du matériel de cartographie, de dessin et d'imprimerie. J'ai fait l'agent de liaison en remettant des lettres à différents responsables dans la région de Berrouaghia, Tléta des Douairs, Beni Slimane, Boghari, Médéa, Boufarik, Blida et Alger. J'étais occupé une grande partie de mon temps et je ne m'ennuyais pas. Au contraire, je me sentais fier de moi. J'ai fait cela pendant plusieurs mois. De plus, mon père me prenait avec lui pour rencontrer certains hauts responsables de l'ALN de passage dans la région, soit en ville soit en campagne.

---

1. Un *fidaï* (pl. *fidaiyine*) est celui qui sacrifie, un commando, alors qu'un moudjahid (pl. moudjahidine) est un combattant régulier, un soldat de l'ALN, et un *moussebel* (pl. *moussebiline*) est un auxiliaire, un partisan (Belaïd Abane, *Résistances algériennes : Abane Ramdane et les fusils de la rébellion*, p. 421-422 et le procès-verbal du congrès de la Soummam dans Mohammed Harbi, *Les Archives de la révolution algérienne*, p. 165-166). *Note de LM.*

5
Comment j'ai rejoint le maquis avec le colonel Si Chérif (Ali Mellah) à 21 ans

Une rencontre fortuite

Comme je l'avais mentionné auparavant, mon père me prenait avec lui à chaque fois qu'il avait l'occasion de rencontrer des hauts cadres de l'Armée de libération nationale (ALN). Ses amis intimes Mohamed Bendjaffar et Hadj Lakhdar Boukhamkham[1] qui avaient tous les deux une ferme dans la région des Tléta des Douairs servant de refuges pour les moudjahidine. Un jour au début de septembre 1956, Bendjaffar a informé mon père que le colonel Si Chérif de la wilaya VI serait de passage dans la ferme de Boukhamkham. Mon père m'en a informé et m'a demandé si je voulais l'accompagner. Naturellement j'ai accepté d'aller avec lui. J'étais fou de joie de pouvoir enfin rencontrer un haut responsable de l'ALN. Quelle aubaine !

La ferme de Boukhamkham se trouvait à quelques kilomètres du village de Tléta des Douairs. Il fallait emprunter une piste pour y accéder en prenant toutes les précautions possibles pour ne pas attirer l'attention des fermiers de la région, dont beaucoup étaient des colons français. Mon père qui connaissait la ferme ainsi que son propriétaire s'était mis d'accord avec Bendjaffar pour le rencontrer dans la ferme un peu avant le coucher du soleil.

L'armée française n'était pas encore présente dans toute cette région qui était restée sciemment pacifique, sans actions militaires pour des raisons stratégiques. Pour préserver cette partie de la wilaya comme zone de passages pour les moudjahidine, l'ALN ne voulait pas attirer l'attention de l'armée française. En effet, l'ALN en avait décidé ainsi pour ravitailler les combattants des wilayas IV et III en céréales (blé, orge et avoine). La région était réputée pour ses cultures intensives de céréales.

À notre arrivée à la ferme, nous fûmes accueillis par Si Lakhdar et ses deux fils ainsi que par Bendjaffar, arrivé avant nous. Nous avons remarqué que Si Lakhdar avait posté des guetteurs tout autour de la ferme, mais aussi sur les collines avoisinantes pour l'alerter en cas de danger. Dès notre entrée

---

1. Ces deux amis à mon père allaient être tous les deux froidement et arbitrairement assassinés par l'armée coloniale dans leurs fermes respectives sous les yeux de leurs familles et leurs ouvriers en 1958.

dans le salon des invités, nous avons été accueillis par l'odeur envoûtante du thé à la menthe qui avait parfumé et envahi tout le salon. Le parterre du salon était couvert de fameux tapis de Djebel Amor, entourés de matelas couverts de beaux draps en satin et de coussins multicolores. Le mobilier était simple, mais rustique. Il y avait un buffet, une argenterie et quatre tables rondes (*maïda*) basses. Nous nous installons autour de l'une d'elles.

Avant l'arrivée de Si Chérif, l'invité d'honneur, notre hôte nous donna un peu plus d'information sur les moudjahidine qu'il attendait. Sans en connaître le nombre exact, il nous expliqua qu'il connaissait bien Si Chérif, bien avant le début de la Révolution, durant la période où il était recherché par la police dans sa région natale de Kabylie. De plus, c'est lui qui avait initié la pénétration avec quelques-uns de ses compagnons pour mobiliser la région. Il nous expliqua qu'après le récent congrès de la Soummam, il a repris sa mission d'organiser la wilaya.

Après quelque temps, un de ses fils est venu nous annoncer l'arrivée de Si Chérif, accompagné de deux compagnons. Si Lakhdar est sorti pour l'accueillir. Tout de suite après ils entrent dans le salon. J'étais aux aguets. À ma grande surprise, un des compagnons de Si Chérif n'était autre que mon camarade de lycée Zizi Khelifa, *alias* Si Abdelkader *Speak-lui*[1]. Si Lakhdar après les présentations d'usage invite ses invités à s'asseoir. J'en profite pour saluer Zizi Khelifa et lui faire l'accolade. Si Chérif remarque la familiarité avec laquelle j'ai salué Zizi Khelifa et il s'adresse à nous deux :

— Je remarque que vous semblez vous connaître.

Zizi lui répond par l'affirmative et ajoute :

— Nous étions ensemble au lycée Duveyrier de Blida. On se connaît depuis plus de huit ans.

Sur le coup, je n'ai pas cessé de remercier le bon Dieu de m'avoir envoyé Khelifa. Je me disais : Voilà l'occasion unique de rejoindre le maquis par le biais d'un ami d'enfance.

Mon père s'est trouvé très à l'aise avec Si Chérif qui avait une formation en arabe. Ils ont tout de suite sympathisé d'autant plus que Si Chérif avait des liens assez étroits avec Bendjaffar et Boukhamkham, tous deux amis intimes de mon père. La discussion entre eux ne s'est pas arrêtée. Si Chérif en a profité pour nous mettre au courant des décisions du congrès de la Soummam qui s'est tenu du 20 août au 10 septembre 1956 à Ifri, à une dizaine de kilomètres d'Akbou.

Après avoir mangé un méchoui succulent et un couscous au miel et au petit lait, on est passé au thé et au café. J'en ai profité pour me retirer dans

1. Il a eu ce sobriquet marrant de *Speak-lui* au maquis parce que chaque fois que quelqu'un avait une question, les gens se tournaient vers lui pour expliquer les choses avec la remarque « *Speak-lui* » qui est un diminutif dialectal algérien de « Explique-lui ». *Note de LM.*

un coin du salon avec Khelifa pour bavarder ensemble et en savoir un peu plus sur la situation dans les maquis. J'ai posé mille et une questions à Khelifa. Quand as-tu rejoint le maquis ? Par quelle filière ? Que fais-tu ? Qu'elle est ta fonction ? Où es-tu affecté ? Quelle est ta relation avec Si Chérif ? Enfin la question essentielle : Est-ce que tu peux m'arranger les contacts pour te rejoindre au plus vite et participer à la lutte armée ? Zizi me répond qu'il était très content d'être membre de l'ALN et qu'il pouvait me faciliter les choses pour rejoindre le maquis. Il me dit qu'il va consulter Si Chérif et qu'il me contactera dans un délai maximum de deux semaines par le biais de Bendjaffar qui sera mon contact. Il me met en garde contre tous les dangers que j'aurai à affronter en disant :

— La vie au maquis est dure, difficile, très dangereuse et pleine de périls. Il faut que tu en sois conscient. Mais tu verras, c'est la plus belle expérience de ta vie.

Je répondis que j'en étais conscient et que je ne faisais qu'accomplir mon devoir.

Ainsi s'est terminée pour moi cette rencontre avec Si Chérif qui a pris un tournant tout à fait imprévu, mais décisif dans ma vie. Après une semaine environ, Bendjaffar m'a contacté en m'annonçant que le mercredi prochain, jour du marché de Berrouaghia, je devais me poster à la sortie du village sur la route de Boghari, non loin d'ailleurs de ma maison, près du panneau signalant l'entrée de Berrouaghia. Un camion bâché Renault passera me prendre. Il m'a averti de ne pas parler avec le chauffeur. Je devais seulement répondre au mot de passe « *Chems* ou *Qmar* » [Soleil ou Lune]. Toutefois, il m'a averti qu'il informerait mon père de sa démarche en me disant :

— Je ne veux pas froisser mes relations avec ton père et mettre en danger mon amitié avec lui. Ton père est un ami intime et de longue date. Je ne veux pas qu'il sache par quelqu'un d'autre que j'ai été la personne qui a facilité ta montée au maquis. Ce n'est qu'à cette condition que j'accepte de t'aider.

— Je t'admire pour ta franchise et je te remercie pour ton aide. Je suis d'accord que tu l'informes. Je ne veux pas être la cause de rupture de tes relations avec mon père. J'assume ma responsabilité. Merci encore une fois.

Mon père me convoque dès que Bendjaffar l'informe.

Le même jour, mon père en rentrant à la maison m'appelle et me demande de me rendre dans son bureau. Je savais de quoi il s'agissait. Il ferme la porte de son bureau et très calmement entre dans le vif du sujet en me posant la question suivante :

— Bendjaffar m'annonce que tu vas monter au maquis. Est-ce vrai ?

Surpris par le calme qu'il montrait, je lui réponds :

— *Ya didi,* c'est vrai.

Il continue en développant toute une argumentation pour me convaincre d'annuler le départ en expliquant les implications de ma décision.

Il dit entre autres :

— Tu es déjà engagé dans la lutte en travaillant avec moi. Tu es au fait mon agent de liaison. Les services du colonialisme ne vont pas tarder soit de m'arrêter soit de me tuer comme ils viennent de le faire en assassinant brutalement toute la cellule de Boghari. Si cela devait arriver, qui s'occupera de la famille ? Tu es l'aîné des garçons et je ne peux compter que sur toi pour prendre ma place. Je sais que tu veux rejoindre le maquis. Je l'ai compris dès que tu t'es engagé dans la grève. Je comprends ta logique. Je ne peux pas t'en empêcher. Je sais que c'est ton devoir sacré. Ce que je te demande c'est de prendre ton temps. Réfléchis bien.

Je lui réponds poliment avec tout le respect et l'estime que j'ai pour lui :

— *Ya didi*, j'ai bien réfléchi. Je comprends très bien ton raisonnement et ton souci de nous protéger dans ces moments difficiles et pleins de dangers. Mais nous avons la chance d'avoir Si Abdelkader, l'époux de ma sœur Aïcha. Il vit avec nous. Il peut aider.

— Il n'est pas un Megateli, réplique-t-il.

— *Ya didi,* pour moi, la décision est prise. Je ne peux pas attendre. Déjà beaucoup de mes camarades et jeunes du village ont rejoint le maquis. Je m'excuse de ne pas suivre tes conseils et je te prie de me pardonner. Je monte. Je te prie seulement de m'accorder ta bénédiction.

Et sur ce, notre entretien a pris fin et nous quittons ensemble le bureau.

Entretemps, je commence à préparer mon départ. Sachant que l'ALN n'avait pas les moyens de vêtir les nouvelles recrues, je décide de me procurer par mes propres moyens une tenue militaire. Au marché aux puces, je repère un pantalon, une veste et une chemise couleur kaki, surplus de l'armée. Alors que j'étais en train de voir dans quel état ils étaient et de les essayer, j'ai été surpris par le chef de la gendarmerie qui faisait sa tournée du marché. Je les ai tout de suite jetés par terre en feignant d'acheter quelque chose d'autre. J'ai attendu qu'il s'éloigne pour les reprendre, les essayer et finalement les acheter.

Je les dépose discrètement dans le grenier de l'écurie où j'avais déjà déposé une sacoche où j'avais mis des affaires de toilettes et une paire de pataugas[1] que j'avais achetée la veille. Ma mère m'a surpris un matin alors que je me trouvais dans le grenier, mais elle ne m'a rien demandé. Elle ne savait pas de quoi il en était. J'avais aussi une serviette de bain et une paire

1. Les pataugas sont des chaussures de marche montantes et robustes à semelle épaisse. Le nom de pataugas (qui est aussi la marque de chaussure) vient du « pâte au gaz » en référence à la pâte de caoutchouc, chauffée avec un réchaud à gaz, utilisée pour la semelle. Les pataugas étaient très utilisés par les randonneurs et les militaires. *Note de LM.*

de gants. J'étais plus ou moins équipé et prêt à partir. Mon paquetage était prêt.

Le départ pour le maquis

Le jour « J » est arrivé très vite. Il s'est avéré que ce jour-là, mon père s'était rendu à Médéa avec toute la famille. Je me trouvais seul dans la maison. J'en ai profité pour écrire une lettre d'adieu à toute la famille que j'ai déposée sur le bureau de mon père, près du téléphone. À l'heure du rendez-vous, j'ai pris position à l'endroit indiqué. Il était deux heures de l'après-midi. Le camion est arrivé comme prévu et s'est arrêté à mon niveau. Le chauffeur dit : *Chems* [Soleil]. Moi je réponds : *Qmar* [Lune]. Il m'ouvre la porte et me fait monter.

Pendant tout le trajet, qui a duré à peu près quarante minutes nous, n'avons échangé aucun mot. Le camion a suivi pendant plus d'une demi-heure la route nationale N° 1 qui relie Alger-Blida-Médéa-Berrouaghia-Boghari-Djelfa-Laghouat-Ghardaïa jusqu'au fin fond du Sud algérien. Après quoi, le camion a pris un embranchement vers l'est qui mène vers Tléta des Douairs-Aïn Boucif-Aumale-Boussaâda. Après un peu plus d'un quart d'heure, on arrive au village de Tléta des Douairs. Là, mon chauffeur arrête le camion sur la rue principale au centre du village, me fait descendre sur le trottoir juste à côté d'une Peugeot 203 grise qui était à l'arrêt. Il va tout de suite chercher le chauffeur ; j'ai changé de véhicule. Je suis monté dans la Peugeot 203 qui m'a amené dans la ferme de Bendjaffar que j'avais visitée avec mon père auparavant. Il fallait emprunter, un certain moment, une piste pour y accéder.

Le fils de Bendjaffar, Youssef, m'a accueilli et m'a fait entrer dans le salon d'invités. Il m'informe que son père était parti à Blida pour quelques jours. Il était environ quatre heures et demie de l'après-midi. Il me sert un café avec de la pâtisserie algérienne et m'informe qu'un agent de liaison allait venir me prendre tard dans la nuit aux environs de dix heures du soir pour m'amener à ma destination finale. Il me demande de me mettre à l'aise et d'attendre. Il me suggère de me reposer parce que je vais être en déplacement pendant une grande partie de la nuit.

Ma tête commençait à bouillonner de questions. Quelle sera la durée de ma dernière étape cette nuit ? Comment vais-je pouvoir me déplacer la nuit ? Comment mon père et ma mère ainsi que mes sœurs et mon petit frère, qui n'avait que dix ans, vont-ils réagir à la nouvelle de mon départ au maquis ? Est-ce que ma famille allait être inquiétée par la police et la gendarmerie ? Bref. Je décide de m'allonger. Et je me suis endormi. Je fus réveillé par un coup à la porte. C'était Youssef. Il était déjà sept heures passé. Il m'apporte à manger. Du couscous au mouton avec du petit lait. Un régal. Il mange avec moi. Youssef avait à peine 12 ans. Il était assez grand de taille, très mûr et très peu parleur. Il allait à l'école de campagne de la région qui ne se trouvait pas très loin de la ferme. Mais depuis la grève des étudiants, les écoliers ne la fréquentent plus, elle avait fermé ses portes. Il restait à la maison.

Première nuit au maquis

Le soir, Youssef m'annonce que le guide était là. Il le fait entrer dans le salon. Il se présente. Il s'appelle Rouanne. Il m'informe qu'il est un agent de liaison civil qui travaille avec *El djeich* (l'armée) et qu'il a été envoyé par Si Abdelkader pour me chercher. Il se rassure que je suis bien Si Abderrahmane. Je confirme. Youssef l'invite à un café. Puis tout de suite après, je prends mon paquetage que j'ai ramené avec moi et on sort dehors. Deux mulets nous attendaient. Rouanne m'aide à monter sur l'un et lui chevauche l'autre. Je dis au revoir à Youssef et le remercie de son hospitalité en lui demandant de remercier son père et de le saluer pour moi. Et me voilà en route, les deux mulets s'engageant d'un pied ferme dans la nuit sombre. C'était le 26 septembre 1956. Il était 10 heures du soir.

C'était la première fois que je montais sur un mulet. Je n'avais aucune idée comment faire. Je suivais Rouanne en copiant tant bien que mal ce qu'il faisait avec sa monture. Par intermittence, je talonnais les flancs du mulet, mais j'avais honte de montrer mon ignorance. C'est pour cela que je n'ai rien voulu dire à Rouanne que je rencontrais pour la première fois. Il faisait sombre. On voyait à peine. Le ciel était couvert de nuages. Il faisait un peu froid. Mon mulet suivait celui de Rouanne, mais ce dernier commençait à prendre de la distance. Il s'est arrêté plusieurs fois pour m'attendre. Au départ, le chemin était plat et assez droit, mais on a vite commencé à grimper et la piste est devenue plus étroite, tortueuse, et surtout accidentée. On la voyait à peine. À un certain moment, le mulet a failli glisser dans un précipice. Cela faisait à peu près une demi-heure que nous marchions. Rouanne s'était rendu compte que je ne conduisais pas bien ma monture et que j'éprouvais des difficultés à le suivre. Alors, il descendit de son mulet et est venu vers moi pour me dire, à voix basse et avec tact :

— Je crois que tu n'as pas l'habitude de monter sur un mulet, n'est-ce pas ?

— Non, pas du tout, répondis-je.

— Bon, voici ce que tu dois faire. D'abord tu dois continuellement talonner la bête en serrant ses flancs avec tes mollets. Ensuite tu dois régulièrement tirer à coup sec sur la bride pour maintenir la bête sur le qui-vive et maintenir sa tête levée. Enfin il faut tirer à droite sur la bride pour tourner à droite et à gauche pour tourner à gauche. Il faut que la bête sente à tout moment ta présence ferme et ton contrôle. D'accord ?

— Compris.

Sur ce, nous reprîmes notre trajet. Cette première leçon donne tout de suite ses fruits. Mon mulet répond à mes commandes et avance d'un pas plus sûr et plus accéléré. Au cours du chemin, on traverse quelques petites *déchras*[1]. J'avais froid aux pieds et aux mains, mais j'avais honte de dire quoi que soit. C'est mon baptême. Il fallait endurer cela. Je me disais en moi-même ceci n'est qu'un avant-goût de ce qui m'attend au maquis. Nous continuons notre chemin pour à peu près quatre heures, marquant quatre pauses avant d'arriver à destination. Rouanne me dit que c'est la ferme d'Abdelkader Bendjaffar, frère de Mohamed Bendjaffar.

C'était une petite ferme de quelque trente hectares de terres à vocation céréalière, essentiellement blé dur et orge. On arrive à la ferme par un petit jardin planté d'arbres fruitiers. Sur le flanc se trouvait la maison construite en pierres avec une toiture en tuiles rouges. Rouanne interpelle le propriétaire usant d'un mot de passe. Celui-ci répond sur-le-champ et nous ouvre la porte qui donnait sur un salon des invités. Rouanne me signale qu'il n'habite pas très loin de cette ferme. Il me présente et il m'informe qu'il viendra dans la matinée pour me communiquer les instructions que lui a laissées Si Abdelkader, ce dernier étant en tournée d'inspection dans son secteur, et il me quitte. Mon hôte me propose un café. Je lui réponds qu'il est tard et que je préfère me reposer. Le salon était meublé de la même manière que celui de Mohamed Bendjaffar, mais plus modestement. Il était aussi plus petit. Mon hôte me prépare mon lit, m'apporte une carafe d'eau et me quitte en me souhaitant une bonne nuit en ajoutant :

— N'hésite pas à m'appeler en cas de besoin.

J'éteins la lampe à pétrole[2] qui était posée sur une petite table ronde qui se trouvait au coin du salon et je me mets dans mon « nouveau lit », un matelas en laine couvert d'un drap et d'une couverture. Bien que fatigué et courbaturé de partout, j'ai mis du mal à m'endormir. Il était à peu près trois heures du matin. La nuit était calme et je n'entendais aucun bruit. Je me retournais dans mon lit, agité et anxieux ne sachant pas ce que me réservait le lendemain.

---

1. Une *déchra* ou *mechta* est un groupement de maisons ou chaumières où vivent les membres d'une même tribu, généralement appartenant à une même famille.

2. La plupart des fermes appartenant aux Algériens ainsi que les décheras qui étaient dispersées dans les zones rurales n'étaient pas desservies par un réseau électrique bien que les lignes électriques à haute et basses tensions les traversaient. L'éclairage se faisait soit avec des lampes au kérosène ou pétrole soit à l'acétylène soit à la bougie. Ce n'était pas le cas des fermes des colons français qui eux étaient branchés sur le réseau. De plus, la plupart des colons possédaient des demeures dans le village ou la ville la plus proche qui bénéficiaient de l'électricité et du gaz de ville. Les fermiers algériens qui avaient les moyens comme Mohamed Bendjaffar installaient chez eux un groupe électrogène à diesel pour s'alimenter en électricité.

Je me réveille juste à l'aube. J'ouvre la fenêtre. Je suis frappé par la beauté de la région. À gauche, une falaise en pierre rouge ocre bordant un champ qui venait juste d'être moissonné. Elle s'allongeait à l'horizon formant comme une muraille. À droite, il y avait le jardin qui était entouré de cactus assez touffus. Il était planté d'amandiers, de figuiers et d'abricotiers ainsi que de plants de vigne. On apercevait un puits surplombé d'une poulie. Je décide de sortir pour contempler le paysage pittoresque qui entourait cette ferme. Le ciel était clair, sans nuages. À l'horizon, les rayons du soleil de couleur orange commençaient à briller et à éclairer le jour. Alors que je me dirigeais vers le puits, mon hôte m'interpelle et m'invite à revenir pour le café. Je le salue et m'assois sur un matelas près d'une *maïda* sur laquelle reposait un petit plateau en cuivre avec deux cafetières, l'une contenant du café, l'autre du lait et un panier contenant de la galette chaude.

— As-tu bien dormi ? me demanda-t-il.

— Compte tenu des circonstances, assez bien.

— Je t'ai rencontré au moins deux fois dans la ferme de mon frère. Je connais assez bien ton père.

Il me met à l'aise en me disant de faire comme si j'étais chez moi. Il me demande des nouvelles de mon père. Je lui réponds qu'il allait bien en ajoutant qu'il a dû être surpris hier en ne me trouvant pas à la maison et en lisant la lettre que je lui ai laissée sur son bureau. Il ajoute qu'en principe je dois attendre ici la venue de Si Abdelkader sans me donner d'autres précisions. Après cela, je mets les habits que j'ai amenés avec moi y compris le calot que j'avais au lycée. Quand il est revenu dans la chambre, il a eu affaire à un homme nouveau avec ma tenue de fortune et mes pataugas. Il s'exclame en disant :

— Il ne te manque que la mitraillette et tu es prêt à te lancer dans le combat !

Je me mis à rire. Je lui remets mes anciens habits ainsi que mon permis de conduire et ma carte d'identité pour qu'il les garde. Il me signale qu'il n'a que faire de ces papiers. Il ne peut pas les garder. Je les reprends et avec un geste inattendu je les jette au feu qui brulait doucement dans la cheminée. Je marque un moment de silence, et immobile je voyais ces documents bruler à petites flammes jaunes qui dansaient tout en me disant : « une page de ta vie est tournée, une autre commence. Tu ne peux plus faire marche arrière. Tu ne sais pas ce que te réserve l'avenir. Seul Dieu connait ton destin ! »

Vers 9 heures du matin, Rouanne se présente. Il ne me reconnait plus avec ma nouvelle tenue. Il sourit. Après quelques plaisanteries, il m'informe que Si Abdelkader est en tournée d'inspection et d'information dans son secteur et qu'il sera ici demain soir. Il me dit qu'il lui a donné pour consigne que je reste dans ce refuge jusqu'à son retour. De plus, il m'indique qu'il travaille beaucoup avec lui et qu'il agit souvent comme agent de liaison et guide pour lui et Si Chérif.

Retour de Si Abdelkader de sa tournée d'inspection

Le lendemain au soir, Si Abdelkader arrive. J'étais très content de le revoir. Lui aussi semblait éprouver les mêmes sentiments. Je lui demande s'il a des nouvelles de Si Chérif. Il me dit qu'il est en contact permanent avec lui et qu'il lui a demandé qu'il s'occupe de moi jusqu'à notre prochaine rencontre et qu'il m'initie au travail qu'il fait. J'entre tout de suite dans le vif du sujet et lui demande quelle est sa fonction. Il m'informe qu'il est commissaire politique et qu'il contrôle une assez grande région comprenant plusieurs décheras composées de plusieurs tribus. Son rôle est de rencontrer et connaître la population pour lui expliquer les buts de la révolution armée, pour la préparer politiquement afin qu'elle participe activement au combat et pour contribuer financièrement et matériellement, selon ses moyens, à la lutte armée en hébergeant et nourrissant les moudjahidine et en les renseignant sur les mouvements de l'ennemi, et ses collaborateurs. De plus, la population doit fournir des volontaires pour être recrutés soit comme guide et agent de liaison civil, soit comme *moussebel*[1] et djoundi[2]. Finalement, il m'informe que Si Chérif va tenir une réunion de wilaya qui regroupera tous les cadres. Le but est de les informer des décisions du congrès de la Soummam et pour continuer l'effort d'organisation de la wilaya qu'il a initié depuis son retour de la wilaya III.

Je suis resté avec Si Abdelkader plus de 10 jours avant de rencontrer Si Chérif. J'ai sillonné avec lui presque tout le secteur qui était sous son contrôle. Par moment, on se déplaçait le jour, mais souvent de nuit. Tous les deux nous portions un burnous qui cache notre tenue militaire et on couvrait nos têtes d'un chèche, c'est-à-dire un turban. Ceci était nécessaire pour ne pas être remarqué ni par la population ni par les militaires français. Chaque soir, on réunissait la population des différentes *déchras* ou *mechtas* pour les organiser en cellules, les endoctriner et aussi les écouter. Le jour, on quitte le refuge pour nous cacher dans des ravins accidentés, des grottes ou sur les crêtes des collines avoisinantes pas loin de la *déchra*. On organisait notre travail grâce à des agents de liaison qui partaient pour alerter la population de notre arrivée. Ceci se faisait uniquement quelques heures à l'avance par précaution pour nos réunions qui duraient souvent plusieurs heures. Avec la

---

1. Mot d'origine arabe qui veut dire supplétif ou auxiliaire, dont le pluriel est *moussebiline*. Volontaire agissant en général dans sa région mais sans faire partie d'un groupe armé. C'est donc une sorte de supplétif vivant au sein de sa famille capable de répondre au moindre appel. Il est habituellement chargé du ravitaillement et du renseignement des unités de l'ALN. Parfois il est armé d'un fusil de chasse.

2. Mot d'origine arabe qui veut dire soldat, dont le pluriel est djounoud. *Note de LM.*

participation de la population, on désignait les chefs de cellules, les responsables de renseignement et liaisons, de ravitaillement et de logistique. En échange, les populations nous exposaient leurs problèmes, surtout les litiges qu'ils avaient entre eux, leurs besoins sur le plan santé, éducation et enseignement, et l'aide dont ils avaient besoin. Pendant cette période, nous n'avons pas eu affaire à l'armée qui restait cantonnée dans ses baraques. Du reste, il n'existait pas encore de camps retranchés dans la campagne, seulement dans les villes et villages et là encore ils n'étaient pas nombreux.

Quand je parlerai plus tard de la wilaya VI, je donnerai d'autres précisions en ce qui concerne ses origines, sa situation géographique, son développement et les difficultés qu'elle a eu à affronter dès sa création.

Un matin, alors que nous étions dans une *déchra* en train de bavarder, un agent de liaison a demandé à nous voir. Il était porteur d'un message de Si Chérif qui nous demandait de le rejoindre le plus tôt possible. Il se trouvait dans le douar des Mefatha bien au sud de Tléta des Douairs, pas très loin de la ville de Boghari. L'agent de liaison qui nous a remis le message connaissait l'endroit où se trouvait Si Chérif et allait nous servir de guide. Sans tarder, nous prenons la route. Il était à peu près 10 heures du matin. Comme la ferme de Mohamed Bendjaffar était sur notre chemin, j'ai suggéré qu'on y passe. Après deux heures de route environ, nous arrivons à la ferme. Mohamed Bendjaffar s'y trouvait. Ce dernier était très content de nous voir et nous demande de rester pour le déjeuner. Si Abdelkader et moi avions sauté sur l'occasion sachant pertinemment que nous serions bien gâtés. De plus, c'est toujours agréable de bavarder avec Mohamed qui est très formé politiquement et très informé sur ce qui se passe au pays et dans sa région. En outre, il a le sens de l'humour et aime toujours plaisanter et raconter des histoires.

En attendant le repas, nous avons profité pour nous mettre au courant et échanger des nouvelles. Bendjaffar avait visité Berrouaghia la veille de ce qui s'est passé dans la ville. Beaucoup d'arrestations et de brimades de la part de la gendarmerie et des colons qui y vivent. Il m'informe qu'il a eu l'occasion de rencontrer mon père comme il le fait habituellement quand il visite le village. Il ajoute que ce dernier lui a demandé de me transmettre un message en urgence. Il me signale que ma visite ne pouvait pas tomber mieux. Il lui signale que des rumeurs circulent au village à mon sujet. Toutes convergent pour dire que j'ai rejoint le maquis. Même le chef de la gendarmerie y croit puisqu'il est venu voir mon père pour lui demander où j'étais. Il lui a répondu que j'ai quitté le pays pour me rendre en France afin de reprendre mes études. Afin que mon père puisse appuyer cette assertion, il me demande de lui écrire une lettre selon le modèle qu'il a lui-même rédigé et qu'il m'a remis. Mohamed le retire de son portefeuille et me le remet. Il me demande d'écrire cette lettre sur-le-champ. Il m'apporte un papier à lettres et une enveloppe. Je prends mon stylo et rédige la lettre en recopiant textuellement ce qu'a écrit mon père. J'ai essentiellement écrit que j'étais en train de perdre mon temps au village sans rien faire et que j'ai décidé de m'inscrire dans une université pour faire une licence en mathématiques. J'ajoutais que j'écrirais dès que j'aurais une adresse fixe. Je mets la lettre dans une enveloppe, écris l'adresse de mon père sur l'enveloppe et la lui remets sans la sceller. Bendjaffar me dit qu'il ira demain à Berrouaghia pour la remettre à mon père qui la remettra à un ami qui la postera à Marseille.

Après quoi, Bendjaffar m'informe que mon père lui a dit qu'il a été très affligé par mon départ bien qu'il s'y attendait, mais il lui a dit que tout allait bien à la maison et que ma mère, bien qu'elle pleure souvent, commence à s'habituer à ma séparation.

Puis il nous sert un repas gargantuesque : une soupe rouge (*mekitfa*), une *chetitha laham* (viande à la sauce piquante) avec boulette (*methouam*), un couscous aux raisins secs avec petit-lait et *rayab* (lait caillé) et une salade verte, le tout accompagné par de la galette (*matloua*) toute chaude qui venait juste d'être cuite. Il a voulu nous faire plaisir sachant que nous n'avons pas l'occasion d'être gâtés sur le plan bouffe par la population de la région qui n'avait pas les moyens de préparer ce type de repas. C'était un régal !

Le repas terminé, nous reprîmes tout de suite le chemin à pieds. Il était environ une heure de l'après-midi. Nous avons décidé de faire le trajet en une seule étape. Il était possible de le faire. De plus, on ne pouvait se permettre de faire attendre le colonel Si Chérif. Après une heure de marche, nous avons atteint la route goudronnée qui relie Tléta des Douairs-Aïn Boucif. On l'a aperçue au loin. Notre guide nous demande de prendre des précautions et de la traverser à toute vitesse pour ne pas être remarqué. À ce moment-là, nous avons été surpris par un petit convoi militaire composé d'une jeep et de deux camions GMC, l'un rempli de soldats qu'on voyait, et l'autre était bâché, peut-être rempli de marchandises. Heureusement que nous étions dans un endroit qui nous permettait de dominer la route et de pouvoir nous dissimuler rapidement et sans difficulté. Le convoi passé, nous traversons la route au pas de course pour nous éloigner le plus vite possible. Par prudence, on faisait tout pour ne pas être remarqués par les civils.

Nous continuons notre marche sur une piste tortueuse en direction sud-sud-est. La piste traversait des champs qui venaient d'être moissonnés. La culture intensive du blé prédominait. Certaines des fermes appartenaient à des colons qui habitaient soit au village Tléta des Douairs, soit à Aïn Boucif laissant sur place en permanence des travailleurs algériens. Ils possédaient de grandes étendues allant jusqu'à trois cents hectares, mais la grande partie des terres appartenait à des Algériens qui y habitaient. Toutefois, ils possédaient des parcelles dont la superficie ne dépassait pas les cent cinquante hectares.

Sur les collines environnantes, les terres étaient rocailleuses et généralement moins fertiles. Elles appartenaient aux Algériens.

Cela fait maintenant plus de quatre heures que nous sommes en route. Nous avons forcé notre marche pour arriver à destination durant la nuit. Maintenant, le soleil, partiellement noyé par un nuage fin orangeâtre, s'inclinait nonchalamment à l'horizon. Le ciel était légèrement nuageux. La lumière du jour commençait à diminuer annonçant l'arrivée de la nuit. Au large, on voyait la silhouette des sommets du Kef Lakhdar entièrement dénudé. Notre guide nous indique que notre destination est non loin du Kef et qu'il nous reste environ plus de cinq heures. Il nous suggère de marquer une petite pause. On décide de s'arrêter pour nous reposer et en même temps manger le casse-croute que nous avait préparé Si Mohamed, de la galette et des œufs durs. Après cette pause, nous reprenons le chemin. Maintenant, la nuit est bien tombée. Il faisait très sombre. Notre guide semblait bien connaître le chemin. Cinq heures après, nous arrivons à destination. On était dans le douar des Mefatha. À l'entrée du douar, on a été arrêté par un guetteur qui était derrière un mur. Après échange de mot de passe, le guetteur nous dirige vers le refuge où nous allions passer la nuit. Il nous informe que le matin, il nous viendra nous chercher pour nous conduire chez Si Chérif.

6
Première rencontre avec Si Chérif au maquis

Après quelques heures de sommeil, on est réveillés par le guetteur qui nous a accompagnés la veille à notre refuge. Il nous demande de le suivre pour rejoindre Si Chérif. Ce dernier se trouvait dans un autre refuge, à une dizaine de minutes de marche. En cours de route, je demande conseil à Si Abdelkader comment je dois me conduire durant cette première rencontre avec Si Chérif. Il me dit de me conduire le plus naturellement possible. Il ajoute que Si Chérif est très affable et a beaucoup de respect pour les nouvelles recrues, en particulier les étudiants. Il continue par dire que Si Chérif a l'esprit très ouvert et qu'il va sûrement me donner quelques conseils afin que je puisse m'intégrer rapidement au sein de la wilaya. Il finit par remarquer que j'ai eu de la chance de l'avoir rencontré auparavant et d'avoir pu lui parler. Il ajoute en plaisantant « *relax, take it easy* [détendez-vous] ». Je me suis mis à rire. Sur cette plaisanterie, on arrive au refuge où se trouve Si Chérif. Il était environ 9 heures du matin.

Nous entrons au refuge après que notre guide nous a annoncés. À ma grande surprise, avec si Chérif se trouvaient deux personnes dont une que je connaissais très bien. Ce n'était autre que Hamid Boumahdi, un ami d'enfance de mon village et un ancien élève de mon père. Il est le fils de Si Saïd Boumahdi, un ami intime à mon père et qui tenait un commerce à Berrouaghia. Il y avait en plus une autre personne que je ne connaissais pas.

Si Chérif nous accueille cordialement avec le sourire. On procède aux salutations traditionnelles et nous sommes invités à nous asseoir sur un matelas couvert d'un tapis en laine. Sans tarder, Si Chérif me met tout de suite à l'aise. Il me demande comment se passent mes débuts au maquis. Je lui réponds que pour le moment tout se passe très bien et que j'ai été très content de retrouver Si Abdelkader qui m'a tout de suite pris en main et m'a initié au travail de commissaire politique tout en me faisant connaître le secteur et la population, dont il a la charge. J'en profite pour lui faire remarquer que je connais très bien Boumahdi qui portait le nom de maquis de Bachir puisqu'il est de mon village. Je m'exclame et je dis :

— Décidément j'ai beaucoup de chance ! Quelle baraka ! D'abord je rencontre Si Abdelkader avec vous lors de votre visite chez les

Khamakhmia. Maintenant je rencontre Boumahdi. Je ne suis pas du tout dépaysé.

— Boumahdi est venu avec moi quand je suis passé par la wilaya IV. Il est pour le moment mon secrétaire particulier, mais il va être remplacé dans cette fonction par Si Moussa.

La deuxième personne qui se trouve avec lui n'est autre que Si Moussa.

Après quoi, Si Chérif me demande si j'ai des nouvelles de mon père. Je lui dis que sur notre route nous sommes passés par la ferme de Bendjaffar, lequel m'a donné des nouvelles récentes de ma famille et du village. Je l'informe que mon père est harcelé par le chef de gendarmerie de Berrouaghia qui veut savoir où je suis. Pour mettre fin à ces harcèlements, mon père m'a demandé de lui écrire une lettre dans laquelle je l'informe que je suis parti en France pour continuer mes études. Cette lettre sera postée par un ami à lui à partir de la France. J'ai donc écrit cette lettre sur-le-champ et je l'ai remise à Bendjaffar. Si Chérif me dit que l'idée est excellente. Cela va calmer temporairement la curiosité de la gendarmerie et mettre fin aux rumeurs qui circulent dans le village à mon sujet.

Si Chérif se tourne vers Si Abdelkader et lui demande de lui donner un bref compte rendu sur la situation de son secteur. Si Abdelkader l'informe que la pénétration avance d'une manière satisfaisante. La population est selon lui réceptive. Il ajoute :

— Il y a plusieurs mechtas qui ont rejoint le FLN et l'ALN. Le recrutement de *moussebiline*, bien que lent, donne des résultats palpables. La collecte de fonds et les cotisations sont satisfaisantes, et ceci grâce à la bonne récolte céréalière de cette année, mais en général, je considère que les résultats sont bons malgré le fait que les gens de la région ne soient pas très politisés et connaissent peu de choses sur le mouvement nationaliste. Il faudra toutefois accélérer notre effort de pénétration et d'information par des réunions plus fréquentes.

— Sur le plan de la collecte d'armes, as-tu pu récupérer des fusils de guerre ou de chasse ? demanda Si Chérif.

— Oui. Pour l'instant, j'ai introduit le sujet en expliquant que la Révolution a besoin d'armes et qu'ils doivent contribuer à cet effort. J'ai commencé à faire mon enquête pour savoir quelles sont les personnes qui en possèdent afin d'établir un inventaire. Toutefois, j'ai remarqué une certaine réticence, disons une méfiance, quand j'ai abordé ce sujet. Je leur ai expliqué que tôt au tard, l'administration française, avec l'appui de ses agents, va faire son enquête à ce sujet et qu'il était dans leur intérêt de les offrir bénévolement à l'ALN le plus tôt possible avant que le colonialisme ne les confisque. Certains ont accueilli favorablement ma requête et ont fait don de leurs armes. J'ai récupéré trois fusils de chasse et quelques dizaines de cartouches, mais il reste beaucoup d'efforts à faire dans ce domaine.

— C'est bien. Il faut surtout éviter de brusquer les gens sinon on risque de les braquer contre nous et de les voir se retourner contre nous. Ils attachent beaucoup d'importance à leurs fusils.

Sur cet entretien, Si Chérif nous invite à prendre le café avec lui. Après cela il nous invite à assister avec lui à un rassemblement du douar qu'il avait programmé la veille. Il nous explique que le douar des Mefatha où nous nous trouvons est entièrement dévoué à la Révolution grâce à son chef qui n'est autre que l'ex-caïd Cheikh Embarek. Il nous dit d'ailleurs que c'est lui qui organise ce rassemblement auquel nous allons assister.

Le rassemblement a lieu dans la petite mosquée du douar. La mosquée est une vieille bâtisse modeste comprenant une grande salle peinte en blanc de chaux. Il y avait presque une cinquantaine de personnes. C'était impressionnant de voir tous ces hommes habillés de burnous ou de kachabia, tous assis les jambes croisées à la turque au milieu de la salle de prière couverte de nattes en *halfa* et de tapis multicolores avec des motifs géométriques. Cheikh Embarek prend la parole pour nous présenter et expliquer le but de cette rencontre. Après quoi il passe la parole à Si Chérif.

Ce dernier commence par réciter la *Fatiha*, puis il entre dans le vif du sujet. Il leur rappelle ses premières rencontres avec eux quand il est arrivé dans la région il y a plus de trois mois et les remercie de l'accueil chaleureux qu'il a toujours reçu. Il leur explique que la Révolution est entrée dans une phase décisive d'organisation et de structuration. Il leur indique qu'il y a eu une rencontre importante dans la Soummam le 20 août 1956 qui a réuni les chefs de la Révolution de plusieurs régions du pays. Il indique qu'il y a eu un accord unanime sur une plateforme qui s'appelle « la Plateforme de la Soummam ». Il passe en revue les éléments essentiels de cette plateforme. Il signale que les congressistes ont divisé l'Algérie en six départements appelés wilayas. Notre région fait partie désormais de la wilaya VI, la dernière à être créée. Il indique qu'il est le chef avec le grade de *sagh thani* ou colonel. Chaque wilaya est divisée en *mintaka* ou zone, chaque zone en *nahiya* ou région et chaque région en *kasm* ou secteur. La zone sera dirigée par un *dhabet thani* ou capitaine, la région par un *moulazem* ou aspirant et le secteur par un *mousaad* ou adjudant. Les organismes de direction sont le Conseil national de la révolution algérienne (CNRA) constitué de 17 membres titulaires et de 17 membres suppléants et le Comité de coordination et d'exécution (CCE) composé de cinq membres choisis parmi les membres du CNRA et dont les noms sont tenus secrets. Il signale que notre région doit s'organiser rapidement pour rattraper le retard par rapport aux autres wilayas afin de joindre la lutte contre le colonialisme. Il explique que parce que notre région est dénudée, sans relief accidenté et sans forêt, elle n'est pas propice pour organiser des actions militaires, en particulier des embuscades à l'ennemi. Par conséquent, elle va servir de zone de passage pour les djounoud des wilayas mitoyennes et les appuyer dans le domaine du ravitaillement en leur fournissant particulièrement du blé, de l'orge et autres céréales. De ce fait, nous devons mettre l'accent sur la création de caches pour stocker ces denrées.

En concluant, Si Chérif met l'accent sur le rôle primordial que doit jouer le peuple pour la réussite de la Révolution et leur demande d'aider les moudjahidine, en particulier le commissaire politique de leur secteur dans sa mission.

Il demande à l'audience s'il y a des questions. Un participant demande si la lutte armée va être longue. Si Chérif lui répond :

— Longue, difficile et coûteuse surtout en vie humaine, mais qu'avec la participation active et soutenue du peuple, avec l'aide d'Allah, elle sera couronnée de succès et que la victoire finale, l'indépendance du pays, est inévitable.

À la fin de ce rassemblement, Si Chérif se mêla à son auditoire, continua à répondre à leurs questions et écouta avec la plus grande attention possible leurs doléances.

Pour ma part, j'étais très satisfait de cette rencontre avec Si Chérif. J'étais impressionné par la simplicité de son discours et son éloquence. On voyait qu'il connaissait la psychologie du peuple de la région et qu'il savait comment captiver son audience qui l'écoutait attentivement. Je remarquais aussi comment il faisait appel au Coran pour appuyer ses arguments en utilisant fréquemment des versets du Coran ou des hadiths de notre Prophète pour faire passer plus facilement son message.

Dans le chapitre 11, je trace avec plus de détails le profil de Si Chérif, son enfance, son éducation, son itinéraire et passé révolutionnaire et les témoignages que j'ai pu rassembler en particulier avec l'aide de son épouse, Sadia Mellah née Lebdiri, et de son fils Amar Mellah, auxquels je suis très reconnaissant.

À la fin de ce rassemblement, nous rejoignons le refuge de Si Chérif. Il était environ 11 heures 30 du matin. Si Chérif nous invite à déjeuner avec lui. On s'assoit autour d'une *maïda* et nous reprenons la discussion en attendant le repas. Il profite pour nous parler du congrès de la Soummam auquel il n'a pu assister. Bien que Si Abdelkader ait été mis au courant auparavant, il a tenu à en parler encore pour que je puisse apprendre le plus possible. Il nous dit qu'à son retour de la wilaya III, il était accompagné d'Ouamrane, le colonel de la wilaya IV qui lui a fait un compte rendu détaillé de ce qui s'est passé au congrès. Il a signalé qu'Abane Ramdane et Larbi Ben M'Hidi avaient joué un rôle prépondérant dans cette rencontre. La plateforme de la Soummam qui en est sortie est un document qui va servir de guide pour les wilayas ainsi que pour les organisations clandestines des villes, la Fédération de France et la délégation extérieure du FLN établie au

Caire. Le CCE opérera à partir d'Alger. Chaque wilaya aura désormais un agent de liaison qui sera en contact direct avec le CCE. Il signale que grâce au congrès de la Soummam, la Révolution sera consolidée et entrera dans une nouvelle phase. L'heure des chefs historiques était passée.

Notre hôte nous invite à manger un couscous à la viande de mouton et avec du petit lait. Nous dégustons ce repas avec régal, puis on nous sert un café noir. Le repas terminé, nous reprenons la discussion avec Si Chérif qui nous informe d'une manière strictement confidentielle qu'il va tenir la première réunion de la wilaya. Il nous indique qu'il n'a pas encore fixé la date ni le lieu, mais que nous serons avertis en temps opportun. Les invitations seront individuelles. En principe, tous les chefs de zones, de régions et de secteurs, leurs adjoints ainsi que les commissaires politiques seront invités. Sera invité aussi le chef de la compagnie (ou commando) de la wilaya. Elle durera un jour au maximum, peut-être même une demi-journée. Chaque responsable sera appelé à présenter un rapport d'activité écrit et devra se tenir prêt à débattre et à répondre aux questions de l'audience. Il insiste sur le caractère extrêmement confidentiel de la réunion et l'obligation d'y participer. Sur ce point, on se sépare. Si Chérif m'informe que je serai invité à participer à cette réunion et que pour l'instant, je continue à accompagner Si Abdelkader et à l'aider selon ses besoins.

7
La première et unique réunion de la wilaya VI

Si Chérif, au cours de la rencontre que Si Abdelkader et moi avions eue avec lui, nous avait informé qu'il allait organiser dans un avenir très proche, une réunion des cadres de la wilaya VI, sans toutefois en préciser le lieu ni la date. Alors que je me trouvais avec Si Abdelkader en tournée dans son secteur, nous reçûmes un message de nous rendre sans tarder dans une mechta pour le rencontrer.

Si Abdelkader, alerté à l'avance de cette réunion, avait déjà préparé le rapport qu'il devait présenter. Disposant d'une machine à écrire, il s'est attelé à cette tâche dès notre séparation de Si Chérif et dès que nous avions regagné son secteur. Il y consacre plusieurs jours. Le produit est un rapport en français de trois pages mettant en relief, depuis sa nomination comme commissaire politique, les activités qu'il avait lancées, la composition humaine de son secteur, le nombre d'adhérents et leur contribution, le détail des cotisations prélevées, le nombre des *moussebiline*, l'organisation de son secteur, les caches de ravitaillement, les armes récupérées, le système de liaisons et de renseignements civils et militaires, les problèmes du secteur et autres détails. Sachant que le temps de présentation du rapport allait être court, il avait pris soin d'y joindre un résumé qui le guiderait dans sa présentation. Il a profité de ma présence pour me le lire et pratiquer devant moi sa présentation. Bien qu'il connaisse un grand nombre de cadres de la wilaya, il voulait laisser une bonne impression. Il était fin prêt !

Si Chérif qui avait d'excellentes relations avec Si Abdelkader avait choisi son secteur pour y tenir la réunion. Il avait d'ailleurs sollicité l'aide de Si Abdelkader pour le lieu et l'organisation matérielle de la réunion. Elle devait avoir lieu non loin de l'endroit où on se trouvait. Si Abdelkader m'a expliqué par la suite que les quelques fois où il s'était absenté, c'était pour finaliser les préparatifs de la réunion et en assurer la sécurité. Si Chérif avait par ailleurs envoyé des agents de liaison pour convoquer les cadres à la réunion. Afin d'éviter des fuites, il s'est accordé très peu de temps entre les convocations et la date de la réunion. Si Abdelkader et moi avions été convoqués deux jours avant la réunion tandis que tous les autres cadres avaient été convoqués seulement un jour avant. Si Abdelkader devait aider

Si Chérif pour finaliser tous les préparatifs, en particulier l'hébergement, le ravitaillement, l'alimentation et la sécurité. Ils avaient retenu quelques civils de la mechta, militants sûrs, pour accueillir les participants.

J'étais très excité par la tenue de cette réunion. Pour moi qui étais nouveau venu à la wilaya, je n'avais encore rencontré aucun moudjahid à l'exception de Si Abdelkader. J'ai rencontré les civils, le peuple au cours des tournées avec Si Abdelkader, mais aucun officier de la wilaya VI. J'ignorais combien ils étaient ni de quelle partie de l'Algérie ils venaient. Je m'imaginais beaucoup de choses. Je voyais ces moudjahidine tous vêtus en tenue militaire portant leurs armes en bandoulière et imposant un respect exemplaire. Je n'en connaissais aucun à l'exception de Si Abdelkader et Bachir. Si Abdelkader lui, en connaissait quelques-uns à l'occasion de leur passage dans son secteur. Il m'a même dit qu'il s'était lié d'amitié avec certains d'entre eux et qu'il était impatient de les retrouver. J'étais par contre très excité de pouvoir revoir Si Chérif pour lequel j'éprouvais déjà beaucoup de respect et d'estime. J'avais surtout hâte de le voir en action.

La réunion a eu lieu aux environs de la fin novembre 1956. Elle devait se tenir dans un gourbi dans une mechta. Elle devait commencer le matin aux environs de 9 heures. Le gourbi est très modeste : une salle dont le parterre était de terre battue couverte de nattes d'alfa sur lesquelles reposaient des couvertures en laine, des *hanbels* comme on dit chez nous.

Si Chérif accueille les participants. Ils étaient environ une quinzaine. Je me souviens seulement des noms suivants : Rouget (capitaine), Chérif Ben Saïdi (lieutenant militaire), Mostefa Benamar (commissaire politique), Zizi Khelifa *alias* Si Abdelkader *Speak-lui* (commissaire politique), Hacène (chef de secteur), Beckbachi (chef de région), Abdelaziz (lieutenant politique), Si Mohamed *Yeux Bleus* de Clos Salembier (chef de région), Moussa (secrétaire en arabe de Si Chérif), Boumahdi Hamid *alias* Bachir (secrétaire en français de Si Chérif), Kortebi *alias* Younès (commissaire politique).

Tous les participants se sont installés, adossés contre le mur tout autour, leur arme à portée de main. La plupart n'avaient que des revolvers à l'exception de Si Chérif qui portait une carabine US, Rouget une mitraillette Thompson et un pistolet 9 mm autrichien, Chérif Ben Saïdi, une carabine US. Leur tenue était disparate, mais la plupart portaient un chèche qui couvrait leur tête et étaient chaussés de pataugas beiges. Si Chérif avait à sa droite Rouget et Moussa son secrétaire et à sa gauche Chérif Ben Saïdi et Boumahdi. Devant lui était posé une *maïda* peinte en rouge sur laquelle reposait sa sacoche. Moi j'étais assis à côté de Si Abdelkader, tous les deux faisant face à Si Chérif.

Si Chérif ouvre la séance en disant à haute voix et sur un ton autoritaire « *koulouna lil fida* » (nous tous pour le sacrifice) avec son index droit pointé vers le milieu de la salle, le bras tendu. Tous ensemble nous répétons à l'unisson ce slogan. Je venais de découvrir que c'était ainsi la formule d'usage avant de commencer une réunion.

Sans attendre et à ma grande surprise, Si Chérif me présente à l'assistance et me désigne comme secrétaire de séance. J'ai ressenti comme une décharge électrique me traverser le corps. Je ne m'y attendais pas du tout, mais j'étais extrêmement touché par la confiance qu'il avait en moi et, dans mon fond intérieur, je lui en étais très reconnaissant.

Si Chérif demande à chacun de se présenter en indiquant sa zone d'opérations. Puis il souligne que le but de la réunion est de lui permettre d'être informé de la situation dans chaque coin de la wilaya et de donner à chacun l'occasion de faire un compte rendu des activités. Il précise en outre que la réunion doit permettre à tous de revoir l'organisation de la wilaya à la lumière des décisions du congrès de la Soummam, d'étudier les moyens de coordonner nos actions, d'unifier nos méthodes d'information et de signaler les problèmes importants tout en leur apportant une solution adéquate.

Les points les plus saillants qu'a soulevés Si Chérif furent les suivants. Si Chérif signale qu'il va désormais tenir une réunion de wilaya tous les six mois et invite chaque chef de zone et de région à tenir une réunion de leurs cadres chaque trimestre. À ce sujet, il précise qu'il va confirmer les fonctions et grades de chacun à la lumière des décisions du congrès de la Soummam. Il précise en outre que dans le cadre de l'extension de la pénétration, il prévoit de créer prochainement une deuxième zone pour encadrer les populations récemment acquises à la Révolution et contrer les activités et la présence messaliste dans la wilaya. Cette zone sera appelée zone 2 et sera à l'ouest de la route nationale N° 1. Il ajoute qu'il a un autre objectif à atteindre, celui de faire la jonction avec l'armée de Si Ziane qui opère indépendamment dans la région de Djelfa. Il est important de renforcer la wilaya dans les limites des frontières qui lui ont été fixées par le congrès de la Soummam.

Quant aux points soulevés par les participants, ils se résument essentiellement à deux : l'effet nuisible de la présence dans la région des Hauts Plateaux des messalistes et la difficulté de réconcilier notre présence avec l'absence d'actions armées contre l'ennemi, compte tenu du fait de maintenir notre wilaya comme une zone de passage et de ravitaillement pour les wilayas III et IV. Pour le premier point, les messalistes avaient truffé la région de mouchards qui guettaient nos déplacements et nous signalaient dès la première occasion à l'armée ennemie. La solution était de contrecarrer cela par une campagne d'explication vigilante et une pénétration plus forte pour éliminer leur présence. Le second point soulignait la nécessité d'alléger les sacrifices de la population en lui assurant un certain nombre de services (sociaux et médicaux) pour rendre notre présence utile. Les personnes qui ont le plus parlé étaient Si Chérif le colonel, Rouget, Chérif Ben Saïdi, et Mohamed *Yeux Bleus*.

La réunion prit fin aux environs de midi et demi et a été couronnée par un couscous au poulet avec légumes et sauce rouge piquante, puis un café. Durant ce répit, on a l'occasion de fraterniser et de se connaitre davantage. Pour ma part, j'en profite pour reconnaître le plus de participants. D'ailleurs comme j'étais nouveau, la plupart des cadres voulaient me parler. Je me rappelle en particulier avoir parlé avec Rouget, Chérif Ben Saïdi, Mostefa Benamar, et Kortebi Mohamed que je rencontrais pour la première fois. Rouget, un Kabyle, était rouquin et un peu myope. Petit de taille, il s'exprimait avec difficulté en arabe. Il était un peu brusque dans ses gestes. Il voulait connaître si j'étais de la région et si je connaissais auparavant Si Chérif. Chérif Ben Saïdi lui était grand de taille, de teint très brun. Lui aussi voulait savoir d'où j'étais et depuis quand j'étais au maquis. Quant à Benamar et Kortebi, tous deux étaient d'anciens lycéens de Médéa. Ils affirmaient m'avoir vu plusieurs fois à Médéa et m'ont demandé si j'étais de la région. Cet intérêt de connaitre d'où j'étais m'avait surpris. Plus tard, j'ai compris que c'était une envie d'avoir des repères, des attaches en quelque sorte puisque chacun d'entre nous avait quitté son milieu et sentait le besoin de se retrouver en tissant des liens d'amitié et de fraternité. Pour ma part, j'étais très chanceux de connaître Si Abdelkader et Bachir. J'avais déjà des personnes très accessibles qui peuvent me conseiller et m'aider en cas de besoin.

Quelle a été mon impression de ce meeting ? Je peux dire que j'en garde une bonne impression. La réunion a été très profitable pour moi et un succès pour l'ensemble. Elle m'a permis, en l'espace de deux mois, de rencontrer les cadres les plus importants de la wilaya et de recueillir un peu de prestige grâce à ma désignation comme secrétaire de séance par Si Chérif. Elle a permis aux cadres de la wilaya de se retrouver pour la première fois dans un même lieu, de se connaître, d'échanger des informations et d'être éclairés sur les décisions importantes prises par le congrès de la Soummam. En ce qui concerne le déroulement de la réunion, Si Chérif la dirigea d'une manière satisfaisante en permettant un débat démocratique, donnant à chacun l'occasion d'intervenir librement et d'exprimer son point de vue. Il était calme, patient et attentif à tout ce qui se disait. Il a su canaliser le débat qui n'a pas traîné dans des discussions interminables. Il s'exprimait clairement en arabe et je dirais même d'une manière assez éloquente. Il inspirait le respect et savait utiliser, d'une manière intelligente, son autorité.

La discussion s'est faite en arabe dialectal. Toutefois, il était clair que certains participants maîtrisaient mal la langue, en particulier Beckbachi, Hacène et surtout Rouget qui intervenait souvent en kabyle plutôt qu'en arabe. Originaires tous les trois de Kabylie, ils maitrisaient mal l'arabe et ne connaissaient pas le français. Toutefois, en prenant la parole on avait l'impression qu'ils s'adressaient uniquement à Si Chérif, ignorant leur audience. J'étais moi-même un peu étonné de cette situation bien que je comprenais le problème de communication qu'ils avaient et la nécessité pour eux de s'exprimer en kabyle. Quand certains sont intervenus en kabyle, Si Chérif ne les a pas rappelés à l'ordre pour qu'ils parlent en arabe. Au contraire, il y remédia en reprenant en arabe ce qu'ils venaient de dire en kabyle. Toutefois, cela a provoqué une réaction de la part de Chérif Ben Saïdi qui n'a pas omis de faire une remarque à ce sujet après la réunion à Si Abdelaziz. Les deux semblaient bien se connaître.

Cette réunion fut la première et la dernière. Comme nous le verrons par la suite au chapitre 11, c'est ce Chérif Ben Saïdi qui allait être à la tête d'un grave complot contre le commandement de la wilaya VI et tremper cette dernière dans une crise très grave en mars 1957, juste quelques mois après cette réunion.

8
La mise en place de la nouvelle organisation de la wilaya VI

Après le congrès de la Soummam et suite à la réunion des cadres de la wilaya VI et l'arrivée de la nouvelle recrue, Si Chérif a lancé un programme ambitieux pour réorganiser la wilaya et entamer son expansion vers le sud. Il voulait finaliser la création d'une nouvelle zone, la zone 2, à l'ouest de la route nationale N° 1[1], et établir éventuellement de nouvelles zones en accélérant la pénétration, l'endoctrinement et l'organisation de la population en direction de la wilaya I à l'est et la wilaya V à l'ouest. Il voulait aussi recruter des cadres pour étoffer les régions et les secteurs, continuer l'effort de mobilisation des ressources de la wilaya tant financières qu'humaines, et enfin se débarrasser des éléments messalistes qui avaient pris pied dans la partie sud de la wilaya.

Pour ce faire, Si Chérif voulait changer l'emplacement du poste de commandement (PC) de la wilaya VI et l'installer dans cette nouvelle zone 2 en bordure de la wilaya IV. Depuis son arrivée dans la région du Sud, il avait installé le PC chez les Khamakhmia dans la région des Tléta des Douairs, en particulier chez un militant de la région qui était aussi un notable bien connu, El-Hadj Lakhdar Boukhamkham qui s'avérait être aussi un très bon ami à mon père, et chez Mohamed Bendjaffar, aussi un très bon ami à mon père. Il voulait plutôt que le PC soit dans un coin de forêt. Comme le nord de la wilaya VI était complètement dénudé de forêts, il sollicita l'aide de la wilaya IV en demandant la farka (région ou section) d'El-Amiche qui se trouvait à la limite nord de la wilaya VI et à la limite sud de la wilaya IV et qui faisait partie du douar d'Ouled Bouachra en bordure sud de la wilaya IV. Si M'Hamed de la wilaya IV a répondu favorablement à cette demande de Si Chérif pour l'obtention de cette farka d'El-Amiche. Si Chérif nous a demandé à moi et à Si Abdelkader d'aménager ce PC. On a choisi trois gourbis qui servaient d'habitation à un militant de cette farka nommé

1. Cette route est l'axe principal menant vers le Grand Sud algérien. Elle commence à Alger et relie les villes de Blida, Médéa, Berrouaghia, Boghari, Boughezoul, Djelfa, Laghouat, Ghardaïa, El-Oued, etc. Cette zone incluait le périmètre limité par El-Mahadjbia, Had Essahari, Ksar Chellala, Chahbounia, la farka d'El-Amiche qui dépendait du douar d'Ouled Bouachra, lequel douar faisait partie de la wilaya IV.

également Si Chérif. Ce dernier a mis à notre entière disposition un gourbi qui se trouvait en pleine forêt. Il surplombait la région et était situé stratégiquement avec une vue panoramique pouvant, d'une part, permettre de détecter l'ennemi, et d'autre part, permettre un repli rapide et sûr en cas d'alerte. C'est là que nous avons installé le PC avec le matériel que l'on venait d'acquérir : une machine à écrire, une ronéo, des cartes, du papier d'imprimerie, des stencils, de l'encre, du matériel à dessiner, des enveloppes, du papier carbone, etc. Avec le militant Si Chérif et son fils, nous avons creusé des casemates pour garder tout ce matériel à l'abri.

La zone 2 allait comprendre deux régions. Elle allait absorber une partie des moudjahidine récemment recrutés, en particulier les nouveaux collégiens et lycéens qui ont rejoint les rangs de l'ALN, mais aussi des militants qui ont fui la ville d'Alger qui subit une répression féroce durant la bataille d'Alger menée par les hordes des parachutistes de Massu et Bigeard. Mais une des raisons « non avouées » de la création de la zone 2 fut l'éloignement de Chérif Ben Saïdi de sa région natale des Ouled Soltane située en zone 1 et de sa séparation du capitaine Rouget avec lequel il était en désaccord ouvert et acerbe depuis déjà un certain temps. J'aurais l'occasion de revenir sur cet aspect dans le chapitre qui traitera de ce qu'on a appelé « le complot Chérif Ben Saïdi ». Nous verrons que la décision du colonel Si Chérif, qui a d'ailleurs été appuyée par le commandant politique Si Abderrahmane Djouadi, a aidé à précipiter le déroulement des évènements.

Le travail de pénétration avait commencé sous le leadership de Si Abdelaziz et de Beckbachi. Si Chérif a aussi fait appel à la wilaya III pour obtenir des cadres afin de mettre en place la nouvelle organisation de la wilaya. Il a d'abord obtenu la mutation de Si Abderrahmane Mira et Si Abderrahmane Djouadi.

La wilaya III avait été affaiblie par la haine que se vouaient deux chefs rivaux, Abderrahmane Mira et Mohand Oulhadj. Si Chérif m'avait annoncé que la wilaya VI allait recevoir Abderrahmane Mira comme commandant militaire et Abderrahmane Djouadi comme commandant politique. Le premier n'a jamais rejoint la wilaya VI et fut tué plus tard au combat le 5 novembre 1959, tandis que le dernier a rejoint la wilaya VI au début de 1957. J'étais présent quand Si Chérif l'a accueilli, et j'ai aussi eu l'occasion de le côtoyer au début quand Si Chérif m'a confié la tâche de lui faire connaître la wilaya, en particulier une partie de la zone 1 de la wilaya.

Le colonel Si Chérif a aussi pris la décision de créer le service sanitaire de la wilaya sous la direction du docteur Salim qui venait de se joindre aux rangs quelques mois auparavant, venant d'Alger. La *déchra* d'El-Amiche allait abriter aussi la future infirmerie de la wilaya. Cette dernière a été installée non loin du PC et fut mise sur pied en très peu de temps par la jeune recrue, le docteur Salim, de son vrai nom Zmirli, qui était étudiant en cinquième année de médecine. C'est d'ailleurs moi qui l'ai accueilli quand il a rejoint notre wilaya. Recherché par la police coloniale, il a fui pour nous rejoindre. Il venait d'une famille algéroise très aisée, les Zmirli, vivant dans la région de Fort-de-l'Eau, actuellement Bordj-El-Kifan, et très connue pour son nationalisme. J'ai d'ailleurs été impressionné par l'enthousiasme et la décision de Salim. Il soignait non seulement nos djounoud mais aussi la population. Il était très estimé et respecté de tout le monde. Sa passion était le jazz. Il connaissait tous les musiciens du jazz des USA. Il me racontait qu'il avait chez lui une des plus belles collections de disques 33 tours. D'ailleurs, pour se distraire au maquis, il aimait écouter les programmes de jazz de la radio d'Alger. Mais depuis son arrivée au maquis, il s'est découvert une autre passion, celle des chevaux arabes. Les paysans de la région l'ont initié à l'équitation. Comme il les soignait avec beaucoup d'attention, la plupart se faisaient un plaisir de mettre à sa disposition leurs meilleurs chevaux pour ses déplacements. Salim s'en donnait à cœur joie. Il nous arrivait des fois, dans nos moments de repos et de distraction, de faire la course ensemble. Je dois dire qu'il me battait à chaque fois. Il adorait monter à cheval aussi avec Si Abdelkader *Speak-lui* qui est devenu le chef du service presse, installé aussi près du PC.[1]

Le colonel Si Chérif a décidé de créer un service presse en collaboration avec la wilaya IV. Il a désigné Si Abdelkader à cette fin pour prendre direction du service de presse en donnant ordre de lancer une publication du journal qu'on a appelé *Sout El Sahra* (*La Voix du Sahara*) en collaboration avec le service de presse et d'information de la wilaya IV qui était dirigé par le lieutenant Oussedik, *alias* « Boualem » et le lieutenant Ahmed Hamdi, *alias* « Arslane ». Le colonel Si Chérif m'a demandé d'aider Si Abdelkader dans cette tâche. Pour ce faire, nous avons acquis deux machines à écrire et une machine ronéo avec tous les accessoires et le stock de papier et de stencils nécessaires pour pouvoir tirer des tracts, lancer un journal et imprimer tous les documents nécessaires pour le fonctionnement de la wilaya. On procédera au creusement des casemates pour cacher tout ce matériel et le mettre à l'abri des intempéries et de la soldatesque française. Nous procédons au tirage du premier numéro bilingue du journal *La Voix du Sahara*. Nous en tirons uniquement un numéro.

Le colonel Si Chérif voulait récupérer la quote-part d'armement qui était destinée à la wilaya VI et qui se trouvait à la wilaya V. Il a aussi initié des contacts avec Si Ziane et ses groupes armés qui opéraient dans la région de Laghouat et Djelfa. À cette fin, il se préparait à l'extérieur du territoire. À ce sujet, Si Chérif m'avait confié qu'il allait se rendre en Tunisie pour assister

1. Le docteur Salim va trouver la mort et tombera au champ d'honneur en 1959 (Chaïd Hamoud, *Sans Haine ni Passion*, Alger, 2005, co-éditions Dahlab-Enag, p. 167). *Note de LM.*

au congrès du CNRA en sa qualité de membre suppléant. Sur son chemin en direction du Maroc, il avait prévu de rencontrer Si Ziane et de s'enquérir auprès de la wilaya V du lot d'armement destiné à notre wilaya. De ce fait, il m'avait chargé d'assurer la permanence du PC en ma qualité de secrétaire de wilaya, et il a demandé à Si Abdelkader *Speak-lui* de m'assister dans cette tâche. Par ailleurs, Si Chérif a demandé au commandant Si Abderrahmane de passer une grande partie de son temps en zone 1 pour la réorganiser. Si Chérif nous a quittés vers fin février – début mars 1957, accompagné dans ce voyage par son secrétaire personnel Si Moussa et d'un agent de liaison militaire.

L'ambiance était bonne et prometteuse. Enfin, nous allions nous mettre au travail pour lancer plusieurs projets. Peu après le départ de Si Chérif, Si Abdelkader et moi avions procédé au tirage du tout premier numéro de *Sout El-Sahra* en arabe et en français. Il fallait le concevoir et le lancer. Je me suis chargé de la partie arabe de la revue tandis que Si Abdelkader s'est chargé de la section en français. Novices en matière d'imprimerie et de journalisme, nous avions réussi à faire tourner la nouvelle ronéo que nous avions acquise. Le thème de ce premier numéro (et en fait le dernier) était axé sur la wilaya VI, son organisation, son programme et les problèmes auxquels elle était confrontée. Ce premier numéro célébrait la constitution de la wilaya et faisait état des progrès réalisés depuis le congrès de la Soummam et de la coopération entre la wilaya IV et la wilaya VI. Je continuais à recevoir le courrier de la wilaya et répondais ou dispatchais selon les cas. Nous étions entrés dans une routine sans problème particulier.

Avec ce programme aussi chargé, d'aucun ne se doutait que la wilaya allait être ébranlée par un complot qui va la décapiter, et la démunir, en très peu de temps, d'une grande partie de ses cadres. Ce complot sanglant va changer le cours des événements et ce faisant, toute ma trajectoire au sein de l'ALN et mon appréciation de la Révolution algérienne. Bien qu'on sentît un malaise après la débâcle qui a suivi la tentative de jonction avec la zone de Boussaâda, on s'était néanmoins attelé avec enthousiasme aux différentes tâches qui nous attendent.

9
La wilaya VI : une vie courte, discontinue et tumultueuse

La wilaya VI se distingue par un certain nombre de faits qui la singularise par rapport aux autres wilayas. *Premièrement*, comme nous le verrons ci-après, la zone Sud, qui figurait au départ comme la zone 6, fut supprimée au moment du déclenchement de la lutte armée le 1er novembre 1954, et elle fut la dernière à être créée bien après le déclenchement.

Deuxièmement, la wilaya a eu une vie relativement courte et discontinue soit : d'août 1956 à octobre 1957, puis de juillet 1958 à avril 1960, et enfin d'août 1961 jusqu'à la date de la dissolution de l'ALN et la création de l'ANP en 1963. Cela représente une existence totale de 51 mois environ en comparaison à celle des autres qui comptent plus de 75 mois. Elle a été dissoute deux fois à cause d'événements graves, décrits ci-dessous, qui l'ont secouée, en 1957 et ensuite en 1960 jusqu'à sa reconstitution en 1961.

Troisièmement, elle est la seule wilaya qui a été partiellement occupée dans sa partie sud par des groupes messalistes divers et ceci dès le début du déclenchement de la Révolution jusqu'à l'indépendance. Bien que les messalistes aient tenté, dès le début de l'insurrection armée, d'implanter des maquis d'obédience MNA dans les wilayas I, III et IV et même V, c'est finalement dans la wilaya VI qu'ils auront le plus de succès.

Quatrièmement, c'est dans cette wilaya que l'armée française, avec l'appui politique du gouvernement français, a essayé d'établir une troisième force afin d'obtenir un interlocuteur valable pour contrecarrer et affaiblir le FLN en appuyant le fameux « général Bellounis » et son ANPA (Armée nationale du peuple algérien), en l'armant et en lui attribuant une zone d'opération assez vaste.

Cinquièmement, c'est la seule wilaya qui a connu au sein du FLN des affrontements violents en 1960 entre partisans et adversaires de sa dissolution. La wilaya IV pensait que la wilaya VI était une aberration militaire et qu'il valait mieux la supprimer tandis que ceux qui en briguaient le contrôle voulaient la maintenir pour renforcer leur contrôle géographique et leur pouvoir militaire. Le CNRA, réuni en janvier 1960 à Tripoli, décida de sa dissolution. Par la suite, il l'a reconstituée en avril 1960 dans le cadre de la course au pouvoir qu'a connu la Révolution. En août 1961, le CNRA en décide la reconstitution, compte tenu du problème posé par la France qui voulait séparer le Sahara de l'Algérie.

Enfin, c'est la seule wilaya qui a eu trois de ses chefs, soit assassinés soit exécutés. Le premier était le colonel Ali Mellah, *alias* Si Chérif, premier colonel de la wilaya, assassiné le 31 mars 1957 par un de ses compagnons, le lieutenant militaire Chérif Ben Saïdi. Le deuxième chef assassiné est le troisième colonel de la wilaya succédant à Si Haouès, Si Tayeb El-Djoughlali, tué le 29 juillet 1959 par Ali Ben Messaoud, l'un de ses compagnons. Le chef exécuté est le dernier colonel de la wilaya, Si Mohamed Chaâbani, qui se rebelle contre l'état-major après l'indépendance. Il est arrêté en juillet 1964, condamné à mort et exécuté en septembre 1964 par le président Ben Bella à la demande expresse de Boumediene. Le deuxième colonel de la wilaya, Ahmed Ben Abderrezak, *alias* Si Haouès, a été tué en compagnie du colonel Amirouche de la wilaya III au Djebel Thameur par l'armée française le 28 mars 1959.

Je mets l'accent sur celle que j'ai personnellement connue pendant la période allant de septembre 1956 jusqu'à son effondrement à la suite du complot du lieutenant militaire Chérif Ben Saïdi en mars 1957. Après cette date, la wilaya VI a été démembrée par les wilayas IV et V limitrophes qui se sont accaparées chacune d'une partie. La première a incorporé sa zone 1, créant ainsi une nouvelle zone 5, et la deuxième a absorbé sa partie sud en créant une nouvelle zone 9. La région de Boussaâda qui fait partie des limites géographiques de l'est de la wilaya a été absorbée par la wilaya I. En 1958, la wilaya VI est reconstituée sous le commandement du colonel Si Haouès qui, avec l'aide de la wilaya I et la wilaya V, en prend la direction. À sa mort en mars 1959, elle est prise en main par Si Tayeb El-Djoughlali. Après son assassinat en juillet 1959, un conflit pour en prendre la direction éclate. Sans colonel, elle est dissoute en avril 1960. En août 1961, elle est finalement « ressuscitée » jusqu'à l'indépendance.

Les graves événements qui ont secoué la wilaya VI ne lui permettront pas de se rétablir d'une manière stable. Ils lui seront néfastes. Que de pertes de cadres dans un pays qui en avait tellement besoin ! La lutte acharnée entre le messalisme et le FLN/ALN dès le début du déclenchement de la Révolution algérienne est l'un des points les plus tristes et noirs de la guerre de libération. J'en ai été un témoin vivant, et à mes yeux elle ne semblait avoir aucun sens, surtout pour un jeune comme moi venant d'un village révolutionnaire[1], de surcroît profondément messaliste et qui a graduellement évolué pour accepter le FLN. Harbi, parlant de l'opposition FLN-MNA, fait

1. Le village de Berrouaghia a donné beaucoup de cadres et de jeunes révolutionnaires qui ont joué un rôle important avant la Révolution, durant et après l'indépendance, dont mon père Ahmed Megateli (que Dieu ait son âme) et mon cousin Kouider Megateli.

remarquer qu'on a voulu « voir dans cela comme un choc de deux politiques. Elle est en fait une rivalité entre deux mouvements hégémoniques poursuivant des buts identiques dans un style différent. Dans les deux cas, l'appareil dirigeant est entre les mains du noyau populiste ».[1]

Il faut aussi ajouter ce que m'a dit Ben Khedda lors d'une rencontre chez lui bien après, en 2000, au cours d'une discussion avec lui sur la wilaya VI et le colonel Mellah Ali, *alias* Si Chérif. Il était tellement surpris, malgré sa qualité comme président du GPRA, au sujet du complot de Chérif Ben Saïdi qu'il m'a expressément demandé d'apporter mon témoignage à la connaissance du grand public algérien en écrivant à ce sujet. Ce qu'il m'a dit a été une des raisons essentielles qui m'a fait prendre la décision d'écrire mon témoignage : « *Ya Si Abderrahmane haram alik idha ma tecktebche ala wach qotli. Ana qui saret dherbat el wilaya VI ma qalouliche echi hada. Lazem tekteb.* [Ô Si Abderrahmane, il faut que tu écrives ce que tu viens de me dire. Quand ce coup de la wilaya VI est arrivé, ils ne m'ont rien dit. Il faut que tu écrives.] »

Je consacrerai tout un chapitre au complot du lieutenant Chérif Ben Saïdi compte tenu de son importance et de ses implications jusqu'à nos jours. De plus, je consacrerais un autre chapitre sur Bellounis compte tenu de son ampleur et de ces implications sur le complot Chérif Ben Saïdi.

Bref aperçu historique et géographique de la wilaya VI

Au moment du déclenchement de la lutte armée, les « six chefs historiques »[2] avaient divisé le territoire algérien en cinq zones de combat avec, à leur tête, les dirigeants suivants :

Zone 1	Aurès	Ben Boulaïd Mostefa
Zone 2	Nord constantinois	Didouche Mourad
Zone 3	Kabylie	Krim Belkacem
Zone 4	Algérois	Rabah Bitat
Zone 5	Oranie	Larbi Ben M'Hidi

Le sixième chef historique est Boudiaf Mohamed. Il assurait la coordination des liaisons entre le front intérieur et la délégation extérieure du FLN confiée collégialement à trois dirigeants : Aït Ahmed Hocine, Ben Bella Ahmed et Khider Mohamed. À eux neuf, ils ont constitué ce que l'on a appelé les « neuf chefs historiques ».

1. Mohammed Harbi, *Le FLN, mirage et réalité : Des origines à la prise du pouvoir (1945-1962)*, p. 161.

2. Khalfa Mameri, *Larbi Ben M'Hidi, Un Symbole National*, Alger, Thala Editions, 2009, p. 56. Voir aussi Gilbert Meynier, *Histoire intérieure du FLN 1954-1962*, Fayard, 2002, p. 81.

Les régions englobant le Sud constantinois, algérois et oranais et le Grand Sud ou Sahara n'étaient pas incluses dans ce découpage. Historiquement, cette région est restée longtemps sous contrôle direct de l'armée française et était régie par un statut particulier. C'était ce que l'administration française appelait les « Territoires du Sud ». Toutefois, il existait déjà une zone embryonnaire que les révolutionnaires algériens préparaient, connue par le nom de zone du Sud qui allait figurer comme la zone 6 et qui avait même un chef. Mais ayant découvert que ce dernier collaborait avec l'administration française, la zone Sud a été supprimée au moment du déclenchement de la lutte armée le 1er novembre 1954[1, 2].

Le découpage des zones indiqué ci-dessus a duré jusqu'au 20 août 1956, date du congrès de la Soummam, laquelle date a été choisie pour commémorer l'anniversaire de l'insurrection du Constantinois d'août 1955 et l'anniversaire de la déposition du Sultan du Maroc par la France et son exil à Madagascar. Durant ce congrès, ces zones furent dénommées wilayas (c'est-à-dire circonscriptions). Chaque wilaya est divisée en zones, chaque zone en régions, et chaque région en secteurs[3]. À ces cinq wilayas, le congrès institue la zone du Sud en wilaya, la wilaya VI, et nomme à sa tête Ali Mellah, *alias* Si Chérif comme colonel. Cette nouvelle wilaya englobe désormais toutes les régions du Sud citées ci-dessus et qui ne figuraient pas dans le partage initial. La wilaya VI sera connue par le nom de « wilaya du Sahara »[4]. Mais déjà avant sa création, et ceci dès le printemps 1955, cette

---

1. D'après Tahar Zbiri, dans son livre *Mémoires du dernier chef authentique des Aurès 1929-1962*, Editions ANEP, 2011, p. 177, il était prévu une zone du Sud avec, à sa tête, un chef Djilali Hadjadj, mais qui était en effet un agent de l'administration française, alors la zone Sud a été supprimée. D'après Harbi, dans *Le FLN, mirage et réalité : Des origines à la prise du pouvoir (1945-1962)*, Editions Jeune Afrique, 1980, p. 123, dès le départ, « l'Algérie est divisée en six zones [...] Le Sahara devait plus tard être érigé en zone et confié à l'adjudant Slimane, fils du cadi de Colomb-Béchar. Connu sous le nom de Djouden, il était en fait un agent de renseignements au service de l'ennemi. »

2. Notez que le nom Djilali Hadjadj que Tahar Zbiri mentionne correspond étrangement au nom du médecin et journaliste algérien Djilali Hadjadj, mais il fait plus probablement référence au nom très similaire de Djilali Belhadj dit Kobus (1921-58), un « faux maquisard » qui collaborait avec les services secrets français. Djilali Belhadj a formé une petite armée de faux maquisards appelée la Force K, ayant son siège à Aïn Defla. Eventuellement, le FLN est arrivé à un accord avec les adjoints de Djilali Belhadj pour le liquider en avril 1958, et les membres restants de la Force K se sont ralliés au FLN. Mohammed Harbi, par contre, dit que le nom du premier chef présumé de la zone Sud était l'adjudant Slimane dit Djouden, aussi un agent de renseignements français. *Note de LM.*

3. Yves Courrière, *Guerre d'Algérie*, II, *Le Temps des léopards*, Paris, Fayard, 1969, Annexe I, p. 576.

4. Il ne faut pas oublier que la France voulait déjà diviser l'Algérie en deux : l'Algérie du nord et le Sahara, où on venait de découvrir le pétrole en 1956 dans la région d'Edjeleh et de Hassi Messaoud. La création de la wilaya VI était en quelque sorte une manière d'affirmer

région du territoire algérien connaît une activité intense sous l'impulsion de deux militants MTLD, d'obédience messaliste, Si Ziane et Si Haouès. Bellounis, un autre militant messaliste, interviendra un peu plus tard, mais à grande échelle avec l'appui de l'armée française et contre le FLN.

La wilaya VI nouvellement créée est limitée au centre-nord par la wilaya IV, à l'est par la wilaya I des Aurès, à l'ouest par la wilaya V de l'Oranie. Elle englobe tout le centre du Sahara, c'est-à-dire les régions de Tléta des Douairs, Aïn Boucif, Maginot, Aumale, Sidi Aïssa, Maginot, Had Essahari, Djebel Boukahil, Ouled Naïl, Hassi Bahbah, Djelfa, Chelala, Ghardaïa, Hassi Messaoud, Laghouat allant jusqu'à Tougourt, El-Goléa, In-Salah et la frontière de l'Algérie avec le Mali, le Niger et la Lybie.

À mon arrivée en septembre 1956, la frange nord de la wilaya était plus ou moins sous le contrôle du FLN/ALN qui a réussi à repousser les messalistes vers le sud. Elle comprenait plusieurs douars importants. Son effectif était faible. Elle n'était pas encore structurée. Il y avait une seule compagnie qui jouait aussi le rôle de commando de la wilaya. Une autre compagnie était en constitution. Il y avait très peu d'officiers supérieurs. En plus du colonel Si Chérif, il y avait le capitaine Rouget, le lieutenant militaire Chérif Ben Saïdi, un lieutenant politique, deux sous-lieutenants, un adjudant, un aspirant, peut-être deux sergents et cinq à huit commissaires politiques. Le nombre de *moussebel* n'était pas élevé et ils n'étaient pas encore organisés en unités structurées avec des missions bien précises. Il y avait deux agents de liaison qui étaient sous le contrôle direct de Si Chérif, Si Ahmed avec Alger et le commandement de la wilaya IV et le CCE et Belaïd avec la wilaya III.

Si la frange nord était plus ou moins sous le contrôle du FLN/ALN, la partie sud ne l'était pas à partir des Hauts Plateaux. Dès le début de l'été 1955, la partie sud était déjà contrôlée par plusieurs groupes armés, indépendants les uns des autres, mais tous d'obédience messaliste. Il s'agit essentiellement du *foudj* (groupe) de Si Ziane, celui de Mokrane, celui de Si Haouès, et enfin celui de Bellounis. Tous ces *foudjs* ont été constitués par d'anciens militants PPA-MTLD de leur propre initiative et indépendamment de Messali Hadj et du MNA sauf le dernier *foudj*, celui de Bellounis qui fut créé à l'initiative de Messali Hadj et qui était appuyé au début officiellement par le MNA. Je mettrai l'accent sur le groupe Bellounis parce que j'ai eu à l'affronter dans la région où je me trouvais en compagnie de Si Ali Mellah, *alias* Si Chérif (voir aussi le chapitre suivant consacré à Bellounis). Toutefois, durant tout mon passage à la wilaya VI, je n'ai eu affaire ni au groupe de Si Ziane ni à celui de Si Haouès qui opéraient plus au sud où je

---

déjà l'intégralité territoriale de l'Algérie et le Sahara, partie intégrante de l'Algérie une et indivisible.

me trouvais. J'entendais parler de celui de Si Ziane dont les exploits retentissaient déjà dans la région.

Dans mes relations avec Si Chérif, celui-ci m'a entretenu de Si Ziane et m'a même informé qu'il avait pris l'initiative de le contacter secrètement par le biais de différents agents de liaison civils, mais ces contacts étaient encore à leur début et n'avaient pas encore débouché sur des résultats concrets. J'ai même eu l'occasion de rencontrer un émissaire de Si Ziane au début d'octobre 1956 et d'assister à l'entretien qui a eu lieu.

Signalons brièvement que Si Ziane occupait en 1956 une région, dont les limites approximatives sont : Bou-Saada, Hassi-Bahbah, Aflou, Laghouat, Ghardaïa, Ouled Djellal, tandis que les limites de la région de Si Haouès étaient comprises entre Bou-Saada, Ouled Djellal, Ghardaïa, Biskra, El Kantara, M'Sila, c'est-à-dire au nord-est. Si Mokrane, jusqu'à son assassinat, tenait le sud-ouest avec Laghouat, Aflou, Gerryville. Hocine Ben Abdelbaki se cantonnait dans les Aurès.

Quant au *foudj* de Bellounis, il fait ses débuts en 1955 d'abord en Kabylie et sa limite extrême-sud était la ligne Aïn Bessem-El Ksar-Maillot. Puis au début de 1956, sous la pression des troupes françaises et des groupes de l'ALN, en particulier de Krim et d'Amirouche, il descend vers le sud et s'implante alors dans les Hauts Plateaux présahariens. Sa zone d'influence est alors : Aumale, Maginot, Birine, Bouira Sahary, Aïn El-Hadj, El-Khemis. Cette zone s'est agrandie, limitée par Aumale, Berrouaghia, Boghari, Burdeau, Trezel, Frenda, Gerryville, Hassi-Bahbah, Bouira-Sahary, M'Sila, El-Khemis.

Le FLN, ayant appris sa présence dans le Sud, envoie dès le début de 1956, sous l'égide de Krim Belkacem un petit groupe de moudjahidine en éclaireurs en direction des Hauts Plateaux bien au nord de Djelfa, mais au sud de Berrouaghia-Boghari. Ce groupe est commandé par Ali Mellah, *alias* Si Chérif. Selon Gaillard[1], ce groupe encore discret constitue le noyau de la wilaya VI.

Si Chérif[2] a été désigné officiellement colonel de la wilaya VI. C'est lui qui a commencé, comme il a été indiqué au paragraphe précédent, la pénétration de cette wilaya par le nord. Il est secondé en particulier par le capitaine Abdelaziz et reçoit l'appui de la wilaya III en particulier de Krim Belkacem. Il va détacher quelques officiers et sous-officiers qui constitueront les premiers cadres de la wilaya. À mon arrivée dans cette wilaya en octobre 1956, la pénétration avait couvert une étroite frange de la région limitrophe avec le sud de la wilaya IV. Cette frange incluait la région

1. Philippe Gaillard, *L'Alliance. La guerre d'Algérie du général Bellounis (1957-1958)*, L'Harmattan, 2009, p. 47.

2. C'est lui que j'ai rencontré avec mon père avant que je ne monte au maquis.

de Tléta des Douairs au sud de Berrouaghia, Kef Lakhdar au sud de Boghari, Aïn Boucif, Chellalat Ladhaoura (ex-Magino), les environs de Sour El-Ghozlane (ex-Aumale), Birine et Sidi Aïssa, Bouguezoul, Theniet El-Had. Cette région se trouve à l'est de la route nationale N° 1 qui relie Alger-Blida-Médéa-Boghari-Djelfa-Laghouat-Ghardaïa-El-Golea-Aïn-Salah. Elle se trouvait sous le contrôle de l'ALN. Les Bellounistes avaient été repoussés plus au sud. De plus, Si Abdelaziz avait démarré la pénétration à l'ouest de la route nationale N° 1 dans la région au sud-ouest de Boghar, Letourneux (Derrag), Reibell (Chellala), Chahbounia et Sebt-Aziz.

Toute cette région est dénudée et presque sans végétation. Il n'existe pas de forêts ni de montagnes élevées pouvant servir d'abris aux moudjahidine. Il y a toutefois des kefs assez accidentés, c'est-à-dire des récifs rocailleux ne dépassant pas 300 mètres de hauteur, traversés par des ravins assez abrupts, parsemés par endroit par des petites grottes sur les flancs qui ont servi d'abris pour les moudjahidine. J'ai eu à plusieurs occasions à prendre refuge dans ces grottes soit durant des ratissages soit durant le jour loin des centres d'habitations. Cependant, cette région n'est pas propice pour abriter de grosses unités de combat ni pour engager l'armée coloniale dans des opérations militaires importantes. Au nord, elle est constituée de terres agricoles plus ou moins fertiles où l'on cultive le blé, l'orge et le sorgho. C'est pour cela que la wilaya VI a servi de grenier pour alimenter les wilayas limitrophes, en particulier la wilaya III et la wilaya IV. Plus au sud, elle forme la région des Hauts Plateaux constituée de surfaces plates couvertes d'alfa ou de petits buissons ou arbustes dispersés. Le terrain est rocailleux, souvent couvert de sable. Ces buissons touffus m'ont sauvé la vie à plusieurs occasions lors des ratissages. Mais cette région (Paul Gazelles) est aussi connue pour ses vastes pâturages parcourus par les nomades élevant en particulier le mouton qui est très apprécié pour sa viande tendre et son goût raffiné et parfumé. On y trouve beaucoup d'herbes naturelles aromatiques servant d'aliment de base à ces troupeaux de moutons.

Plus au sud, la wilaya VI est caractérisée par une série de chaînes montagneuses qui commence à l'est en bordure avec la wilaya I, les monts du Hodna et le massif de Djebel Boukahil, dans la région de Bou-Saada et qui continue vers l'ouest avec les monts du Djebel Amour dans la région d'Aflou en bordure de la wilaya V.

Dans la région de Tléta des Douairs, le maire de cette ville Si Mezaour, un Kabyle de la région de Draa El-Mizan avait réussi à convaincre les gros colons de la région à verser une cotisation mensuelle pour le FLN afin que leur récolte, leurs biens et leur vie soient protégés. Ces colons cultivaient surtout le blé dur et le blé tendre et possédaient de grands domaines allant jusqu'à trois cents hectares. L'ALN brulait systématiquement les récoltes des colons en particulier les récoltes de ceux qui ne contribuaient pas à la

Révolution par des cotisations mensuelles, dont le montant était généralement fixé par le commissaire politique du secteur. Mezaour était la personne qui collectait ces cotisations et les versait directement à Si Chérif. De cette manière, l'anonymat était conservé. En ce qui concerne les agriculteurs algériens, dont certains possédaient aussi de grands domaines, leur contribution était en nature et était versée au commissaire politique du secteur. Ces contributions servaient à alimenter les djounoud, en particulier ceux de la wilaya IV et wilaya III.

La population de cette région est en partie sédentaire et en partie nomade avec une densité très éparse. La partie nomade de la population est en général peu politisée mais profondément attachée à ses traditions arabo-musulmanes.

Avant le congrès de la Soummam, Si Chérif avait préparé un rapport sur l'état de cette région pour le présenter. Malheureusement, il en a été empêché pour des raisons qui ne sont pas bien connues. D'après certaines sources, ce serait Ouamrane qui l'aurait présenté à sa place[1].

À son arrivée à la wilaya, Si Chérif va s'atteler à son organisation et son unification. Toutefois, le démarrage de l'organisation se heurte dès le début à trois grands obstacles : la présence du MNA et de son maquis messaliste, les groupes armés des Zianistes et de Si Haouès et par la suite le groupe harki[2] de Chérif Ben Saïdi constitué après son complot contre la wilaya VI.

La wilaya VI, nouveau foyer du MNA après son éviction de la wilaya III

La région du Sud sera pratiquement la dernière région à connaître la pénétration par le FLN. Par son histoire, elle sera le foyer le plus important des messalistes et de leurs groupes ou *foudjs* armés après leur élimination en Kabylie par Krim Belkacem et Amirouche. Ces *foudjs* se sont constitués dès la création par Messali Hadj du Mouvement national algérien (MNA) en décembre 1954, c'est-à-dire un mois après le déclenchement de la lutte armée par le FLN et dès la dissolution du MTLD par la France. Nous verrons que ces groupes d'obédience messaliste sont créés soit à l'instigation directe et au départ sous l'autorité de Messali Hadj en l'occurrence le groupe de Bellounis, soit à l'initiative d'anciens militants MTLD mais initialement sous le contrôle de Messali Hadj.

Pourquoi la wilaya VI a-t-elle été visée plus que les autres par les messalistes ? Je pense que ceci est dû au fait de la présence de Messali Hadj qui a été mis en résidence surveillée dans cette région plusieurs fois et qui jouissait d'une popularité très grande. Au début de 1943, Messali a été mis

1. Le procès-verbal du congrès de la Soummam dans Mohammed Harbi, *Les Archives de la révolution algérienne*, Editions Jeune Afrique, 1981, p. 160-162. *Note de LM.*

2. Des supplétifs musulmans indigènes de l'armée française. *Note de LM.*

en résidence surveillée à Boghari, dans le Sud algérois. Vers la fin de 1943, il a été transféré dans un camp militaire au cœur du Sahara, à Aïn-Salah, et de janvier 1944 jusqu'en avril 1945 à Chellala dans le Sud algérois. Sa présence dans le Sud a marqué les populations de cette région, devenues très messalistes. Par ailleurs, le fait que la région n'ait pas reçu une attention particulière au moment du déclenchement de la lutte armée par la désignation d'un chef de zone comme cela a été le cas pour les cinq autres zones a laissé la porte ouverte aux initiatives de militants comme Si Ziane de mettre sur pieds leur propre «*foudj*», bien avant l'arrivée des troupes du FLN.

En effet, pris de cours par le FLN, Messali Hadj ne perd pas de temps pour revendiquer le déclenchement de la lutte armée, créer la confusion au sein des militants et faire passer ses troupes à l'action aussi bien en France qu'en Algérie[1]. Avec un de ses hommes de confiance Mohammed Bellounis, il va d'abord essayer de constituer des groupes de choc à Alger. Bellounis était le bras droit de Messali Hadj. Il était responsable MTLD pour la Basse Kabylie. Il était aussi conseiller municipal de Bordj Menaïel. Le 10 décembre 1955, Rehani, le bras droit de Bellounis, est abattu par le FLN. Se voyant isolé, puis traqué, Bellounis se retire dans la wilaya III en Kabylie, dans le Djurdjura, profitant du prestige important qu'avait Messali Hadj et de la présence de beaucoup de militants adhérents au sein du MTLD[2]. Ces groupes vont sillonner les villages de la région et intensifier leur propagande anti-FLN.

Le colonialisme, plutôt encouragé par ce développement, ferme les yeux et laisse faire. Comme le dit Yves Courrière « Soustelle et l'état-major, conscients de l'importance que peut prendre le MNA sont en liaison avec Bellounis »[3]. Les services secrets français semblent décidés à utiliser l'exemple de ce qui s'est fait en Indochine, ce que de Gaulle appelle la « discorde chez l'ennemi » et veut jouer le MNA contre le FLN.

Tolérer le MNA ou l'attaquer de front, tel est le dilemme du FLN. Dans certains secteurs, le MNA bénéficie d'une certaine sympathie de la population. Dans d'autres secteurs, la population est hostile aux maquis MNA qui ont commis des exactions. Issus tous les deux du MTLD, le FLN et le MNA ont le même objectif : l'indépendance de l'Algérie. Mais comme dit Harbi, « ils sont tous les deux le fruit d'une scission. Le contentieux qui en résulte et la question du pouvoir dans la révolution les orientent peu à peu

1. Pour plus d'information en ce qui concerne la lutte menée par le MNA contre le FLN en France, voir Ali Haroun, *La 7e Wilaya, La guerre du FLN en France, 1954-1962,* Editions Rahma, 1992, et en particulier le chapitre XV, p. 251-276.

2. Yves Courrière, *op. cit.*, p. 165-166.

3. Yves Courrière, *op. cit.*, p. 167.

vers une lutte ouverte […] »[1] Devant ce dilemme, Krim Belkacem et Abane Ramdane optent pour la liquidation des maquis messalistes.

En février – mars 1956, Krim Belkacem, alors colonel de la wilaya III, ordonne à Sadek de prendre vingt-cinq hommes pour attaquer un groupe de messalistes qui opère entre Bouira et les Ouacifs, plus exactement dans le douar Béni Bouadou. Au matin, Sadek les retrouve cachés dans une grotte. La plupart sont éliminés. Leur chef, Rabah El-Berradi, épargné, réussit à s'enfuir. Cependant, Krim apprend qu'il existe un groupe plus important dans la région de Guenzet, dans l'est de la Kabylie. Ce groupe de plus de trois cents messalistes s'est réfugié dans la forêt et bénéficie de la protection de l'armée française. Krim Belkacem s'attelle à leur élimination dès leur apparition. Fin décembre 1955, Amirouche, sur ordre de Krim Belkacem d'éliminer l'armée de Bellounis dans la région de Guenzet, réunit ses huit cents hommes. Il localise les maquis MNA et les encercle en quelques heures. En quarante-huit heures, la victoire est complète. Pourchassé par la wilaya III, le chef messaliste Bellounis avec l'un de ses adjoints Rabah El-Berradi échapperont à Amirouche et réussiront à quitter le centre de la Kabylie pour se réfugier dans le Sud où ils monteront « quelques mois plus tard, et cette fois avec l'aide des Français, cette armée Bellounis dont Lacoste espérera tant »[2]. Yves Courrière souligne que « Krim s'est débarrassé des messalistes, Amirouche savoure sans modestie sa victoire ». Et il ajoute cyniquement pour salir la réputation d'Amirouche le « bain de sang a enivré Amirouche »[3]. C'est après la défaite du MNA en Kabylie dans la wilaya III qu'apparaissent les premiers foyers messalistes à la wilaya VI.

Bellounis et Rabah El-Berradi vont se retrancher au Sud dans les Hauts Plateaux, plus exactement dans le triangle Aumale-Sidi Aïssa-Bousaâda-Djelfa-Berrouaghia-Ksar Chellala. Vers la mi-1955, Bellounis regroupe et reconstitue ses forces d'abord dans la région d'Aumale puis élargit son influence jusqu'au sud de Berrouaghia, plus exactement dans le douar de Beni Hacene et ses environs. Il va, par la suite, sillonner les Hauts Plateaux en endoctrinant la population qui était déjà acquise à Messali Hadj (qui a été interdit de séjour et mis en résidence surveillée à Ksar Chellala, et de plus l'un de ses gendres a aussi été interdit de séjour à Berrouaghia, un foyer important du messalisme) bien avant le déclenchement du 1er novembre 1954, en recrutant les anciens militants du MTLD et en récupérant, bien avant l'arrivée du FLN, toutes les armes de guerre – Stati italiens et Mauser allemands – qu'avaient laissées derrière eux les Allemands pendant la campagne de l'Afrique du Nord en 1942. Les partisans du FLN qui

1. Harbi, *op. cit.*, p. 146.
2. Yves Courrière, *op. cit.*, p. 167.
3. *Ibid.*

commencent à faire leur apparition vers le début de 1956 sont appelés par les partisans de Bellounis « *djeich bou djebiha, kataline el kleb* » soit « armée de frontistes, tueurs de chiens ». Ainsi, Si Chérif se trouve confronté à ce problème grave des messalistes connus aussi sous le nom de « Bellounistes » qui avaient occupé le terrain presque un an avant son arrivée. Ce sera le premier énorme obstacle qui va ralentir l'organisation et la consolidation de la wilaya VI en plus de l'existence d'autres *foudj* comme ceux de Si Ziane, Si Haouès et Mokrane qui opéraient déjà avant l'arrivée de Bellounis dans le Sud algérois.

Toutefois, les groupes de Si Ziane et Si Haouès se rallieront plus tard au FLN, en 1957, mais le groupe Bellounis va se résorber de lui-même à la suite du « ralliement » de Bellounis à l'armée française qui aura lieu en mai 1957. Ce ralliement allait lever le doute qu'avait la population en ce qui concerne le véritable visage du MNA et sa position vis-à-vis de la France. Bien que ce problème n'ait été réglé qu'après l'assassinat de Bellounis par l'armée colonialiste, il continuera à traîner et il causera d'énormes dégâts en vies humaines et en moyens matériels. Il aura, dans tous les cas, retardé la consolidation de l'organisation de la wilaya VI qui connaîtra des épisodes douloureux.

Sur le terrain, il nous arrivait d'avoir à faire à un civil qui a été déjà endoctriné par les messalistes bien avant nous, mais qui se trouvait obligé de nous accueillir. Ce civil, tiraillé à la fois par le MNA d'un côté et le FLN de l'autre, ne savait plus où donner de la tête. Souvent, il répond aux vœux des uns et des autres courant toutefois le risque d'être puni par l'un ou l'autre. Si le civil est un militant messaliste convaincu, il allait plutôt pencher vers le MNA et signaler notre passage soit aux unités armées MNA, soit carrément au poste militaire français le plus proche, en application des instructions qu'il avait reçues des Bellounistes. C'est ainsi que nos compagnons ont souvent été surpris par l'armée coloniale. Leur sort est soit la mort soit la captivité.

Il m'est arrivé moi-même de me trouver dans une pareille situation dans un refuge aux Hauts Plateaux dans la région au sud d'Aïn Boucif. C'était dans une tente. Le propriétaire prêtait allégeance aussi bien au FLN qu'au MNA, mais sa prédilection allait plutôt vers le MNA. À un certain moment, son fils qui était avec nous s'est absenté. Quand je lui ai demandé où était passé son fils, il a hésité à me répondre. J'ai tout de suite compris qu'il l'avait envoyé pour nous dénoncer auprès d'un groupe MNA qui bivouaquait non loin de notre position. Je n'avais qu'une voie de sortie : quitter les lieux sans tarder et sans divulguer dans quelle direction je me rendais.

Comme le signale Pierre Montagnon[1] le messalisme, enlisé dans ses luttes intestines et ses querelles de personnes, n'a participé ni à la préparation du 1er novembre 1954 ni à son déroulement. L'insurrection s'est déroulée en dehors de lui. Ce refus de Messali Hadj de s'associer aux lauriers et aux coups de la guerre d'indépendance va déboucher sur un flot de sang algérien par suite de passions envenimées.

De ce fait, l'effet le plus néfaste des Bellounistes sera la perte de cadres très qualifiés au cours d'accrochages meurtriers et durant la campagne pernicieuse de division et de dénigrement à l'encontre du FLN et des responsables qui le représentaient dans la wilaya VI. Cette campagne consistait à faire croire que les responsables FLN/ALN étaient en majorité kabyles. Ils étaient venus coloniser la région et non la libérer du colonialisme français. Et pour faire peur davantage à la population locale, ils disaient que les « Frontistes » venaient prendre leurs filles et déshonorer les familles. La même propagande sera utilisée plus tard par le lieutenant Chérif Ben Saïdi lors du fameux complot contre la wilaya VI auquel il est fait allusion ci-après et qui est discuté en détail au chapitre 11. De ce fait, on pourrait supposer que la présence des messalistes et leur propagande sournoise contre les Kabyles en particulier a favorisé la naissance du complot Chérif Ben Saïdi bien que ce dernier ait eu ses propres causes.

Les Zianistes[2]

La présence des Zianistes dans la wilaya VI est beaucoup moins grave que celle de Bellounis. Bien que messaliste, Si Ziane Achour, le chef qui a constitué ce groupe, l'a fait d'une manière autonome et sans ingérence de Messali Hadj. Contrairement aux Bellounistes, les Zianistes n'ont jamais collaboré ni avec l'armée colonialiste ni avec Messali Hadj bien qu'ils se considéraient messalistes. Au contraire, ils ont dès le début combattu avec acharnement l'armée française en l'engageant dans des accrochages souvent violents et meurtriers dans toute la région où ils se sont établis. Ils ont eu le mérite indéniable de mobiliser la région pour la lutte armée dès les premières heures de la Révolution, d'éveiller l'esprit de combat des militants nationalistes qui s'y trouvaient et de contenir l'expansion de Bellounis dans le Sud. Ils n'ont pas combattu les troupes du FLN. Toutefois, ils ont mis du temps pour reconnaître le FLN et l'ALN et les rejoindre. Par ce fait, ils ont retardé la pénétration et l'unification de la wilaya VI, l'établissement des

1. Pierre Montagnon, *La guerre d'Algérie. Genèse et engrenage d'une tragédie*, Pygmalion, Paris, 1984, p. 239.

2. Pour la rédaction de cette section, je me suis inspiré du livre écrit par Mustapha Benamar, *C'étaient Eux les Héros*, Alger, 2009, Editions Houma, p. 121-127, du livre de Chaïd Hamoud, *Sans Haine ni Passion,* Alger, 2005, co-édition Dahlab-Enag, p. 140-144 et de ce que m'avait confié Si Chérif.

liens entre la wilaya VI et ses voisines, en particulier les wilayas I et V, et ils ont, indirectement, contribué à l'affaiblissement de celle-ci.

Les « Zianistes » tiennent leur nom de leur chef Si Ziane Achour. Ce dernier est un ancien militant PPA-MTLD. Né en 1919 à Besbes, il appartenait aux Ouled Harkat Remila, fraction des Ouled Naïl établis près des Ouled Djellal, région des Aurès. Il fut responsable de l'information du MTLD à Ouled Djellal à partir de 1945[1]. Dès le déclenchement de la Révolution, il fut incarcéré par les Français pour ses activités politiques, et libéré en mai 1955. Personnage charismatique, plus ou moins autoproclamé « général du Sahara » en 1954, il a récupéré des armes dans les caches de l'OS. À partir de la ville, et dès sa libération, il commença à recruter des éléments pour faire grossir ses groupes armés en hommes et en moyens matériels avec l'aide d'un ancien de l'OS, Abdelkader Ramdane, dit Latrèche (le sourd) et de son adjoint Amor Driss. En octobre 1955, il rejoint à son tour le maquis qu'il avait implanté dans la région du Hodna, c'est-à-dire entre Djelfa et Ouled Djellal, dans le Djebel Boukahil, l'une des rares zones boisées d'une certaine étendue, parsemée de grottes où les maquisards pouvaient trouver un abri. La troupe qui compte alors 2000 hommes va recevoir l'appui de deux capitaines autonomes, Abdelkader Djokhlaf Abderrahmane et Mohammed Belhad. En juin 1956, Si Ziane a convoqué Si Haouès et le chef d'un groupe armé sans affiliation claire, Hocine Boulahia, dans son fief du Boukahil[2].

D'après Mustapha Benamar, Si Ziane fut convié par Mustapha Ben Boulaïd à se joindre à une réunion tenue le 21 mars 1956 à Tafrent dans les Aurès, au nord de Chélia, en sa qualité de responsable du secteur qui se situe à l'ouest de Biskra (qui va bientôt devenir la wilaya I). Ben Boulaïd fut malheureusement assassiné le soir même de cette rencontre par l'explosion d'un poste radio piégé parachuté par les services spéciaux français. Le MNA prétendra que Ben Boulaïd a été exécuté par le FLN, ce qui dissuadera Si Ziane et Si Haouès d'effectuer leur ralliement au FLN[3]. Après la mort tragique du regretté Ben Boulaïd, les participants à la rencontre de Tafrent se séparèrent, et la région des Aurès-Nememchas tomba dans le chaos total. Sans chef, elle connut une lutte de pouvoir acharnée et une série d'intrigues et de complots qui vont la paralyser longtemps alors qu'elle était la région la plus active militairement dès le déclenchement de la lutte armée.

Compte tenu de cette situation, Si Ziane va alors opérer d'une manière indépendante. De plus, n'ayant pas été invité au congrès de la Soummam

1. Philippe Gaillard, *L'Alliance, La guerre d'Algérie du général Bellounis (1957-1958)*, L'Harmattan, Paris, 2009, p. 44-52.

2. Selon un témoignage de Zineb Bellounis, épouse de Mohammed Bellounis, son mari avait participé à cette réunion.

3. Gaillard, *op. cit.*, p. 49.

après avoir été marginalisé par sa wilaya d'origine, celle des Aurès qui ne l'avait même pas prévu dans la liste des délégués dépêchés pour en principe aller assister à la rencontre de la Soummam, il va contester les décisions qui y furent prises, en particulier la nomination de Si Chérif (Ali Mellah) à la tête de la wilaya VI qui englobe désormais toute la région du Sud et en particulier sa région d'origine. Le colonel Si Chérif était conscient de cette situation. Il a tenté d'entrer en contact avec Si Ziane par l'intermédiaire des notables de la région de Laghouat et de Ksar El-Bokhari. Dans son livre, Chaïd Hamoud[1] signale que parmi ces agents de liaison deux sont encore en vie. Il s'agit de Mohammed Zerroual dit Lemterrouéch, entrepreneur à Aïn Oussera, et Ali Bachir dit Sadek, retraité, vivant à Had Essahari.

Pour ma part, Si Chérif m'avait informé de ces contacts dès mon arrivée à la wilaya. Il m'avait indiqué que ces contacts avaient pour but de faire la jonction avec la partie nord de la wilaya VI qu'il contrôlait et celle contrôlée par Si Ziane qui se trouvait plus au sud. Il voulait donc unifier les rangs sous l'égide du FLN. Il m'avait informé qu'il était en contact avec Si Ziane, mais il avait signalé que la situation était complexe et délicate et qu'elle nécessitait beaucoup de travail, de patience et de tact. Il m'avait expliqué que Si Ziane était un vieux militant MTLD d'obédience messaliste, qu'il opérait d'une manière indépendante du FLN et du MNA, mais qu'il n'était pas contre le FLN. Bien au contraire. Mais d'après Chaïd Hamoud, le problème qui semblait affecter Si Ziane était la nomination de Si Chérif à la tête de la wilaya VI et le choix des cadres de la wilaya VI[2]. Si Chérif était au courant de cette situation, mais voulait à tout prix rencontrer Si Ziane pour l'éclaircir sur la situation en vue d'y apporter des solutions ensemble. Il m'avait signalé, au cours d'un entretien auquel avait participé le commandant politique Si Abderrahmane Djouadi qui venait juste de rejoindre la wilaya VI, envoyé par la wilaya III, que le problème de l'encadrement en général était sérieux et en particulier celui de la wilaya VI. Il fallait à tout prix trouver des cadres de la région pour assumer des postes importants. Mais fallait-il encore les trouver. Étant nouveau dans la wilaya et connaissant encore très peu tous ses cadres, je n'étais pas en mesure d'apporter des solutions immédiates, mais j'avais déjà constaté certaines choses qui m'avaient choqué surtout au niveau des choix des cadres, des moyens de communication et des rapports entre les cadres en place et la population locale. C'est d'ailleurs l'une des raisons qui poussait Si Chérif à avoir des rapports directs avec Si Ziane et dans les meilleurs délais.

Toutefois, alors que les contacts de Si Chérif suivaient leur cours, Si Ziane va chercher à établir des relations avec la wilaya V en envoyant en

1. Chaïd, *op. cit.*, p. 142.
2. Chaïd, *op. cit.*, p. 140.

octobre 1956 un de ses adjoints, Ferhat Hamida, aller à la rencontre d'unités de l'ALN appartenant à cette wilaya et qui opéraient dans la région du Djebel Amour. D'après Mustapha Benamar, Ferhat Hamida tombera d'abord sur Lemari, un genre de « Robin Hood » (Robin des bois) qui activait dans la région d'El-Abiod Sidi Cheikh et la région d'El Bayadh. Ce dernier était entré en conflit avec un certain sous-lieutenant Moussa envoyé par la wilaya V dans le but de regrouper tous les protagonistes qui se disputaient le contrôle des Ksours et du Djebel Amour, en l'occurrence Boucherit ben Youssef et Moulay Brahim dit Abdelouahab. Au cours de cette mission, Ferhat Hamida apprit la mort de son chef Si Ziane, tué par l'armée française dans un accrochage survenu le 7 novembre 1956 du côté d'Oued Khalfoun, non loin d'Ouled Djellal au lieu dit Chegga dans l'est de Boukahil. Ferhat Hamida retournera immédiatement sur Aïn El-Melh au sud de Boussaâda pour assister à une réunion des chefs zianistes qui plébisciteront Amor Driss comme leur chef succédant à Si Ziane.

Mais après la disparition de Si Ziane, ces bandes armées et leurs responsables respectifs agiront d'une manière autonome et vont s'isoler volontairement aux confins de M'Sila, Boussaâda et Djelfa. Certaines de ces troupes vont se rallier à Bellounis surtout après le ralliement d'Amor au FLN. Ce n'est qu'en mai 1957 que l'ALN de la wilaya V représentée par Youb (Allali Kouider) et Ferhat Hamida allait parapher un procès-verbal qui consacrait l'intégration par la suite des unités de Si Ziane à la wilaya V. D'après Chaïd Hamoud, le capitaine Lotfi et le commandant Amor Driss se rendirent à Oujda en territoire marocain où, après avoir conféré avec le colonel Boussouf, encore chef de la wilaya V, il fut décidé de rattacher la partie sud de la wilaya VI, devenue zone 9, à la wilaya V. Cette décision aurait été prise le 27 juillet 1957. Le capitaine Lotfi de la zone 8 chargea une de ses unités d'escorter Amor Driss et ses compagnons jusqu'au Djebel Boukahil. Il demanda aussi aux officiers Chaib, Youb et Aïssa d'accompagner Amor Driss et de l'aider à réorganiser sa zone sur de nouvelles bases pour l'intégrer à la wilaya V. Deux mois plus tard, cette zone sera la zone 9 de la wilaya V[1].

Ainsi, le « Djeich de Ziane », comme on l'appelait, ne rejoindra pas finalement la wilaya VI comme l'avait souhaité Si Chérif, mais plutôt la wilaya V et la région sous son contrôle fera partie de cette même wilaya. De ce fait, la wilaya VI telle que constituée par le congrès de la Soummam sera amputée d'une grande partie de son territoire dans le nord aussi bien que dans le sud. On verra au chapitre 12 que la wilaya IV décida d'une mesure analogue en intégrant la partie nord de la wilaya VI à la wilaya IV après le complot Chérif Ben Saïdi. Elle deviendra la zone 5. Bellounis qui espérait

1. Benamar, *op. cit.*, p. 125.

rallier aussi bien Si Ziane que Si Haouès va désormais se retrouver seul à affronter le FLN.

Le groupe armé de Si Haouès

Ahmed Ben Abderrezak, *alias* Si Haouès, est un ancien de l'OS, originaire de M'Chounèche. Cet Aurèssien avait été messaliste avant de se détacher du « général messaliste Bellounis ». Il a su jouer de ses attaches messalistes, de sa qualité d'homme du Sud, de son prestige, de ses qualités militaires, de la conjonction objective avec l'armée française qui le débarrassa du chef « messaliste » Bellounis en juillet 1958 et de l'ancienne amitié qu'il avait avec le colonel Amirouche pour être désigné en mars 1958 comme colonel de la wilaya VI. Initialement, il a commencé à opérer au sud-ouest de la wilaya I dans une vaste zone d'Ouled Djellal à Ghardaïa en passant par Touggourt et Ouargla vers la fin de 1955. D'après Philippe Gaillard, il a été mis en contact avec Messali par Mostapha Ben Mohamed aux environs d'avril 1955 et est allé à Angoulême pour faire allégeance au *Zaïm,* à la suite de quoi, il dépend de Bellounis[1]. Mais Gaillard remarque que Si Haouès n'avait pas une affiliation très claire.[2]

La wilaya VI, telle qu'elle a été prévue par le congrès de la Soummam, a donc existé d'août 1956 jusqu'au 27 juillet 1957, date d'annexion de la partie sud de la wilaya par la wilaya V et en août 1957 la partie nord de la wilaya par la wilaya IV. Avant ça, Si M'Hamed de la wilaya IV a pris l'initiative de reconstituer partiellement son conseil de wilaya en nommant par intérim, le capitaine Tayeb El-Djoughlali comme colonel de la wilaya VI et moi-même le lieutenant Megateli Abderrahmane, qui à ce moment-là exerçait la fonction de secrétaire de wilaya, comme commandant, et le lieutenant Si Abderrahmane (Chaïd Hamoud) comme capitaine. Ceci a eu lieu au cours de l'intervention de la wilaya IV dans la wilaya VI après le complot du lieutenant Chérif Ben Saïdi contre la wilaya VI qui a coûté la vie à plusieurs valeureux moudjahidine, tous originaires de la wilaya III (je donnerai au chapitre 11 plus de détails au sujet de ce complot, dont j'ai été témoin et l'un des rares officiers rescapés). Après, la wilaya VI a été dissoute et réactivée en avril 1958 quand le CNRA a nommé Si Haouès, alors capitaine de la zone sud de la wilaya I, comme colonel de la wilaya VI, Si Tayeb El-Djoughlali comme commandant politique et Amor Driss comme commandant militaire. Suite à la mort de Si Haouès en mars 1959, Si Tayeb El-Djoughlali est nommé comme colonel de la wilaya VI jusqu'à son assassinat en juillet 1959.

---

1. Gaillard, *op. cit.*, p. 45.
2. *Ibid.* p. 47.

En conclusion, les *foudjs* armés de Si Ziane et de Si Haouès ont eu un faible impact sur le FLN/ALN et sur la Révolution en général. Les accrochages avec l'ALN étaient limités.

Reconstitution de la wilaya VI jusqu'à l'indépendance

Les efforts de Si M'Hamed

Une première tentative de reconstituer la wilaya VI fut entreprise par Si M'Hamed de la wilaya IV tout de suite après le complot de Chérif Ben Saïdi. Sans toucher à la structure de la wilaya telle qu'elle existait avant le complot, c'est-à-dire en conservant ses deux zones, Si M'Hamed a mis l'accent sur la nomination provisoire de quelques cadres supérieurs afin de combler les postes laissés vacants par ceux qui ont été assassinés par Ben Saïdi.

Il faut signaler à cet effet que presque tout l'encadrement de la wilaya a été décimé. De plus, la wilaya avait perdu la seule katiba (compagnie) qu'elle avait et qui était à l'époque sous le commandement de Chérif Ben Saïdi et qui s'est ralliée avec lui à l'armée française. Il désigna le capitaine Si Tayeb El-Djoughlali de la wilaya IV, zone 2 comme colonel par intérim. Il m'a désigné comme commandant Renseignements et Liaisons par intérim, mais conservant le poste de secrétaire du conseil de la wilaya que j'occupais avant le complot. Il a considéré qu'il était prématuré de nommer les deux autres membres du conseil de la wilaya pour ne pas alourdir l'organisation de la wilaya durant cette phase de transition. L'effectif de toute la wilaya ne devait pas dépasser une trentaine de cadres constituant les chefs de régions et de secteurs, les commissaires politiques, les agents de ravitaillement, d'intendance et de santé.

En ce qui concerne les deux zones de la wilaya, il a désigné Si Abderrahmane, de son vrai nom Chaïd Hamoud, comme capitaine de la zone 2 en lui adjoignant deux lieutenants, l'un politique Si Achène, l'autre Renseignements et Liaisons, Si Rabah. Pour la zone 1, il a désigné Si Mohamed qui tenait le rôle de responsable judiciaire dans la wilaya.

Tout de suite après, chacun de nous s'est rendu dans son secteur. Pour ma part, je suis parti avec Tayeb El-Djoughlali en direction du PC de la wilaya VI qui se trouvait dans la région d'Ouled Bouachra dans la *déchra* d'El-Amiche. Rendu sur place, Si Tayeb El-Djoughlali organisa une réunion de la wilaya.

La wilaya VI sous le colonel Si Haouès

Il faut signaler que durant la crise de la wilaya VI, la bataille d'Alger faisait rage et presque toute l'organisation clandestine du FLN d'Alger avait été démantelée par Bigeard, Massu et leurs parachutistes. Larbi Ben M'Hidi avait été appréhendé par les paras et assassiné et les autres membres du CCE c'est-à-dire Krim Belkacem, Benyoucef Ben Khedda, Abane Ramdane et Saad Dahlab avaient quitté Alger pour se rendre à Tunis[1]. Le CCE qui s'est reconstitué au Caire en août 1957 avec 14 membres au lieu de 5 eut vent de l'affaire de la wilaya VI et des décisions prises par la wilaya IV concernant les nominations qu'elle avait effectuées en ce qui concerne la wilaya VI. D'après Chaïd Hamoud[2], le CCE, vers le début du mois de mars, convoqua Tayeb El-Djoughlali à Tunis. Le CCE décida de confier la wilaya VI à Si Haouès et désigna Amor Driss comme commandant militaire et Tayeb El-Djoughlali comme commandant politique. La wilaya était reconstituée en quatre zones :

– Zone 1 qui comprend son ancienne zone 1 qui avait été rattachée à la wilaya IV comme zone 5, c'est-à-dire Ksar-Boukhari, Aïn Boucif, Aïn Bessam, Dhira, Sour El-Ghozlane. Son chef était le capitaine Ali Ben Messaoud ;

– Zone 2 qui comprend la région de Djelfa-Laghouat qui était en partie contrôlée par Bellounis auparavant et dont le chef est le capitaine Slimane Lakhal ;

– Zone 3 qui comprend la région de Bou Saada au sud de Djelfa avec Ghardaïa, dont le chef était le capitaine Mohamed El-Kadi ;

– Zone 4 qui comprend la région de Biskra, Touggourt, El-Oued et Ouargla, dont le chef est le capitaine Mohamed Chaâbani.

D'après Hachia Amar[3], ces deux dernières zones étaient déjà sous l'égide de Si Haouès quand il dirigeait la zone 3 de la wilaya I. Cette dernière, qui a été dénommée « zone du Sahara », aurait été mise sous les ordres de Si Haouès par Amirouche lors d'un déplacement qu'il a effectué en Petite Kabylie. Rappelons à ce sujet qu'Amirouche avait été désigné par le congrès de la Soummam pour aider la wilaya I à se restructurer après la mort de Ben Boulaïd.

Ahmed Ben Abderrezak, dit Si Haouès, par le fait qu'il dirigeait la zone 3 dite du Sahara, connaissait bien le terrain. Né en 1909 à M'Chounèche, dans la région d'Arris, il milita au PPA-MTLD alors qu'il se trouvait en France où il a connu Amirouche. Les deux étaient liés d'une certaine amitié qui remontait depuis leur rencontre en France.

Comme le dit Hachia, à peine mise sur pieds, la wilaya VI va connaître un désastre. Le colonel Si Haouès venait d'assister, du 6 au 12 décembre 1958, à une réunion initiée par le colonel Amirouche et à laquelle avaient participé les chefs des wilayas I, III, IV et VI. Les wilayas II et V auraient

1. Cf. Yves Courrière, *op. cit.*

2. Chaïd, *op. cit.*, p. 254.

3. Hachia Amar, *Dans l'Atlas Saharien, Témoignages*, Africa Edition, El-Oued. p. 26. Hachia a été secrétaire de la wilaya VI.

refusé d'y participer. Parmi les questions abordées figurait l'aide qu'il fallait apporter à la wilaya VI et la situation critique dans les maquis. Il y a eu accord pour que les chefs des wilayas III et VI se rendent à Tunis pour présenter les griefs aux instances supérieures de la Révolution. Le colonel Amirouche, le colonel Si Haouès avec ses deux adjoints, le commandant renseignements et liaisons Mohamed Larbi Baarir et le commandant militaire Amor Driss, ainsi qu'un groupe d'une quarantaine de djounoud ont pris la route vers la Tunisie. Amirouche, Si Haouès, le commandant Baarir et presque tous les djounoud trouvèrent la mort lors d'un accrochage violent avec l'armée française qui eut lieu le 29 mars 1959 au Djebel Thameur dans la région d'Aïn El-Melh, au sud de Boussaâda. Le commandant Amor Driss fut blessé et fait prisonnier. Il fut emmené sur un brancard jusqu'à Djelfa. En dépit de son état, il fut cruellement torturé et interrogé par des officiers du 11e choc. Refusant de collaborer avec l'ennemi, il fut froidement liquidé.

Il ne restait que Si Tayeb El-Djoughlali, commandant politique comme membre du conseil de la wilaya pour assurer l'intérim. Il se heurta, dès le début, à une mutinerie de la part des capitaines de zone qui ont tous refusé de reconnaître son autorité. Il décida alors de les relever de leurs fonctions et de les remettre à la disposition de l'état-major de Ghardimaou. Les transmissions de la wilaya qui devaient envoyer sa décision furent bloquées par les capitaines. Si Tayeb El-Djoughlali, dans sa fuite vers le nord pour rejoindre la wilaya IV, fut intercepté et lâchement assassiné le 23 juillet 1959 à l'ouest de Boussaâda en compagnie des treize éléments qui l'accompagnaient. Devant cette situation de débandade et d'anarchie, l'état-major décida de dissoudre la wilaya VI. Encore une fois, son territoire fut réparti entre les wilayas I, IV, et V. Selon Chaïd[1], l'état-major ordonna l'arrestation et la punition des quatre capitaines. Toutefois, seuls Ali Benmessaoud et Mohamed El-Kadi, respectivement capitaines des zones 4 et 3, ont été jugés et condamnés à mort. Par contre, selon Hachia, le capitaine Slimane Lakhal devait trouver la mort au maquis après s'être replié dans le Sud, tandis que le capitaine Mohamed Chaâbani se serait retiré dans les Djebels Messaad et Zaccar proches de Djelfa. Selon Benamar[2], Chaâbani ne va se manifester que deux ou trois mois avant l'indépendance.

Encore une fois, nos frères du Sud n'ont pas voulu reconnaître l'autorité des frères du Nord. Comme ils avaient rejeté Si Ali Mellah, auparavant, ils rejetèrent Si Tayeb El-Djoughlali, lequel connaîtra le même sort en étant lâchement assassiné. Chaïd se pose la question de savoir s'il s'agit là d'une mentalité des frères dans cette région ou simplement le fruit d'une

1. Chaïd Hamoud, *op. cit.*, p. 255-256.
2. Benamar, *op. cit.*, p. 278-279.

méfiance[1]. Pour ma part, je considère qu'il s'agit d'un problème de différence de culture et de caractère.

La wilaya VI à l'indépendance

Après avoir été dissoute en octobre 1959, cette wilaya fut reconstituée dès le cessez-le-feu en mars 1962 sous la direction du capitaine Mohamed Chaâbani. Ce dernier prit contact avec l'EMG à Oujda. Compte tenu du différend entre le GPRA et l'EMG, chaque partie essayait de renforcer sa position en gagnant l'appui des wilayas. Chaâbani déclare son soutien au groupe d'Oujda. Il se mit à mobiliser les jeunes en les incorporant comme nouvelles recrues. Ainsi s'est faite la reconstitution de la wilaya VI qui allait contribuer avec plusieurs milliers de djounoud au soutien du groupe de Ben Bella. Mais plus tard, un différend allait surgir entre Ben Bella et Chaâbani qui lui sera fatal. Ben Bella condamnera à mort Chaâbani qui sera exécuté le 3 septembre 1964.

Quelques leçons à tirer

La décision de supprimer la zone Sud au moment du déclenchement de la lutte armée a été, à mon avis, une erreur stratégique qui était l'une des causes principales des déboires tragiques que va vivre la wilaya durant toute la période allant de 1955 à 1962. Une telle erreur laissera la voie libre à des groupes pour se constituer dans la région et d'opérer d'une manière autonome aussi bien vis-à-vis du FLN que du MNA. De plus, les gens de la région, en particulier les militants, se sont considérés comme abandonnés, négligés, n'ayant rien à offrir, ne constituant pas une partie prenante dans la lutte dans laquelle leur territoire était exclu du combat.

C'est aussi dans cette région du Sud où Messali Hadj a passé une bonne partie de ses séjours en résidence surveillée en Algérie. Il était assez bien connu de la population qui admirait ses sacrifices. De ce fait, elle aurait dû plutôt recevoir une attention particulière avant et dès le déclenchement de la lutte armée. Or, cela n'a pas été le cas. Elle n'a été reconnue en tant que wilaya que lors du congrès de la Soummam. Et même alors, comme je l'ai signalé ci-dessus, elle a été dissoute deux fois après sa création, en 1957 et en 1960.

En outre, quand elle a été créée, il fallait tenir compte des réalités sur le terrain. Bien avant l'arrivée du FLN et de l'ALN, il y avait deux acteurs importants qui combattaient la France d'une manière autonome, mais efficace et qui avaient rallié la population derrière eux. Je fais allusion à Si Haouès et à Si Ziane Achour qui étaient d'obédience messaliste, mais qui n'étaient pas du tout sous le contrôle de Messali Hadj. Il aurait fallu dès le

1. Chaïd, *op. cit.*, p. 256.

départ, en nommant Si Chérif, lui confier une mission officielle, au nom du CCE et du CNRA, de rallier Si Haouès et Si Ziane en les nommant tous les deux comme commandants faisant partie de l'état-major et du conseil de la wilaya VI. Cela aurait permis d'abord de gagner beaucoup de temps dans les négociations pour la réunification de toutes les forces en présence, mais surtout pour les rassurer que les gens du Nord ne venaient pas les « coloniser ni les soumettre » (argument avancé par Ben Saïdi auprès de la population pour justifier le massacre des éléments kabyles de la wilaya et pour avoir le soutien de cette population), mais les rejoindre, main dans la main, dans la lutte contre le colonialisme français. Chaïd Hamoud note que « la contestation de Ziane visait la nomination du colonel Si Chérif à la tête de la wilaya 6 [...] La position de Ziane reposait sur des considérations d'ordre sentimental et régional : il considérait que, les problèmes du Sud étant différents de ceux du Nord, cette région était la mieux placée pour dégager les éléments compétents, rompus à la vie dans la région et capables de mener la lutte armée, sans avoir recours aux gens du Nord pour les diriger »[1]. Par contre, le problème Bellounis n'aurait pas été aussi facilement résolu parce que ce dernier était au départ une création du MNA et de Messali Hadj.

1. Chaïd, *op. cit.*, p. 140.

10
La wilaya VI et Bellounis

Dans le chapitre 9, j'ai donné un bref aperçu sur les groupes messalistes qui se sont implantés dans la wilaya et indiqué comment celui de Bellounis a été contraint d'abandonner la wilaya III sous la pression de Krim Belkacem et d'Amirouche et de se réfugier dans la région du Sud avant qu'elle ne devienne la wilaya VI.

Durant mon séjour au maquis, j'ai eu affaire à ce groupe de Bellounis et non à ceux de Si Ziane et de Si Haouès. C'est ce groupe qui créera le plus de dégâts pour la wilaya VI. C'est aussi lui qui aspirait à avoir sous sa coupe et son leadership les groupes de Si Ziane et de Si Haouès afin de renforcer sa position, ambitionnant ainsi être la « troisième force » vis-à-vis de la France et de neutraliser le FLN dans la wilaya VI. N'oublions pas que Bellounis agissait au départ au nom de Messali Hadj et du MNA, tandis que les deux autres étaient indépendants de Messali Hadj bien qu'ils se considéraient d'obédience MNA. Bellounis voulait à tout prix éviter qu'ils se rallient au FLN. Il est de ce fait important d'en parler davantage.

C'est l'objet de ce chapitre. Après avoir donné plus de détails sur la personne de Bellounis et son itinéraire, j'explique comment, acculé par le FLN et l'armée française, il finit par se « rallier », selon certains, ou « s'allier », selon d'autres, à la France. Ce faisant, il va ralentir l'avancée du FLN et de l'ALN dans le Sud algérien. Je décrirai comment la propagande sectaire utilisée par Bellounis contre « les Kabyles » a favorisé la naissance du complot Ben Saïdi dans la wilaya VI qui est décrit dans le chapitre 11 et comment elle s'est retournée contre lui.

Qui est Bellounis ?[1]

Mohammed Bellounis naît le 11 novembre 1912 à Bordj-Menaïel, chef-lieu d'un canton de vingt-cinq mille habitants à 70 kilomètres à l'est d'Alger, à l'entrée de la Grande Kabylie. Son père, Rabah ben Mohammed Bellounis, est un paysan kabyle aisé. Sa mère, Rouza Bent Hamoud Benterzi, est arabe.

---

1. Je m'inspire beaucoup du livre de Philippe Gaillard, *L'Alliance, La guerre de l'Algérie du général Bellounis (1957-1958),* L'Harmattan, Paris, 2009 et de celui de Jacques Valette, *La guerre d'Algérie des Messalistes 1954-1962,* L'Harmattan, Paris, 2001.

Il est l'aîné des garçons d'une famille de douze enfants. Ses frères Ali, Omar et Hamoud le rejoindront, avec leurs familles respectives, dans son PC de Dar-Chioukh, après qu'il aura conclu une « alliance » avec l'armée française au cours de l'été 1957. Mohamed Bellounis fréquente l'école française. Il ne dépasse pas le niveau de certificat d'études. Il aide son père et ses frères à exploiter la ferme familiale. Le 31 mars, il fait un mariage de convenance avec une cousine éloignée. Deux filles naîtront de cette union, en 1938 et en 1944, Mounia et Djedida. Pendant la guerre en Europe, il est mobilisé en 1939 et envoyé sur le front est de la France. Après avoir été blessé deux fois, il est fait prisonnier et interné dans un stalag en Allemagne. Il est libéré par les Allemands en 1941, rapatrié en Algérie en 1942 et recruté par les forces françaises libres. Libéré en 1945, il plonge dans la politique, adhère au PPA et devient très vite un des dirigeants locaux du parti à Bordj-Menaïel. En mars, Messali accomplit une tournée triomphale en Kabylie. À cette occasion, du 21 au 24, il est logé avec sa suite dans la ferme de Bellounis. Il établit des rapports personnels avec lui. Mohammed Bellounis épouse une deuxième femme, institutrice de la langue arabe, Zineb Farhi qui lui donnera trois garçons. La noce, qui a eu lieu le 6 septembre 1947, accueillera plus de cinq mille invités avec beaucoup de dirigeants et militants du parti, dont Ahmed Mezerna, député d'Alger, Hocine Lahouel, qui prendra la tête du schisme « centraliste » contre Messali, et Embarek Djillani, trésorier du parti. Arrêté à la fin de 1947, il est condamné à cinq ans de prison[1] pour atteinte à la sûreté extérieure de l'État. Il termine sa peine à Blida où le rejoignent en 1951 la plupart des dirigeants de l'OS, raflés par la police en 1950. C'est ainsi qu'il aide Ahmed Ben Bella et Ahmed Mahsas à préparer leur évasion qui a lieu le 16 mars 1952. Bellounis est reçu plusieurs fois par Messali Hadj, alors en résidence surveillée à Bouzaréah, dans la proche banlieue au nord-ouest d'Alger. Après l'assignation à résidence de Messali à Niort, le 15 mai 1952, il entretient des contacts personnels avec Krim Belkacem qui vit dans la clandestinité depuis 1947. Après la scission « centralistes-messalistes », Bellounis prend parti pour Messali.

Bellounis en fuite au Sahara et l'accord avec l'armée française

Nous avons vu comment Bellounis, à la demande de Messali et du MNA, a essayé d'établir des maquis MNA en Kabylie. Nous avons vu comment le FLN et l'ALN ont vite réagi pour éviter que le MNA sous l'égide de Bellounis n'établisse une base en Kabylie. Pourchassé par Krim Belkacem, Sadek et Amirouche, Bellounis s'est enfui pour se réfugier dans le Sud algérois et s'établir une base dans un triangle Boussaâda-Djelfa-Laghouat-Aflou. Mais après le ralliement au FLN d'Amor Driss qui a succédé à

1. Jacques Valette indique plutôt 18 mois, *op. cit.*, p. 136.

Si Ziane et Si Haouès, et le manque de munitions et d'armement, il cherche à tout prix à établir le contact avec l'armée française. Il est encouragé par le fait que dans les milieux politiques à Paris comme au gouvernement général à Alger, des hommes sont à la recherche d'une « troisième force » algérienne susceptible d'être érigée en « interlocuteur valable ». La première personne auprès de laquelle Bellounis avait testé son intention, dès le mois de janvier 1957, est l'administrateur Ben Sedira d'Aïn Boucif, à 50 kilomètres à l'est de Boghari. Le 11 avril 1957, le capitaine Jean Combette, qui commande un escadron du 8e régiment de spahis à Ouled Ali, au sud des défilés des Portes de Fer (Sidi Brahim), prend connaissance d'une lettre signée de « Mohammed Bellounis, chef suprême du MNA » destinée à un certain Dahmane. L'auteur proclame qu'il faut d'abord exterminer le FLN jusqu'à ce qu'on n'en parle plus sur le territoire algérien. Il lui demande de lui envoyer un peu de cartouches ou des armes. Ce Dahmane, qui s'est réfugié auprès de l'armée française pour se protéger des menaces contre lui du FLN, en parle à Combette. L'état-major du général Salan, commandant supérieur interarmées en Algérie, des anciens d'Indochine rêve de réussir ici ce à quoi ils ont échoué là-bas : gagner une guerre coloniale en s'appuyant sur des nationalistes adversaires du groupe dominant. Vite, l'affaire est prise en main par le général Salan qui la confie en mai 1957 au corps d'armée d'Alger et ouvre un dossier qui sera intitulé « Opération Olivier ». Le 7 juin 1957, après une série de rencontres, les deux côtés aboutissent à un accord qui aura la caractéristique de ne pas être consigné par un texte signé. Bellounis le résumera en quatre points dans un communiqué du 8 septembre 1957 :

– Mener le combat commun contre les frontistes et les communistes.

– Je garde l'Armée nationale du peuple algérien (ANPA) avec son organisme intégral.

– Une aide en armement, habillement et soins médicaux, etc.

– L'armée (ANPA) ne déposera les armes qu'après la solution du problème algérien.[1]

Dans ce communiqué, Bellounis fait remarquer que, le 6 septembre 1957, il a reçu le lieutenant-colonel Vernières porteur d'un ultimatum limitant son champ d'action qui était à l'échelle nationale à une zone géographique restreinte (voir la carte du secteur opérationnel de Bellounis dans l'annexe). Bellounis ne va pas s'astreindre à cette zone et voudra toujours opérer en dehors d'elle, d'où les persistantes frictions avec l'armée française. De plus, l'ordre de ne faire déplacer ses troupes qu'avec une escorte de l'armée

1. Lettre circulaire de Bellounis à la presse dans Mohammed Harbi, *Les Archives de la révolution algérienne*, Editions Jeune Afrique, 1981, p. 145.

française et avec un laissez-passer délivré par les autorités militaires va constituer un sujet de litige permanent.

Lacoste, pour sa part, appuie cette initiative et en fixe le cadre de son action :

– Surveillance et action contre le FLN dans la région ouest et nord des Beni Illemane

– Action de renseignements et noyautage des éléments zianistes dans la région des Ouled Naïl

– Action de renseignement sur la situation du FLN dans la wilaya VI

– Action contre les chefs de la rébellion sur lesquels il est à même de faire effort.[1]

En conservant son ANPA avec son sigle et aussi un drapeau frappé du croissant et de l'étoile comme le drapeau algérien, Bellounis considère qu'il n'est pas un « rallié » mais un « allié » de l'armée française. De plus, l'armée française lui permet d'opérer dans un secteur opérationnel qui lui donne une flexibilité d'action, mais qui ne lui permet pas d'opérer à travers tout le territoire national. Néanmoins, fort de cet accord, Bellounis va poursuivre son implantation politique et administrative sur ce secteur et même en dehors, contre les instructions du général Salan. Il se détache de Messali et déclare son indépendance. Au début de novembre 1957, soit après quatre mois d'application des accords initiaux, Bellounis fait la loi grosso modo sur les territoires des deux communes mixtes de Djelfa et de Bou-Saada. Il en a chassé le FLN et a neutralisé l'administration française. L'ANPA compte plus de 3000 hommes établis dans quatre zones :

– Zone centre (Dar-Chioukh comme PC) avec un effectif de 1230 hommes

– Zone nord (Aumale, Zahrez Chergui) avec un effectif de 560 hommes

– Zone sud-ouest (Aflou, Djelfa, Laghouat) avec un effectif de 440 hommes

– Zone sud-est (Bou-Saada) avec un effectif de 570 hommes

– À cela, il faut ajouter le contrôle de l'organisation civile et les milices locales, soit environ 300 hommes[2].

Avec cet effectif, Bellounis passe à l'offensive contre le FLN. En octobre 1957, un millier d'hommes de l'ANPA, sous les ordres de Si Meftah et avec l'appui du 2e régiment étranger de cavalerie et du 11e Choc, partent à l'assaut des *gaadas* (tables rocheuses) dans le djebel Amour, où Amor Driss récemment rallié au FLN a installé son PC. Cette opération est considérée comme un succès par le colonel Katz. À l'est, dès le 3 novembre 1957,

1. Valette, *op. cit.*, p. 145.

2. Gaillard, *op. cit.*, p. 109-110.

Si Haouès, appuyé par des renforts de la wilaya I, se heurte au bataillon Latrèche de Bellounis et perd des hommes.

Avec ses succès contre le FLN, Bellounis prend de plus en plus d'importance et élargit son secteur opérationnel en occupant le massif du Djebel Dirah (entre Aumale et Sidi Aïssa). Toutefois, en supplantant Messali Hadj, Bellounis s'attire l'hostilité de certains de ses commandants, en particulier Mellah, Latrèche, Belgacem « Moustache » et Azouzi qui lui reprochent d'avoir refusé la tutelle de Messali Hadj et lui demandent de reconnaître son autorité politique. De plus, les djounoud pensent que Bellounis les trahit et se laisse endormir par les Français. D'ailleurs, dans une note intérieure du MNA[1], il est considéré que Bellounis a été manœuvré et dupé par le colonialisme français.

À cette rébellion, s'ajoute le fait que les relations entre Bellounis et l'armée française se sont rapidement détériorées. L'ANPA devient les CSA (Commandos du Sud algérien). Dès le 1er janvier 1958, le général Parlange auquel on a confié l'affaire Bellounis conclut que « l'affaire est donc à repenser et à animer sous un contrôle beaucoup plus étudié et serré. »[2]

Le revirement de l'armée française et la chute de Bellounis

Au lendemain du coup de force du 13 mai 1958, qui, fomenté à Alger, hisse de Gaulle au pouvoir à Paris, Bellounis tourne brusquement casaque. Il fait exécuter trois cents de ses hommes qui voulaient rejoindre les harkis de l'armée française, contre laquelle il menace de mener la lutte. « Les chefs militaires français, qui estiment, non sans raison, avoir été floués, décident la liquidation pure et simple des maquis bellounistes. »[3]

La politique française, avec l'arrivée du général de Gaulle, était inconciliable avec celle de Bellounis. Maintenant, d'après le rapport du capitaine Bauer, chef du GM de la 11e DBPC, il s'agissait d'amener Bellounis à accepter « les grandes lignes de la politique définie par le général de Gaulle : l'intégration civile et militaire de Bellounis, la suppression du drapeau ANPA et son remplacement par le drapeau tricolore. »[4] Le 4 juin 1958, le capitaine Bauer communique à Bellounis « l'ultimatum du général Salan : Rejoignez officiellement l'Armée française et supprimer votre drapeau séditieux, ou nous vous considérons comme des ennemis. »[5] Bellounis a rejeté l'ultimatum. Les évènements se précipitent. Bellounis refuse d'admettre la nationalité française pour l'Algérie, notion qu'il qualifie

---

1. Harbi, *op. cit.*, p. 148-149.
2. Gaillard, *op. cit.*, p. 144.
3. Guérin Daniel, *Quand l'Algérie s'insurgeait, 1954-1962*, La Pensée Sauvage, Paris, 1979, p. 89.
4. Valette, *op. cit.*, p. 221.
5. Valette, *op. cit.*, p. 242.

de manifestation périmée du colonialisme[1]. Salan en arrive à admettre une liquidation par la force[2]. L'ANPA ou CSA implose et c'est l'éclatement. Les rumeurs circulent sur la mort de Bellounis. L'état-major de Salan a volontairement obscurci les conditions de cette mort[3]. Le lieu serait le Djebel Zemra à une vingtaine de kilomètres au sud-ouest de Bou-Saada dans la région d'Aïn Temsa. D'après l'une des versions, il aurait été tué alors qu'il tentait de s'enfuir le 14 juillet 1958[4]. Le « général du désert » Bellounis est victime de ses anciens alliés. L'affaire Bellounis est terminée. Le FLN dans son organe *El Moudjahid* (n° 31 du 1er novembre 1958) datera la mort de Bellounis du 2 mai. D'autre part, la « Voix de l'Algérie libre », radio du FLN émettant du Caire, annonce le 2 août 1958 que Bellounis était exécuté par des patriotes du FLN[5].

Mon expérience avec les Bellounistes

À mon arrivée à la wilaya au début d'octobre 1956, la pénétration par le FLN de la wilaya était à ses débuts. Par contre, les messalistes, sous l'égide de Bellounis et de Si Ziane, avaient installé leur organisation politico-administrative sur la partie centrale de la wilaya autour des grands centres comme Djelfa, Laghouat, Boussaâda, Chellala, Had Essahari, Chahbounia, etc. Ils y étaient depuis la mi-octobre 1955. Ils s'étaient déjà emparés des armes de guerre qu'on trouvait dans la région tels que des Mauser allemands et des Stati italiens que la population avait récupérées pendant la guerre 1939-1945 des Allemands lors de leur passage en Algérie, Tunisie et Libye.

La population était en partie acquise aux messalistes. Bellounis avait en partie endoctriné la population et lancé sa propagande de dénigrement du FLN. Ce dernier était appelé « Boudjebiha » ou « frontistes ». Nous étions taxés de tueurs de chiens, de coupeurs de nez et d'égorgeurs. De plus, Bellounis a lancé une propagande pernicieuse et extrêmement dangereuse. Il faisait croire à la population que le FLN/ALN était dominé et dirigé par les « Kabyles », lesquels allaient les assujettir et prendre leurs femmes et leurs biens.

J'ai personnellement été témoin de cette propagande et j'ai eu à la contrecarrer durant nos efforts de pénétration dans la région. Pendant un certain temps, nous et le MNA convoitions les mêmes populations. Le langage que nous tenions avec elles durant nos campagnes d'explication et de mobilisation en faveur de notre lutte devait en partie contrecarrer la propagande de Bellounis. La population ne comprenait pas pourquoi il y

---

1. Valette, *op. cit.*, p. 245.
2. Valette, *op. cit.*, p. 247.
3. Valette, *op. cit.*, p. 252.
4. Gaillard, *op. cit.*, p. 177-178 et Valette, *op. cit.*, p. 252-253, 255.
5. Gaillard, *op. cit.*, p. 178-179.

avait cette lutte acharnée entre le FLN et le MNA puisque, à leurs yeux, nous étions en train de lutter contre le même ennemi. « *Oualache rakoum tetkatlou fi badhikoum baadh. Yakhi rakoum teharbou fi adou wahad ?* [Pourquoi vous vous entretuez ? Vous ne combattez pas un seul ennemi ?] » disaient-ils. La population était tiraillée, souvent épuisée par ce conflit tant sur le plan matériel que moral, soumise à des sacrifices énormes, souvent victime d'exactions de l'une ou de l'autre partie. Aussi bien le FLN que le MNA leur demandaient de contribuer à la lutte en payant des cotisations soit en espèces soit en nature, de mettre à notre disposition leurs enfants en qualité de *moussebel*, de *fidaï*, de guides, de guetteurs, d'agents de renseignements ou même de recrues dans les rangs de l'ALN dans la mesure où on pouvait les armer. Souvent la population craignait d'avoir à héberger en même temps et sous le même toit ou sous la même tente, les deux groupes antagonistes au risque d'être considérée par l'un ou par l'autre comme traître et d'être exposée à des sanctions allant parfois jusqu'à la peine de mort.

À mon arrivée au maquis, j'avais très peu affaire aux éléments bellounistes. Il nous arrivait de nous croiser par hasard, mais sans jamais nous affronter dans les *déchras* isolées que nous essayions de rallier à notre cause, surtout dans la région d'Aïn Boucif et de Maginot qui étaient visées aussi bien par le MNA que par le FLN. Il m'est arrivé une fois de me trouver sous une même tente avec un élément bellouniste. Ce n'est que grâce à l'ingéniosité de notre hôte qu'une confrontation a pu être évitée. Nous nous trouvions chacun des deux côtés opposés d'une même séparation de la tente. J'étais le premier à entrer dans la tente quand mon hôte est venu précipitamment m'annoncer l'arrivée d'un élément messaliste. Il m'a alerté de la situation et m'a demandé de passer de l'autre côté de la séparation où se trouvaient sa femme et deux de ses petits-enfants. J'ai suivi ses instructions et quelques minutes après, il m'a invité à quitter les lieux avec toute la discrétion possible et m'éloigner de la tente pour me cacher dans une autre tente en attendant ses instructions. Inutile de dire que j'avais la frousse d'être repéré ou d'être vendu. Après plus de trois heures environ, il est venu m'informer que l'élément messaliste avait quitté les lieux et que je pouvais revenir à la première tente. J'ai eu la vie sauve du fait que je connaissais bien mon hôte qui a été mon guide à plusieurs occasions. De plus, nous étions habitués à ce jeu et on savait que la population était contrainte de jouer ce jeu par sens de préservation.

À partir de l'accord passé le 7 juin 1957, mais non consigné en un texte entre Bellounis et l'armée française, l'activité des éléments Bellounis et son ANPA est limitée à un secteur opérationnel comme le montre la carte sur Bellounis dans l'annexe. Les éléments bellounistes ne remontaient plus vers le nord de la wilaya. Ils étaient au début de l'accord contraints à sillonner ce secteur seulement. Le quartier général de Bellounis est établi à Dar-Chioukh, bourgade de quelques centaines d'habitants à 50 kilomètres au nord-est de Djelfa et presque au centre du secteur. C'est là où Bellounis va concentrer ses troupes. De ce fait, la région où je me trouvais était de moins en moins parcourue par ses agents et on n'avait plus eu affaire à eux sauf une fois où on a accroché une de ses unités qui est remontée bien au nord et qui était bien en dehors du secteur opérationnel. Je pense que c'était la période où Bellounis harcelait les autorités militaires quand on lui a signifié de se cantonner à son secteur.

Cette unité était composée d'une trentaine djounoud. À cette occasion j'y ai participé. Avant l'accrochage, nos services de renseignements et la population civile nous avaient informés de la présence de messalistes dans la région. Cela a été une surprise parce que cela faisait plus de quelques mois que nous n'avions pas décelé leur présence. Aussitôt, le chef militaire a dépêché une patrouille pour recueillir le plus d'information sur cette intrusion auprès de la population qui nous était entièrement acquise.

11
Le complot Chérif Ben Saïdi et son impact sur la wilaya VI

> Le fractionnement, péril le plus redouté des dirigeants de la révolution, venait de faire son apparition [...]
> — Yves Courrière, *L'Heure des colonels*

— *Ya Si Abderrahmane, el kabayel jaou le beladna bach yastemrouna ma chi bach mama baadh ne harou el djazair. Wahch houa rayak?* [Ô Si Abderrahmane, les Kabyles sont venus ici dans notre pays pour nous coloniser, pas pour libérer l'Algérie tous ensemble. Qu'est-ce que tu en penses ?]

— Si Abderrahmane, que penses-tu de cette présence écrasante de Kabyles aux postes de commandement de notre wilaya et dont beaucoup ne parlent même pas l'arabe ? Que penses-tu de Rouget ?

— Si Chérif, cela fait à peine un peu plus de trois mois que j'ai rejoint le maquis dans la région des Tléta des Douairs. Je suis donc très nouveau dans la wilaya. Je ne la connais pas bien. De ce fait, je suis incapable de répondre. Toutefois, je ne te cache pas que j'en suis surpris. Je dirais même perturbé, lui répondis-je.

— Et bien, observe bien autour de toi au cours de tes randonnées dans la wilaya et tes rencontres avec la population, les officiers, sous-officiers et djounoud de la wilaya et rends-moi une réponse la prochaine fois quand on se rencontrera. Tu verras que ce que j'affirme est une réalité.

C'est en ces termes que m'aborda Si Chérif (auquel je me référerai dorénavant par le nom de Ben Saïdi pour éviter toute confusion avec le colonel Si Chérif chef de la wilaya VI) durant une très courte conversation que nous avons eue un soir d'hiver vers fin novembre, début décembre 1956 dans la fraction Freich du douar de Rebaïa, en dehors du refuge où je me trouvais en compagnie du commandant politique Djouadi *alias* « Si Abderrahmane ». Nous étions en tournée à la demande du colonel Si Chérif qui m'a demandé de lui faire connaître cette région de la wilaya que j'avais visitée plusieurs fois auparavant. Ce dernier venait d'être muté de la wilaya III à la wilaya VI. Il est le deuxième officier supérieur de la wilaya.

Cette courte conversation m'a secoué. Elle a semé en moi un profond malaise qui m'a hanté pendant longtemps. J'ai eu peur tout d'un coup. Angoissé ! À qui me confier? Fallait-il me confier? En faire part à quelqu'un ? À qui ? Si Chérif, le colonel ? Si Abderrahmane, le commandant ? Si Abdelkader, le commissaire politique et mon camarade de lycée ? Après réflexion, j'ai préféré garder cela pour moi-même par peur ne sachant pas ce qu'il pouvait en résulter, ce qu'il pouvait m'arriver. J'en ai fait un secret bien gardé.

J'étais loin de penser que ce même Ben Saïdi allait être l'odieux architecte, quelques mois plus tard, à la fin de mars 1957, d'un horrible complot, d'un carnage, qui a conduit au lâche massacre de presque tous les cadres et djounoud d'origine kabyle qui se trouvaient dans la wilaya VI ! Difficile d'en donner le chiffre exact. Peut-être une centaine. Difficile aussi d'en mesurer l'ampleur et l'impact.

Ce n'était pas en tout cas à ce type de baptême que je m'attendais et pour lequel je n'étais pas du tout préparé. Quel choc foudroyant ! Quel découragement ! Quelle déception !

J'ai personnellement été un témoin vivant de ce complot qui a failli m'emporter bêtement la vie. Je suis parmi les rares officiers survivants et témoins de ce complot terrible, tragique et dramatique qui aurait pu faire dérailler notre révolution en 1957 et l'engloutir dans un conflit ethnique arabe-kabyle sans précédent. Deux autres survivants ont aussi été témoins de ce drame : le capitaine Si Abderrahmane (Chaïd Hamoud) et le lieutenant Abdelkader (Zizi Khelifa) connu aussi sous le pseudonyme « Abdelkader *Speak-lui* ».[1]

Il est regrettable de constater que le complot du lieutenant Chérif Ben Saïdi contre la wilaya VI et son commandement et la grave crise qu'il a provoquée dans cette wilaya n'aient pas reçu toute l'attention voulue jusqu'à nos jours. En tant que témoin et survivant de ce complot, il me semble qu'il est grand temps d'en parler ouvertement pour en tirer les leçons qui s'imposent.

La portée de ces remarques met en relief l'importance du complot de Chérif Ben Saïdi et ses implications tant et si bien que le complot a été occulté sciemment par le pouvoir en place pour ne pas mettre à nu sa carence et sa mauvaise foi. Dans ce qui va suivre, nous allons présenter le portait de Chérif Ben Saïdi, les causes du complot, son ampleur avec ses acteurs et ses victimes, le rôle primordial de la wilaya IV dans la maitrise du complot et de ses répercussions sur le peuple, et la solution provisoire qui a été retenue.

Je sais qu'en ce qui me concerne, j'ai gardé des souvenirs amers qui m'ont amené à garder une méfiance constante à l'égard du pouvoir et de tous ceux qui le représentent. C'est pour cela que je n'ai revendiqué ma qualité

---

1. Le premier a été sénateur et a écrit un livre très intéressant déjà cité ici intitulé : *Sans Haine ni Passion. Pages d'Histoire de l'Algérie Combattante*, Editions Enag-Dahlab, 3e édition 2005 revue et corrigée. Il a été mon compagnon inséparable au maquis depuis le complot Chérif Ben Saïdi jusqu'à notre départ vers le Maroc en 1958. Le deuxième est professeur en retraite de mathématiques à l'université de Paris. Il vit encore à Paris. Il a été mon camarade au Lycée Duveyrier de Blida et au maquis.

d'ancien moudjahid qu'en 1971 sous la pression du capitaine Si Abderrahmane (Chaïd Hamoud) et du capitaine Si Yahia Megherbi, un compagnon que j'ai rencontré pour la première fois en mai 1957 dans la zone 7 de la wilaya V. Je n'ai jamais brigué un poste politique et j'ai tout le temps refusé d'en accepter un[1].

Mais qui est ce Ben Saïdi ? En quoi a consisté son complot et quelles en étaient les causes ? Quelles en ont été les conséquences pour la wilaya, la Révolution ? Qu'espérait Ben Saïdi accomplir par cet acte criminel ? Quelle en a été la réaction de la population, des autres wilayas, en particulier la wilaya IV, mitoyenne et proche ? Comment allait réagir le haut commandement de la Révolution ? Et comment tout allait-il se terminer ? Voici quelques éléments de réponse à ces questions.

Qui est donc Ben Saïdi ?[2]

Né présumé en 1926 au douar Souaghi, fraction des Ouled Soltane (Tablat) de Saïdi ben Ali ben Rabah et de Merzouk Khedidja bent Larbi, Larbi Chérif dit « Si Chérif » était marié, père d'un enfant. Illettré, il s'engage en tant que volontaire le 17 avril 1947 au titre du 5e régiment de Chasseurs d'Afrique à Alger et sert dans l'armée française jusqu'en 1955, date à laquelle il est démobilisé, avec le grade de sergent-chef, maréchal de logis. Il aurait participé à la campagne d'Allemagne, à Madagascar et en Indochine où il aurait fait deux séjours. Certains prétendent qu'il a également fait la campagne d'Italie.

D'une taille de 1m76 environ, il était d'une assez forte corpulence. Le teint bronzé, il avait les yeux marron et perçants. Il a vécu auprès de ses parents au douar Souaghi. Dès qu'il atteint l'âge de travailler, il part à la Mitidja, dans la région de Sidi Moussa et y travaille comme journalier. Il revient périodiquement à son douar pour être près de sa famille. Selon certains, il était de caractère très méfiant, susceptible et tenace, avec un tempérament impulsif et même violent, capable dans un moment d'emportement de graves excès.

---

1. La dernière offre de poste qui m'a été faite par le président Abdelaziz Bouteflika en 1999, quand il a été élu président de la république, a été celle de ministre, une offre que j'ai refusée. J'ai rencontré Si Abdelaziz Bouteflika au maquis près de la frontière marocaine au début de janvier 1958 (voir chapitre 12). Après la mort de Boumediene, j'ai décidé en dernier ressort de m'exiler après avoir participé comme membre fondateur de la direction Recherche et Production de la Sonatrach et aidé à la construction de mon pays en ma qualité de technocrate et de simple citoyen (voir chapitre 19).

2. Ces informations sur Ben Saïdi sont tirées de différents rapports de l'armée française trouvés dans les Archives du Service historique de la Défense (SHD) au château de Vincennes (1H 3514 D1 et D2).

Pour ma part je n'ai pas eu l'occasion de le connaître. Je ne peux porter un jugement puisque je ne l'ai rencontré que trois fois. La première c'était à l'occasion de la réunion de la wilaya VI, la deuxième celle dont je fais état ci-dessus et enfin la dernière dont je parlerais plus loin.

Ben Saïdi n'avait pas du tout prévu de rejoindre l'ALN. Bien au contraire, il pensait continuer sa carrière militaire dans l'armée française, ce qui signifie qu'en s'engageant, il allait affronter ses frères. Mais il est enlevé par le capitaine Rouget de la wilaya VI vers la fin de 1955 sur la route départementale n° 20 entre Masqueray (Djouab) et Aumale (Sour El-Ghozlane) alors qu'il se rendait au centre d'Aumale pour contracter un engagement au 5e régiment de spahis algériens (RSA). Incorporé au sein de l'ALN, il va gravir très vite les échelons grâce à son expérience militaire et sa connaissance de la région pour atteindre le grade de lieutenant militaire. Quand je le rencontre, pour la première fois, lors de la réunion des cadres de la wilaya VI, fin octobre 1956 (voir chapitre 7), il avait déjà le grade de lieutenant militaire. Il était en fait avec le lieutenant Mustapha[1], le deuxième lieutenant de la wilaya et il commandait la seule katiba (compagnie) de la wilaya. Il a toujours opéré dans la zone 1 de la wilaya VI et connaissait bien la région et la population.

Vers fin décembre 1956, début 1957, le colonel Si Chérif décide de faire la jonction de la zone 1 de la wilaya avec la région de Djebel Boukahil, dans la région de Boussaâda, en utilisant presque toutes les unités combattantes de la wilaya, en particulier la katiba que commandait Ben Saïdi. Il fallait prendre contact avec le *djeich* de Si Haouès qui était d'obédience messaliste. Il désigne le commandant Si Abderrahmane pour diriger cette opération, appuyé par le capitaine Rouget et le lieutenant Ben Saïdi. Le but immédiat est d'occuper le terrain qui jusque-là était plus ou moins sous contrôle des forces messalistes et en particulier de Bellounis et de faire la jonction avec les wilayas I et V. Environ 375 djounoud sont rassemblés à cette fin. Malheureusement, l'opération se solde par un échec total. En traversant les Hauts Plateaux au sud de la région de Had Sahary, région plate, dénudée et plus ou moins hostile, les unités de la wilaya VI sont vendues par la population qui était pro-messaliste et par les mouchards qu'avait installés l'ennemi dans la région. Mal équipées, mal organisées et mal renseignées, ces unités furent une proie facile pour l'armée française qui, à l'aide de son aviation, ses unités de half-track[2] et son équipement, eut la tâche facile de les

1. De son vrai nom Mustapha Benamar, il est originaire de Laghouat. Inscrit au collège Bencheneb de Médéa, il rejoint le maquis juste après la grève des étudiants. Il fera preuve de beaucoup de tact et d'habileté pour accomplir les différentes missions qui lui ont été confiées en particulier celles confiées par le colonel Si Chérif dès la fin 1956.

2. Le half-track (mot anglais pour autochenille ou semi-chenillé) est un véhicule terrestre militaire, blindé et semi-chenillé, équipé de roues avant et d'un système propulseur arrière à

surprendre en terrain plat et dénudé. Plus de 85 djounoud sont tombés au champ d'honneur et plusieurs autres ont été capturés. Le reste des troupes a réussi à s'échapper, contraint de se replier vers le nord d'où elles venaient, c'est-à-dire la zone 1.

Si Abderrahmane, Rouget et Ben Saïdi ont échappé à cette boucherie. Arrivés à la zone 1, le moral était très bas et les nerfs à fleur de peau. Les récits donnés par les rescapés étaient pleins d'horreur et de tristesse. À partir de cette expérience douloureuse, les relations entre Rouget et Ben Saïdi, qui n'étaient déjà pas au beau fixe, se détériorent et deviennent presque intenables. Compte tenu de cette situation, le colonel Si Chérif en accord avec le commandant Si Abderrahmane décide de les éloigner l'un de l'autre. Il mute Ben Saïdi à la zone 2 qui était en train d'être constituée. Cette décision d'éloigner Ben Saïdi de son fief crée les conditions favorables pour ce dernier de mettre en branle son complot. Rouget sera le catalyseur qui sera utilisé par Ben Saïdi pour perpétrer son crime.

Qui est Rouget ?

Rouget (ainsi nommé en raison de la couleur de ses cheveux) de son véritable nom Chaffaï Ahmed est né le 8 juin 1922 dans la commune mixte de Mizrana en Kabylie. Fils de Saïd Ben Mohamed et de Ougache Dhahbia, il commence sa vie politique et révolutionnaire à partir de 1945. Après avoir servi dans les rangs de l'armée française, il adhère au PPA à la fin de la Seconde Guerre mondiale. Il est aussitôt nommé chef de groupe et se met à recruter des volontaires pour le parti et d'expliquer le rôle du parti. En 1949, il part en France et dès son arrivée, il est nommé chef de la cellule du parti dans la région de Clermont-Ferrand. En 1950, il revient au pays natal. Il reprend ses activités de militant du parti, tout en faisant le métier de maquignon, achetant et vendant des chevaux. Au déclenchement de la Révolution algérienne, il s'implique dans la lutte armée. Mais dès le début, il aura des déboires avec certains de ses frères. Durant son passage à la wilaya III, il aurait eu des déboires avec Amirouche. Au lieu d'être sanctionné, il est, au contraire, promu au grade de capitaine et muté à la wilaya VI.

chenilles. Par rapport à un véhicule chenillé ordinaire, comme un char, le half-track a un poids inférieur et une meilleure direction permettant une vitesse supérieure, tout en restant plus adapté qu'un camion à des déplacements hors route. Les half-tracks américains ont été très utilisés pendant la Seconde Guerre mondiale et par l'armée française pendant la guerre d'indépendance algérienne. *Note de LM.*

Qui est le colonel Si Chérif ?[1]

Le colonel Si Chérif de son véritable nom Ali Mellah est né le 2 février 1924 à M'kira, douar Taka, commune de Tizi Ghenif, wilaya de Tizi Ouzou en Kabylie, fils de Ahmed Ameziane et de Adjout Mesouda. D'une famille modeste, il a grandi dans un milieu religieux. Il a reçu ses débuts d'éducation en langue arabe et en religion de son père qui était un imam. Il a poursuivi son éducation dans plusieurs zaouïas, dont celles de Sidi Ali Bounab, Ali Moussa, Cheikh Sahnoun à Ghiliss en Grande Kabylie et enfin Sidi Mansourah qui se trouve à Babizar, commune de Tamizar actuellement. Après avoir vécu les événements douloureux de mai 1945, il adhéra au PPA à l'âge de 21 ans. En très peu de temps, il gravit les échelons et devint un des responsables les plus connus de la région. En 1947, il participa à l'organisation des élections en sa qualité de membre du MTLD. En 1948, les autorités coloniales le condamnent par contumace à deux ans de prison et à 2000 francs d'amende. Pour échapper à la justice française, il entre alors dans la clandestinité et devient l'un des membres les plus influents de l'Organisation secrète (OS) de la région travaillant à côté de Krim Belkacem. Le parti le nomme à différentes positions, à Tigzirt-sur-Mer et à Azazga.

Le 29 octobre 1954, Si Chérif participa à une réunion avec différents responsables dans la section de Makouda et d'Ouaganoune. Là, il créa différents groupes qui devaient faire la jonction avec Tigzirt afin d'aider à déclencher la révolution et la lutte armée le 1er novembre 1954 en attaquant des positions ennemies de la gendarmerie, la police et la mairie. Le 1er novembre, Ali Mellah dirigea un groupe pour attaquer avec succès la commune d'Azazga. Le 1er janvier, il conduit avec ses compagnons une attaque contre un poste militaire à Tizi El-Djemaa, près d'Ain El-Hammam.

Vers la fin de 1955, Ali Mellah quitte sa région avec un groupe de moudjahidine et rejoint la zone 4 qui deviendra par la suite la wilaya IV où se trouvait Ouamrane. Il sera envoyé au début de 1956 en tant que chef d'un groupe d'éclaireurs dans la région d'Aumale-Boghari-Berrouaghia-Tléta des Douairs. Si Chérif a été dépêché par Krim Belkacem dès que ce dernier a appris que Bellounis, après sa défaite en Kabylie, s'était replié vers le sud (dans la future wilaya VI) pour se réorganiser et regrouper ses forces chassées de la wilaya III. Si Chérif connaissait cette région auparavant alors qu'il était recherché par la France en Kabylie.

---

1. Les informations recueillis ici proviennent d'une note rédigée par le secrétaire de la section des moudjahidine de la commune Tarek Ibn Ziyad de la daïra d'Ain Defla et de témoignages divers en particulier celui prêtés gracieusement par l'épouse d'Ali Mellah (Sadia Mellah née Lebdiri), le fils d'Ali Mellah (Si Amar Mellah) et son petit-fils Sidali qui m'ont été d'une aide très précieuse en me donnant plusieurs témoignages écrits sur Ali Mellah. Je tiens à les remercier pour ce geste généreux.

En juin 1956, Si Chérif participe à la préparation du congrès de la Soummam qui tiendra ses assises le 20 août 1956 sous la direction d'Abane Ramdane et de Larbi Ben M'Hidi. Si Chérif a été invité au congrès de la Soummam comme représentant de la zone Sud, et son rapport a été présenté au congrès par Si Ouamrane de sa part après une absence excusée à cause d'une urgence[1]. Au cours de ce congrès, il sera désigné comme colonel de la wilaya VI du Sahara et membre suppléant du Conseil national de la révolution algérienne (CNRA). C'est à la wilaya VI que je l'ai rencontré avec mon père pour la première fois comme je l'explique dans le chapitre 5.

Toute personne qui rencontre Si Chérif ne peut être qu'impressionnée – je dirais même charmée – par sa gentillesse et son amabilité. Le colonel Si Chérif est bon par nature. Il était très accessible et approchable. Il avait aussi un sens aigu du patriotisme. Élevé dans un milieu religieux, il est imprégné des principes musulmans de la droiture, de la patience, de l'amour pour autrui.

L'essentiel du complot tel que nous l'avons vécu

Un matin, alors que Si Abdelkader et moi profitions d'une belle journée ensoleillée d'hiver sous les pins élancés et verts de la forêt d'El-Amiche, nous recevons la visite surprise du Dr Salim chevauchant un beau cheval blanc qui remuait au vent avec majesté sa longue crinière. Arrivé à notre hauteur, il descend, essoufflé et d'un air un peu anxieux et perturbé. Après le salut traditionnel, il nous annonce qu'il vient juste de soigner Ben Saïdi d'une blessure au bras droit au niveau du coude. Perturbé et un peu angoissé, il nous relate ce qu'il venait d'apprendre de vive voix de Ben Saïdi :

— Alors que nous allions à la rencontre du colonel Si Chérif qui nous a convoqués, nous sommes tombés dans une embuscade que nous a tendue *El-Akria* (voulant dire l'armée française). J'étais en compagnie de Rouget. Moi, j'ai été blessé au bras, mais j'ai pu m'en sortir. Par contre Rouget a été tué. D'ailleurs, j'ai pu récupérer sa Beretta et son burnous que je vous remets. Je pense avoir été touché par une balle de fusil Garant. Le reste de mon groupe qui m'accompagnait en est sorti indemne. On s'est dispersé dans la forêt puis nous nous sommes tout de suite regroupés. Je dois rejoindre de toute urgence la zone 1, ma zone d'origine. C'est pour cela que je reprends la route dès ce soir.

— Ben Saïdi, je te suggère de patienter ici quelques jours pour te remettre de ta blessure. Tu vas souffrir davantage si tu ne donnes pas assez de temps à

---

1. Suivant le procès-verbal de la première séance du congrès de la Soummam dans Mohammed Harbi, *Les Archives de la révolution algérienne*, Editions Jeune Afrique, 1981, p. 160-162. Si Chérif (Ali Mellah) faisait partie, avec Si Ouamrane et Si M'Hamed, d'une des équipes du congrès (Benyoucef Ben Khedda, *Abane – Ben M'hidi : Leur apport à la Révolution Algérienne*, Editions Dahlab, 2000, p. 29). *Note de LM.*

ta blessure de se stabiliser. Toi et ton groupe devrez vous reposer après cette épreuve, répond Dr Salim.

— Non, je dois partir ce soir à la tombée de la nuit.

Et Dr Salim finit son récit par les remarques suivantes :

— Sa blessure n'est pas celle d'une balle Garant, mais plutôt d'une balle de pistolet calibre 9 mm, peut-être d'un 9 mm autrichien. De plus, j'ai été frappé par son regard, celui de ses djounoud qui l'entouraient et ceux qui étaient à l'extérieur. C'étaient des regards tout à la fois méchants, inquiets et méfiants. Ils étaient à peu près cinq à l'intérieur et six à l'extérieur faisant la garde, doigt sur la gâchette. Je vous suggère de lui rendre visite tout de suite pour que vous puissiez vous rendre compte vous-même de la situation, conclut Dr Salim en ajoutant :

— Il y a quelque chose de louche dans tout cela ! J'attends votre retour pour qu'on puisse en discuter et échanger nos points de vue.

Sans tarder, Si Abdelkader et moi chevauchons deux chevaux et prenons la direction de l'endroit que nous a désigné le Dr Salim et que nous connaissions bien. Si Abdelkader, d'un ton ironique et un peu sarcastique, fait la remarque suivante :

— Ceci est notre première enquête journalistique de *Sout El Sahra* en notre qualité d'agents de la presse et de l'information.

Quelle drôle d'enquête ! Après dix minutes nous étions à la hauteur du gourbi qui abritait Ben Saïdi et ses hommes. Cinq djounoud étaient positionnés autour du gourbi, en état d'alerte, doigt sur la gâchette. J'ai reconnu l'un d'entre eux. Il s'agit du sergent Aïssa Benkhouya, un proche parent de Ben Saïdi. Je le salue. Il nous annonce. Si Abdelkader et moi entrons dans le gourbi.

— *Ahla* Si Abderrahmane et Si Abdelkader. *Guarbou. Rayhou.* Bienvenue Si Abderrahmane et Si Abdelkader. Approchez-vous et asseyez-vous. C'est en ces paroles que nous accueille Ben Saïdi.

— *Wach sar ?* lui demandais-je. Que s'est-il passé ? Dr Salim vient juste de nous annoncer ta présence et le malheur qui t'est arrivé.

Bien entouré par ses compagnons, armes au poing, Ben Saïdi nous raconte à voix basse ce qui lui est arrivé. Il nous répète ce qu'il a déjà dit au Dr Salim. Allongé sur un matelas, le buste reposant sur un oreiller, son bras tenu par une bandoulière, il est visiblement affaibli par sa blessure. Il nous signale qu'il a échappé à la mort et qu'il a pu récupérer la mitraillette Thompson de Rouget, sa montre[1] et son burnous criblé de chevrotine. Il termine en disant :

---

1. Cette montre était plaquée or et avait un bracelet aussi plaqué or. Elle indiquait les jours du mois et les différentes phases de la lune. Je l'ai donnée après à Boumahdi Hamid *alias* « Bachir », un jeune de mon village qui avait été désigné par Si Chérif pour aller poursuivre

— Je dois regagner la zone 1 de toute urgence et rejoindre le reste de ma compagnie qui s'y trouve déjà.

— Mais Si Chérif tu es affecté à la zone 2 pour poursuivre sa pénétration et son expansion, lui dis-je.

— Si Abderrahmane, les choses ont changé maintenant. Je dois à tout prix regagner mon ancienne zone. D'ailleurs, je démarre dans très peu de temps, bien avant le coucher du soleil, nous répond-il, d'un air décidé, sec et cassant.

Et c'est en ces termes que s'est terminée notre discussion. Sur ce, Si Abdelkader et moi le saluons et le quittons. Nous rejoignons tout de suite le PC où nous attendait le Dr Salim.

— Alors quelle est votre impression ? Il y a quelque chose de louche dans tout cela, n'est-ce pas ? dit Salim.

— Oui, effectivement, c'est très louche tout cela et c'est inquiétant. La rencontre n'était pas du tout fraternelle. Bien au contraire. Les regards de presque tous les membres de son escorte étaient hagards, montrant beaucoup de méfiance. Tout cela n'est pas un bon signe. Que faire ?

— Observer. Être à l'écoute et à l'affût. Être prudent. Attendre et s'informer vite, répond Salim.

— Oui, dorénavant, il faut être très prudent et même méfiant. Il faudra prendre contact tout de suite avec des compagnons de confiance pour s'enquérir de la situation, dis-je.

Si Abdelkader ajoute :

— Le secrétaire de Si Chérif que j'ai bien connu à mon arrivée dans la wilaya et qui était à ses chevets m'a effrayé par son attitude froide et réservée à mon égard.

— Moi aussi j'ai eu la même impression. Pourtant c'est un parent éloigné du côté de ma grand-mère, ajoutais-je.

Sur ce, Salim chevauche son cheval et rejoint son infirmerie à grand galop. Si Abdelkader et moi décidons d'alerter le commandant Si Abderrahmane Djouadi en envoyant une missive par l'intermédiaire de notre agent de liaison Rouane. Nous ne doutions pas du tout que Si Abderrahmane Djouadi avait déjà été assassiné. Par ailleurs, on choisit deux civils en qui nous avions une confiance totale pour se rendre à l'endroit même où aurait eu l'embuscade en question. Ils retournent un jour après et nous annoncent que la population de la région leur a affirmé qu'aucune embuscade n'a eu lieu dans le coin mentionné par Ben Saïdi. Malgré ces faits bizarres et alarmants à la fois, Si Abdelkader et moi décidons de ne pas abandonner le PC.

---

ses études à l'étranger. Il partait vers le Maroc pour regagner la Tunisie en compagnie de Lounès, un autre jeune moudjahid de mon village, qui se trouvait en wilaya IV.

Après cette rencontre inopinée avec Ben Saïdi, une série d'événements vont se succéder, semant le doute sur ce que nous avait affirmé Ben Saïdi. D'abord, environ trois jours après sa rencontre, un agent de liaison civil nous remet une petite musette dans laquelle se trouvaient entre autres huit à dix cartouches de fusil de chasse. Sur certaines de ces cartouches était inscrit en arabe *La ilaha illa Allah (Il n'y a pas d'autre dieu qu'Allah)* ou *Allahou Akbar (Dieu est grand)*. À la question « où as-tu trouvé cette musette ? », il nous répond l'avoir trouvée à la lisière de la forêt en bordure d'un sentier fréquenté par les moudjahidine et la population de la région. Cette trouvaille nous intrigua. Qui a perdu ces cartouches, quand, comment ? De plus, les agents de liaison nous rapportent des rumeurs qui ont circulé au marché de Boghari. Ces rumeurs, véhiculées par les paysans de la région, font état de conflits sanglants entre les djounoud arabes et kabyles de la wilaya, sans autre précision.

Ensuite, un soir à la tombée de la nuit, nous recevons la visite impromptue d'un sous-officier de la wilaya porteur d'une lettre qui m'était destinée et d'un ordre de mission signé par Ben Saïdi le désignant comme capitaine de la zone 2. Cet ordre de mission invitait tous les cadres de la wilaya à lui faciliter la tâche dans l'accomplissement de sa nouvelle mission. Si Abdelkader et moi étions surpris par le contenu et le style de cet ordre de mission. Nous ne manquions pas d'attirer l'attention du porteur dont le nom nous échappe que Ben Saïdi, en sa qualité de lieutenant, n'est pas habilité à nommer des cadres au-delà du grade d'adjudant. L'intéressé rétorqua qu'il n'entrait pas dans ces considérations. Malgré cela, nous l'avions bien accueilli et nous l'avons invité à manger avec nous et même à passer la nuit afin que nous puissions faire le point le lendemain matin. Le moudjahid était armé d'une mitraillette Stern. Nous avions déjà allumé un feu de bois. Après un couscous, nous avons longuement parlé de nos expériences réciproques, de nos origines, etc. Il nous indique qu'il est un ancien militant MTLD de la région de Soumaa, de la Mitidja, et qu'il était un des sous-officiers de la katiba de Ben Saïdi. La discussion était « relax » et fraternelle. Souvent au cours de la discussion, on avait remarqué que notre visiteur était rêveur, pensif et même anxieux. Mais il avait une mine rassurante tant et si bien que nous n'avons même pas pris de précaution particulière malgré l'ambiguïté de sa situation. Après un certain temps Si Abdelkader et moi nous nous sommes endormis alors que notre visiteur est resté éveillé tout près du feu. Au matin, à notre réveil, notre visiteur avait pris le large sans crier gare. Nous aurions pu être assassinés dans notre sommeil ! Plus tard, nous avons appris que ce visiteur était envoyé par Ben Saïdi pour procéder à un « dernier nettoyage » de tout ce qui était suspect ou gênant. Nous avons conclu que notre accueil chaleureux et notre attitude à son encontre dénuée de toute suspicion l'ont peut-être amené à réexaminer sa mission et à renoncer à la sale besogne qui lui a été confiée. Il rejoint sa wilaya IV d'origine et s'engage à la tête d'un groupe de *fidaï*. Il est mort en chahid lors d'un accrochage avec l'armée française non loin de son village natal.

La lettre que me remet ce visiteur m'était adressée à moi personnellement. Sur l'enveloppe était portée la mention de « au frère Si Abderrahmane, Secrétaire de Wilaya ». Cette lettre est jointe en annexe[1]. Datant du 16 mai 1957, elle est signée de « Si Chérif ». Dans cette lettre, Ben Saïdi me dit qu'il attendait ma visite. Il ajoute qu'il a écrit plusieurs lettres et envoyé plusieurs rapports au colonel Si Chérif lui demandant de venir à la zone 1. Il me demande de lui indiquer comment le contacter. Il ajoute qu'à cause de nombreux accrochages avec les messalistes dans la région de Mora et Gouatfia, il manque de cartouches 9 mm et de cartouches pour fusils de chasse Centra et Broche. Il me prie de venir parce que, dit-il, nous avons beaucoup de choses à nous dire. Pour rendre sa lettre crédible, il termine en me demandant de passer le bonjour à Si Abdelkader et de recevoir le bonjour d'Aïssa Benkhouya.

En outre, des civils nous signalent, Si Abdelkader et moi, qu'une section formée d'éléments de Ben Saïdi s'est aventurée dans la région. Lors d'un déplacement la nuit en dehors du PC, nous avons failli rencontrer cette section. Nous avons couru pour nous éloigner d'elle et l'éviter en prenant refuge dans l'épaisse forêt de Glaba, une zone interdite. Si Abdelkader au cours d'un entretien que j'ai eu avec lui en août 2012 à Paris me fait remarquer qu'il n'a jamais couru aussi vite que cette fois-ci. « *El Harba !* [La Fuite !] » disait-il.

Ces séries de faits étranges nous ont convaincus que Ben Saïdi et sa clique avaient manigancé quelque chose de sordide dans la wilaya. À ce moment-là, nous sommes devenus plus vigilants et avons commencé à nous déplacer en permanence pour éviter de rester au PC. Nous avons aussi multiplié nos contacts pour en savoir plus. C'est aussi à ce moment-là que nous recevons la visite du commissaire politique Si Abderrahmane qui ne se trouvait pas loin de nous. Il nous confirme ce que nous avions suspecté déjà : le complot de Ben Saïdi qui se trame dans notre wilaya, et il nous donne de plus amples informations. Le complot est apparu au grand jour. D'ores et déjà, on apprend que Ben Saïdi, par l'intermédiaire d'un groupe de choc d'une trentaine de djounoud, dirigé par le sergent Benkhouya, un de ses proches, et la plupart originaires de sa fraction des Ouled Soltane, a procédé

1. C'est l'unique pièce d'archive que j'ai soigneusement conservée. Alors que Ben Saïdi avait déjà assassiné Si Chérif, il avait prétendu qu'il était à sa recherche pour le rencontrer et le mettre au courant des derniers développements. Il est intéressant de remarquer que Ben Saïdi avait mis au point un système avec ses partisans pour écrire « Wilaya 6 » à gauche et en haut de chaque correspondance en utilisant la lettre « E » couchée sur son dos comme code d'affiliation et d'identification.

à l'élimination de tous les éléments kabyles de la wilaya en commençant par le colonel Si Chérif lui-même et son secrétaire Moussa. Il était en possession du cachet de la wilaya. Il pouvait ainsi l'utiliser pour entériner ses actes perfides.

En accord avec Si Abdelkader et Si Abderrahmane, je rédige une lettre à l'intention de Si M'Hamed, commandant politique (futur colonel) de la wilaya IV, lui annonçant le complot et lui demandant de venir au secours de notre wilaya.

Le déroulement du complot

Il est difficile de décrire comment le complot s'est déroulé. Les témoignages obtenus décrivent des séquences de ce qui s'est passé. Nous-mêmes en notre qualité de témoins encore vivants, nous ne pouvons que rapporter ce que nous avions vraiment vu ou entendu. Toutefois, nous pouvons éventuellement faire des recoupements tout en signalant au lecteur qu'il ne s'agit que de cela. D'après Chaïd Hamoud[1], qui est comme moi un des rescapés de ce complot, le colonel Si Chérif avec son secrétaire Moussa et un agent de liaison du nom de Mellal Ali ont été les premières victimes du complot. Ils auraient été tués le 31 mars 1957 dans la région de Derrague, ex-Letourneau, en zone 2. Puis ce fut le tour de Rouget qui, dans une embuscade tendue par les hommes de main de Ben Saïdi dans le lieu dit Kermat-Chiha, a été tué alors que Ben Saïdi lui-même est blessé au bras droit, probablement par Rouget. Après son retour à la zone 1, Ben Saïdi va compléter, en un temps record, l'assassinat des autres éléments kabyles de la wilaya. À cette fin, il met sur pied une section formée de fidèles pour faire le sale boulot et dirigée par Benkhouya. Combien en tout ont été assassinés ? Certains ont avancé le chiffre de 300 frères[2]. Le secrétariat de la wilaya n'avait pas encore les statistiques et le détail des effectifs de la wilaya. Toutefois, d'après une note de renseignements des Archives du Service historique de la Défense (SHD)[3], il est signalé que la wilaya comptait, au moment du complot, 4 compagnies avec un effectif d'environ 110 hommes chacune, soit environ 440 combattants, une vingtaine de commissaires politiques.

---

1. Hamoud Chaïd, *op. cit.*, p. 113-116.

2. Chiffre donné par Chaïd : il y aurait trois cent, *op. cit.*, p. 115 et 121. Selon le journal *Paris-Presse l'Intransigeant* du 23 novembre 1957 il y aurait 190. Ce chiffre est basé sur des déclarations de Ben Saïdi lui-même. Selon Yves Courrière, il y aurait eu plus de mille morts. Le commandant Azzedine, dans son livre *On nous appelait fellaghas*, a avancé le chiffre de plus de mille, p. 123.

3. Archives françaises SHD 1H 1447 Note de Renseignements, Objet : Activités ALN – Synthèses de renseignements sur l'organisation de la wilaya 6 en date du 14 février 1957.

Les causes du complot

Yves Courrière, dans *La Guerre d'Algérie,* tome III, *L'Heure des colonels,* désigne ce complot comme « l'affaire de la wilaya 6 » et la décrit comme « un nouvel épisode sanglant de la lutte FLN-MNA pour le contrôle d'une région [...] elle n'en conduit pas moins à un affrontement où une fois de plus Kabyles et Arabes allaient s'entretuer »[1]. Cette appréciation d'Yves Courrière est sournoise et erronée. Il s'appuie sur une photo à la page 224 dans laquelle il montre d'une croix « Si Chérif [Ben Saïdi] » avec trois autres officiers de la wilaya VI. La personne montrée d'une croix n'est pas Ben Saïdi, mais plutôt le colonel Si Chérif (Ali Mellah), en compagnie du commandant politique Si Abderrahmane Djouadi, de l'adjudant Si Hacène et de l'aspirant Beckbachi. Elle est erronée parce qu'il ne s'agit pas d'un affrontement à bataille rangée où comme il dit « une fois de plus Kabyles et Arabes allaient s'entretuer ». Il s'agit plutôt d'un acte désespéré, insensé, certes horrible et impardonnable d'un Algérien « arabophone » qui a voulu se faire justice lui-même tout en tentant de prendre en main les leviers de commande de la wilaya. C'est une trahison. À lire Yves Courrière, le lecteur est tenté de croire qu'Arabes et Kabyles ont fréquemment l'habitude de « s'entretuer ». Ceci est une affirmation fausse. Toutefois, ce complot a failli tourner la population de la wilaya à majorité arabophone contre tout ce qui est kabyle et par là même faire déborder le conflit en un conflit sectaire au-delà des frontières de la wilaya VI.

Ceci étant, les causes du complot sont multiples. Il y a d'abord le fait qu'il y avait déjà deux chefs de la région qui avaient créé des maquis contre la France : Si Haouès dans la région d'Ouled Djellal-Bou Saada à l'est et Si Ziane dans la région de Laghouat et le Djebel Boukahil à l'ouest. Il fallait peut-être, dès le début, accorder la priorité à nouer le contact avec ces groupes et ces chefs avant de se lancer dans l'envoi d'un nombre important de cadres et de djounoud originaires de la Kabylie, dont beaucoup ne connaissaient ni l'arabe, ni la culture et les traditions de la région.

De plus, parmi les cadres qui ont été mutés, certains avaient commis des fautes graves. Au lieu de les punir, ils ont été mutés en wilaya VI par mesure disciplinaire, mais après avoir été promus à un grade supérieur. Comme dit le commandant Azzedine, certains par ce fait « se conduisaient en territoire conquis ». Parmi ces cadres mutés de la wilaya III à la wilaya VI figurait le capitaine Rouget. Parlant de Rouget, le commandant Azzedine dit que « ce tyranneau de village ne parlait que le kabyle et n'était d'ailleurs aucunement soucieux d'établir, avec une population qu'il méprisait, d'autres contacts que ceux, cruels et brutaux, dont il usait afin de satisfaire sa fringale sexuelle et

1. Yves Courrière, *op. cit., L'Heure des colonels*, p. 63.

ses ambitions personnelles. »[1, 2] Il faut ajouter à cela que Ben Saïdi et Rouget ne s'entendaient pas du tout à cause du fait que ce dernier avait commis plusieurs exactions dans le douar même de Ben Saïdi. Ils se méfiaient l'un de l'autre.

Il y a eu aussi un incident qui a eu lieu entre Ben Saïdi et un commissaire politique d'origine kabyle qui opérait dans la région d'Arthur (actuellement Tléta des Douairs)[3]. Ce dernier ordonna d'égorger le bétail (plus de 40 moutons) d'une mechta, malgré l'interdiction formelle de Ben Saïdi. Le soir, à son retour de cette mechta, lorsqu'il découvrit le carnage, Ben Saïdi explosa, furieux de colère. Il abattit de deux balles dans la tête le commissaire politique. Cette action, considérée comme un acte d'indiscipline, allait provoquer un froid avec le commandement de la wilaya.

Finalement, il semblerait qu'une lettre serait tombée entre les mains de Ben Saïdi émanant de la wilaya I et adressée au colonel Si Chérif dans laquelle ordre était donné d'abattre tous les chefs « arabes, peu sûrs et indisciplinés »[4]. Dans les interviews données à la presse coloniale, Ben Saïdi fait état de cette lettre[5].

Le secours de la wilaya IV et de la providence : Ben Saïdi démasqué

La wilaya IV n'a pas répondu tout de suite à l'appel qu'on lui a adressé. Toutefois, elle est intervenue après plus d'un mois. Le commandant politique (futur colonel) Si M'Hamed, accompagné du commandant militaire Si Lakhdar, du capitaine Si Tayeb El-Djoughlali, de Si Azzedine, chef du commando Ali Khodja rentrèrent en wilaya VI. Après une période de flottement, Ben Saïdi adressa une lettre à Si M'Hamed dans laquelle il exposait les raisons de son soulèvement contre les Kabyles. Pressé par la population, il fut contraint d'accepter l'invitation de Si M'Hamed de le rencontrer. La rencontre a eu lieu dans la région de Maginot. Je n'étais pas à

---

1. Commandant Azzedine, *On nous appelait fellaghas*, Editions Stock, Paris, 1976, p. 121-123.

2. Voir aussi les Archives françaises du Centre des archives d'outre-mer (CAOM) [remplacé par les Archives nationales d'outre-mer (ANOM)] carton 5Q/130 : « Renseignements sur l'organisation de la wilaya 6 (1957-1958). Mort de Rouget. Rouget serait mort au Sebt-Aziz (commune mixte de Boghari). Il aurait été tué par ses compagnons pour des histoires de femmes. En effet, il y avait quatre femmes à Sidi Aissa, deux aux Ouled Sidi Khelif et deux aux Ouled Zenim. Il avait tué leurs maris pour les approprier, il les menaçait et ensuite les prenait de force. (Source : date 23 avril 1957, Informateur RR.I.244/57) » (basé sur les notes de lecture de l'auteur). *Note de LM.*

3. *Paris-Presse l'Intransigeant* du 23 novembre 1957.

4. Les Archives françaises SHD 1H 3514, 1H 2591 et les rumeurs qui ont circulé au sein de la population dans la région du Kef Lakhdar, dont je n'ai entendu parler que récemment au cours de mon voyage dans la région et l'interview que j'ai eue avec un agent de liaison nommé Dahrib Ahmed Ben Hatek le 18 octobre 2011.

5. *Paris-Presse l'Intransigeant* du 23 novembre 1957.

cette réunion, mais j'ai rencontré Si M'Hamed et son escorte quelques jours plus tard. Si Azzedine, dans son livre *On nous appelait fellaghas*, décrit comment elle s'est déroulée. Ayant assisté à cette réunion, il est peut-être le seul responsable FLN vivant qui peut en parler en connaissance de cause. C'est pour cela que je reprends ici l'essentiel des faits tel qu'il les décrit :

> Dès que nous arrivions dans un village, j'alignais mon commando sur la place. Maniements d'armes, chants patriotiques [...] Puis nous nous retirons aux abords des mechtas, laissant Si M'Hamed et Si Lakhdar expliquer à la population ce que le FLN et l'ALN attendaient d'elle : « Nous menons la lutte sur l'ensemble du territoire algérien, et pas seulement à Constantine, Alger ou Oran. Les moudjahidine viennent de toutes les régions de notre pays. Ils sont paysan, ouvrier, artisan, étudiant, fonctionnaire, pêcheur, bucheron, berger [...] Tous frères unis dans le même combat contre l'oppression coloniale. Nous comprenons votre colère. Vous avez eu raison de ne pas admettre la façon dont certains responsables vous ont traités, vous, hommes de courage et d'honneur. Comprenez à votre tour, que les rancunes et les querelles fratricides profitent d'abord aux Français. Il est temps d'y mettre un terme. » Et Si M'Hamed ajoutait : « Je veux voir Chérif Saïdi, je suis ici pour cela, pour discuter avec lui. »
>
> Chérif Saïdi se déroba plusieurs jours. Après avoir pris contact avec un petit poste français et négocié un éventuel ralliement, il écrivit une lettre à Si M'Hamed (où il exposait les raisons du soulèvement anti-kabyle) et signait, se gratifiant lui-même du grade, « capitaine ». Avec son intuition coutumière, Si M'Hamed évalua le bonhomme : dangereux, certes, mais manœuvrable, à condition de flatter son orgueil démesuré. Pressé par la population, Chérif Saïdi accepta l'invitation. Nous établîmes un campement aux environs de Maginot et y conviâmes les chefs des villages de toute la région. Mon commando encercla le camp.
>
> Chérif Saïdi arriva à la tête de sa bande : une vingtaine de réguliers armés de fusils de guerre et cent cinquante fellahs munis de fusils de chasse qui s'installèrent à l'écart. Chérif Saïdi, plein de superbe, salua en ces termes les chefs de la wilaya IV :
>
> — Je suis sous les ordres de la Révolution et je n'ai pas à fuir la discipline révolutionnaire.
>
> Son regard se glaça :
>
> — Je tiens cependant à clarifier certaines choses. Si M'Hamed l'apaisa d'un geste :
>
> — Nous sommes ici pour t'écouter. Viens t'assoir à ma droite et dis-nous ce que tu as sur le cœur.
>
> Chérif Ben Saïdi raconta alors l'attaque ennemie où ses hommes avaient été abattus par l'aviation, les insultes de Rouget, etc. Les notables l'approuvèrent en hochant la tête, quand dans une envolée lyrique il justifia son crime :

— J'ai liquidé Rouget parce qu'il faisait du tort à notre cause. Il prenait nos filles, la pureté de nos familles [...]

En jouant au défenseur des vertus tribales, Saïdi le sanguinaire ne pouvait que contenter ces hommes fiers qui avaient été blessés dans leur honneur. Si M'Hamed écoutait tranquillement, et soudain demanda :

— C'est toi aussi qui a tué le colonel Ali Mellah ? Un brave estimé de toute la population. Pourquoi l'as-tu exécuté ?

Chérif Saïdi se raidit :

— Je crois que c'est Rouget qui a tué le colonel. Je ne suis pas responsable de sa mort. D'ailleurs, personne n'a retrouvé son corps [...]

Si M'Hamed abandonne le sujet. Il n'a aucune preuve tangible de la félonie de Chérif Ben Saïdi et les notables n'accepteront pas de simples présomptions.

— J'aimerais examiner les comptes de la wilaya, dit-il.

Un étudiant, secrétaire-trésorier de Chérif Saïdi, apporte un cahier où sont notées les recettes et les dépenses de la wilaya. Le garçon commence à lire : « Dans les poches de Rouget, nous avons trouvé telle somme, tels papiers, tels objets [...] » Si M'Hamed observe les notables. Chaussés de bottes de cuir rouge, enveloppés dans leurs amples burnous blancs, ils paraissent très intéressés. « Quel homme honnête, Si Chérif, doivent-ils penser. Non seulement il a liquidé Rouget, mais il a porté dans son livre de comptes son argent personnel [...] » Le secrétaire poursuit sa lecture : « Dans les poches d'Ali Mellah, on a trouvé un million et demi, l'argent des cotisations ». Si M'Hamed sursaute. Il éclate :

— Tu sais donc qu'Ali Mellah est mort ? Qu'as-tu fait de ce million et demi[1] ?

Yeux écarquillés, Chérif Saïdi simule l'étonnement. Mais ses mains tremblent :

— Je n'ai pas récupéré l'argent.

— Pourquoi alors ton trésorier vient-il de parler du cadavre du colonel, de l'argent trouvé dans ses poches ?

Blême, Chérif Saïdi crie :

— Qui t'a dit d'écrire cela ?

— Mais toi, Si Chérif, après l'avoir tué !

L'assistance murmure. Sans se départir de son calme, Si M'Hamed intervient. Il pourrait arrêter sur-le-champ Chérif Saïdi, mais il estime plus efficace de le forcer à commettre une ultime bêtise :

— J'exige des détails. Mais il est tard. Nous sommes tous fatigués. Allons manger. Nous reprendrons la réunion à la fin du dîner.

La séance est levée. Si M'Hamed et Si Lakhdar, qui dînent avec les notables, m'appellent et me glissent discrètement :

1. D'après un rapport du capitaine Roux, chef du 2e bureau de S.A.S. du secteur d'Aumale, Ben Saïdi a récupéré beaucoup d'argent comme fruit de ses assassinats, entre 20 et 27 millions de francs suivant les sources. Archives françaises SHD 1H 3514.

— Azzedine, Chérif Saïdi va se tailler avec sa bande. Fais semblant de ne pas les voir et ne tire pas dessus [...]

— Mais pourquoi ? Il vient de donner la preuve de sa traîtrise. C'est le moment de l'éliminer !

— Non. Les chefs de village ne sont pas encore absolument convaincus. Si on le contraint à s'expliquer, il est fichu de faire encore diversion. En revanche, si on le laisse s'enfuir, il signe définitivement son crime.

Je passe la consigne à mes hommes. En effet, quelques instants plus tard, Chérif Saïdi déguerpit au pas de course. Comme si de rien n'était, je pénètre sous la tente où dînent mes amis.

— Où est Chérif Saïdi ? demande Lakhdar. Dis-lui de venir.

Je sors, me balade un peu et reviens sous la tente :

— Je l'ai cherché dans tout le camp. Il a disparu avec ses hommes.

— Pourquoi a-t-il fui ? Je ne comprends pas [...]

Un brouhaha répond à Si M'Hamed. Les notables parlent entre eux à voix basse. Un vieux, au port de tête solennel, se lève :

— On a compris. Si Chérif est allé se rallier à l'armée française. C'est bien lui qui a tué Ali Mellah. Maintenant nous sommes à ta disposition. Désigne un responsable [...] Mais partez vite. Demain les Français seront là.

Nous pliâmes nos bagages et, après une trotte qui dura toute la nuit, nous arrivâmes à Kef-el-Lakhdar, le « ravin vert », près de Maginot.[1]

C'est ainsi que le « fractionnement, péril le plus redouté des dirigeants de la révolution » qui venait de faire son apparition, comme a dit Courrière, a été vite éloigné en trois mois à peine, grâce à la sagesse visionnaire et au flair politique de Si M'Hamed qui, connaissant bien les coutumes et traditions des gens du Sud, a su vite dissocier Chérif Ben Saïdi de l'appui et de la confiance que les notables de la région lui avaient accordés. Ben Saïdi a été finalement démasqué. Le secours de la wilaya IV a porté ses fruits et a sauvé « la révolution du péril le plus redouté des dirigeants ». Mais la providence allait aussi offrir un appui inespéré et tout à fait inattendu. Le commando de Si Azzedine tendit une embuscade dès son arrivée à Kef-el-Lakhdar à deux sections ennemies qui patrouillaient dans la région. Si Azzedine déclare que « ces deux sections ont été hachées par les feux croisés des armes automatiques, les soldats roulèrent le long du talweg. Le terrain fut nettoyé en moins de cinq minutes du commando. Nous récupérâmes environ soixante-dix armes environ. Le gendarme arabe et un caporal furent faits prisonniers »[2]. Si Azzedine ajoute que « Si M'Hamed était heureux. En démasquant Chérif Saïdi, il avait retourné la situation

1. Azzedine, *op. cit.*, p. 123-127.
2. Azzedine, *op. cit.*, p. 127.

psychologique, politique et militaire du Sud. »[1] Si M'Hamed écrivait à Boualem Oussedik, responsable de la presse et de l'information de la wilaya IV pour clore ce chapitre douloureux de notre révolution et de la wilaya VI : « Je viens de me rendre compte que nous, responsables du Nord, avons conservé les séquelles regrettables de la vieille mentalité coloniale. Or, le peuple admirable du Sud est d'un côté victime des exactions d'un Chérif Saïdi, et des pressions du pouvoir colonial ; de l'autre, il subit notre propre comportement arbitraire. Dès que chez nous quelqu'un commet une faute, on le mute dans le Sud pour le punir. Comment, dans ces conditions, encadrer convenablement la wilaya VI ? Nous venons de dissocier Chérif Saïdi du peuple. Il est indispensable de continuer. Le Sud fait intégralement corps avec notre patrie. Insistons fermement pour qu'il ne soit plus pénalisé et reçoive désormais un encadrement politique et militaire valable, digne de son courage, de sa fière résistance. C'est ce que je crois et c'est ce que je fais. »[2] J'ajouterais pour ma part que le Sud a aussi ses hommes et ses cadres de valeur. Il faut en tenir compte et les mettre en évidence, sinon, l'argument de « colonialisme » utilisé par Ben Saïdi pour se faire valoir auprès des siens et pour perpétrer ses crimes nous hantera à chaque fois.

Pour ma part, je n'ai pas assisté à cette réunion historique, mais je suis arrivé sur les lieux juste quelques jours après cette embuscade de la wilaya IV. Je suis resté un jour avec les hommes de la wilaya IV et en particulier avec Si M'Hamed et son escorte. C'est d'ailleurs au cours de cette rencontre que Si M'Hamed a pris l'heureuse initiative de reconstituer en partie l'encadrement supérieur de la wilaya. Il me désigne comme commandant Liaison et Renseignements par intérim, Si Tayeb El-Djoughlali comme colonel par intérim et Si Abderrahmane comme capitaine par intérim. Ce faisant, il met sur place une petite équipe pour reprendre en main le commandement de la wilaya et combler le vide provoqué par Ben Saïdi[3]. Je me souviens avoir assisté à la levée des couleurs et au chant de l'hymne national et d'autres chants patriotiques. Toute la population des villages environnants était alignée pour assister à ce fait d'armes qui a donné espoir aux gens de la région. C'était la première fois qu'ils avaient vu autant d'armes récupérées sur l'ennemi par l'ALN, qu'ils pouvaient voir ces jeunes du commando Ali Khodja, bien habillés et alignés d'une manière impeccable et ces deux prisonniers français qui étaient là, traités d'une manière honorable. Un tableau mémorable de l'ALN et de la lutte armée. Chérif Ben Saïdi avait définitivement perdu son pari !

---

1. Azzedine, *op. cit.*, p. 128.
2. Azzedine, *op. cit.*, p. 129.
3. La wilaya IV, et en particulier Si M'Hamed, seront blâmés à tort par le CCE pour avoir pris cette initiative. Cette attitude très bureaucratique du CCE montre bien comment l'extérieur était déconnecté de la réalité du terrain et des besoins vitaux de la lutte.

Le ralliement de Ben Saïdi

Contrairement à ce qui a été affirmé par Si M'Hamed, Si Azzedine, Si Abderrahmane, Yves Courrière et bien d'autres qui ont écrit sur cette affaire Ben Saïdi et de son ralliement, ce dernier ne semblerait pas avoir pris contact avec l'armée française avant de réaliser son complot et d'accepter de rencontrer Si M'Hamed, ni tout de suite après sa rencontre avec Si M'Hamed.

D'après des documents recueillis auprès les Archives du Service historique de la Défense (SHD)[1] du Château de Vincennes, les contacts ont été pris à peu près trois mois après son coup. Il a été favorisé par un concours de circonstances qui a facilité le ralliement. Mais avant de se rallier, Ben Saïdi rejoint la région de Kef El-Lakhdar. Là il annonce à ses hommes « qu'il va rassembler les armes de guerre pour constituer un commando destiné à attaquer les Français, afin de récupérer davantage d'armement ». Ce projet ne se matérialise pas.

En réalisant son horrible complot, Ben Saïdi pensait-il obtenir gain de cause en liquidant Rouget ? Comptant sur l'appui des notables des sept douars qui lui avaient prêté allégeance, aspirait-il peut-être à prendre en main la wilaya VI ? Il semblerait que grâce à l'appui qu'il a reçu au départ de la population, il serait en quelque sorte plébiscité par cette même population et éventuellement nommé comme chef de la wilaya VI. Selon les informations recueillies dans les archives de l'armée française, il a mis plus de trois mois avant de se rallier à la France. Avant ce temps, il va rester dans sa région.

Mais traqué de tous côtés, Ben Saïdi envisage la seule solution qui lui reste pour sauver sa vie : se rendre aux Français. Vers la mi-juin 1957, il prend un premier contact avec le lieutenant du 5e Bureau du secteur d'Aumale, puis au quartier de Masqueray, où son oncle est garde champêtre. Une lettre est adressée à Aïn-Boucif. Elle est difficilement déchiffrable. Le chef de poste prévient la voie hiérarchique, rien ne s'est fait. Puis, Ben Saïdi reçoit une lettre du capitaine Desgranges datée du 27 juin 1957 dans laquelle ce dernier l'informe « qu'il a fait voir sa lettre au général Simon et au colonel Moissenet, que ses supérieurs acceptent son ralliement et lui demandent d'envoyer un *rekkas*, (c'est-à-dire un guetteur) le 4 ou 10 juillet pour lui annoncer que lui et ses troupes sont dans les environs »[2]. Le 10 juillet 1957, le capitaine Roux, chef du 2e Bureau de la SAS (Sections administratives spécialisées) du secteur d'Aumale, résume les « deux

1. Archives françaises SHD 1H 1214 et 1H 3514.

2. Série de documents transmis par le capitaine Roux, le 4 octobre 1957 dont l'historique du ralliement de Ben Saïdi. Archives françaises SHD 1H 3514.

thèses » qu'il a entendues lors d'une mission effectuée à Maginot au sujet de l'affaire Si Chérif, résumée par le colonel Crétiénot :

– ou bien Si Chérif vient demander l'aman, pour lui et ses hommes, en apportant ses armes et fait la guerre avec nous

– ou bien Si Chérif vient demander l'aman, pour lui et ses hommes, en apportant ses armes et « prend sa retraite. »

Le colonel avait ajouté qu'aucune directive n'a été donnée ; l'aventure semblant « risquée ».

Les choses vont se préciser tout de suite après. En effet, l'adjoint du camp de la SAS de Maginot qui s'appelait adjudant Frachet a connu Ben Saïdi en Indochine en 1952. Ils étaient compagnons dans le commando de Hoa-Hao. Frachet a servi plus de 4 ans dans ce commando. Il arrive à Maginot vers la fin mai ou début juin après avoir postulé à ce poste de la SAS qui était annoncé dans les journaux. Le 14 juillet 1957 vers 23 heures, Ben Saïdi se présente chez Frachet et annonce qu'il est prêt à se rallier. Le 20 juillet 1957, le « bataillon Si Chérif se ralliait officiellement »[1] et défile dans les rues d'Aïn Boucif.

Les forces de Ben Saïdi vont constituer ce qui sera appelé officiellement Forces auxiliaires franco-musulmanes (FAFM). La France va l'équiper en pataugas, rangers, PM 38, Mas 38, fusils de guerre 7-15 et mousquetons, fusils lance-grenade Mas 51 et FM 24-29, un command-car[2] et deux camions GMC. Cet armement va lui permettre d'équiper immédiatement un commando de 150 hommes disponibles dès le 20 août 1957. Ben Saïdi va opérer dans une zone d'action approuvée le 25 juillet 1957 par le général commandant le corps d'Armée d'Alger. Elle entra en vigueur le 28 août 1957. Les accords secrets avec Ben Saïdi ont été consignés dans une note confidentielle du 22 août 1957 signée par le général Vallier commandant de la zone du Sud algérien et de la 20e Division d'Infanterie et précisant les conditions de recrutement, de contrôles routiers, d'échange de renseignements, prisonniers, documents, attitude vis-à-vis du MNA et mission de liaisons et de contrôle.

Les FAFM et les résultats de leur lutte contre l'ALN

Après le ralliement de Ben Saïdi, la France l'a autorisé à conserver le grade fictif de colonel pour maintenir la confusion au sujet du colonel Si Chérif, Ali Mellah. Toutefois, son grade effectif est celui de capitaine.

---

1. *Paris-Presse l'Intransigeant* du 23 novembre 1957. Dans ce reportage, le journaliste Jean Taousson rapporte que 190 membres du FLN ont été abattus.

2. Le command-car (mot anglais pour voiture de commandement) est un véhicule militaire avec équipement radio permettant de commander les unités. *Note de LM.*

Les FAFM ont été réorganisées en 1959. Elles sont articulées comme suit :

– Une compagnie de commandement et d'instruction
– 1° groupement (Maginot) comprenant les 3° et 4° compagnies
– 2° groupement (Maginot) comprenant les 5° et 6° compagnies
– 3° groupement (Aïn Boucif) comprenant les 1° et 2° compagnies.

L'effectif est porté à 720.

De juillet 1957 jusqu'à la veille de l'indépendance, Ben Saïdi a servi fidèlement la France avec ses FAFM en menant des actions souvent meurtrières contre l'ALN dans la zone d'action qui lui a été délimitée par l'ennemi. D'après les sources de l'armée française, les FAFM ont réussi à tuer plus de 300 éléments de l'ALN. Bien équipé par l'armée française, il avait souvent le dessus sur nous. Le Préfet du département du Titteri, dans un rapport au Délégué général en Algérie, daté du 5 juin 1961 affirme que « sur le plan de la lutte contre les rebelles, Si Chérif a obtenu d'excellents résultats [...] l'attitude du *djich* à l'égard de la population ; il est indéniable que de ce côté le bilan est plutôt négatif. »[1]

En juillet 1961, Ben Saïdi a été sollicité par l'ALN et les dirigeants du FLN de rejoindre leurs rangs. Il aurait été mis en demeure de passer au rang de l'ALN avec hommes, armes et bagages avant le 20 août 1961, date de l'anniversaire du congrès de la Soummam. Il s'est interrogé sur la position à adopter. Finalement à l'indépendance, il décide de rejoindre la France et de s'intégrer dans l'armée française.

Ma rencontre avec Si M'Hamed

En ce qui me concerne, j'ai quitté Si Abdelkader pour rejoindre Si M'Hamed de la wilaya IV qui a demandé à me voir, en ma qualité de secrétaire de la wilaya VI. Si M'Hamed se trouvait dans la région en compagnie du commandant Si Lakhdar, Si Azzedine, chef du commando Ali Khodja. Là avec Si Abderrahmane je vais rester en compagnie de Si M'Hamed, Si Lakhdar, Si Azzedine et le capitaine Si Tayeb El-Djoughlali. Je me souviens qu'à mon arrivée, après plus de quatorze heures de marche, juste avant la tombée de la nuit, j'ai trouvé le commando Ali Khodja en formation et en train de lever les couleurs de l'Algérie indépendante.

Si M'Hamed décide de relancer la wilaya VI en nommant à titre intérimaire Si Tayeb El-Djoughlali comme colonel, moi-même comme commandant Renseignements et Liaisons et Si Abderrahmane comme capitaine. Considérant que sa mission a été accomplie, Si M'Hamed retourne

1. Archives françaises SHD 1H 3514.

à sa wilaya en compagnie de Si Lakhdar, Si Azzedine et du commando Ali Khodja.

Si Tayeb El-Djoughlali et moi reprenons la route vers la zone 1 de la wilaya VI qui n'était qu'un squelette dépourvu de sa compagnie et de la plupart de ses cadres. Il fallait la reconstituer et se procurer les armes nécessaires pour ce faire.

12
Notre aventure en direction de la wilaya V pour récupérer les armes revenant à la wilaya VI[1]

Après la dissolution et la reconstitution de la wilaya VI, le commandant Si Tayeb El-Djoughlali nous a confié, par ordre, une mission de rejoindre la wilaya V pour récupérer les armes revenant à la wilaya VI. Alors, le capitaine Abdelkader (Amar Mouhoub) de la zone 3, wilaya IV, l'adjudant Tayeb Ezzetch (chef de la région d'El Bayadh en zone 8 de la wilaya V), le capitaine Chaïd Hamoud *alias* Si Abderrahmane et moi-même avons pris le départ vers l'ouest vers la fin de 1957[2].

On a fait le trajet Ouarsenis-Figuig. En route vers Figuig, on a rencontré les frères de la zone 3, wilaya IV. On a fait une fausse route sur l'aérodrome d'El Bayedh Sidi Cheikh. On a traversé du fil barbelé dans la région de Zouge Baghal à la frontière algéro-marocaine où on a failli tomber dans une embuscade.

L'accueil à Figuig du commandement de la zone 8, wilaya V nous a donné le désespoir[3].

Après un séjour à Figuig en novembre 1957, on a pris notre départ pour Oujda. Pendant notre séjour à Oujda chez Abderrahmane Hattab, on a rencontré le commandement de la wilaya V, notamment le commandant

1. Ce chapitre incomplet est basé sur des notes de l'auteur concernant la table des matières et le plan du livre. Pour encore plus d'informations sur les événements pendant cette période, voir aussi Chaïd Hamoud, *Sans Haine ni Passion*, p. 145-232. *Note de LM.*

2. Cette mission à la wilaya V et au Maroc devait durer tout au plus 15 à 20 jours, mais en fin de compte elle allait durer six mois ! (Chaïd Hamoud, *op. cit.*, p. 147). *Note de LM.*

3. Pour plus de détails sur l'accueil désespérant du commandement de la zone 8 de la wilaya V, voir aussi Chaïd Hamoud, *op. cit.*, p. 159-164. Après plus de dix-sept jours d'attente sans explications et ayant été empêché de visiter le PC de la zone 8 de la wilaya V pendant tout ce temps, l'auteur et Chaïd Hamoud dit Si Abderrahmane ont finalement pu rencontrer le chef de cette zone, capitaine Slimane, qui a seulement fait des reproches et un réquisitoire insultant de la wilaya IV. *Note de LM.*

Lotfi, le colonel Boumediene, et le colonel Boussouf[1, 2]. On a eu l'accord

1. Pour plus de détails sur ces rencontres avec le commandant Lotfi, le colonel Boumediene et le colonel Boussouf, voir aussi Chaïd Hamoud, *op. cit.*, p. 168-172. Après s'enquérir de l'objet de la visite, le commandant Lotfi, malgré une certaine maturité et une approche sympathique et agréable, n'a donné aucune explication ni fait aucune promesse et leur a demandé d'attendre. Après encore des retards de près de vingt jours sans explications, l'auteur et Chaïd Hamoud dit Si Abderrahmane ont finalement pu rencontrer le commandement de la wilaya V. Le colonel Boumediene, avec une certaine prudence, leur a reproché de s'être éloignés de l'intérieur, et il a dit que le problème était la responsabilité du CCE. Finalement, Mouloud Hassaine, un officier de la wilaya III envoyé aussi au Maroc, voyait leur déception, et grâce à son aide, une rencontre a pu être arrangée avec le colonel Boussouf vers la fin de décembre 1957. Le colonel Boussouf a encore donné un réquisitoire insultant de la wilaya IV, utilisant par exemple des mots comme *mikrada* (singerie) (ce qui montrait que cette affaire de l'histoire d'armes avait pris des proportions démesurées), et il a dit que des instructions sur le devenir de la wilaya VI avaient été confiées par le CCE au colonel Sadek (Dehilès Slimane) de la wilaya IV et que la réponse sur la question de la wilaya VI se trouvait à l'intérieur. Chaïd Hamoud a écrit : « Ainsi, notre mission touchait à sa fin. Il ne restait plus qu'à repartir sans résultats aucun, sans même une explication. Nous avions l'impression que notre venue inattendue à Oujda les avait gênés et qu'ils voulaient se débarrasser de nous sans nous bousculer [...] Nous étions quelques peu démoralisés par l'impasse où avait abouti notre mission. Venir de si loin et repartir sur sa soif, alors que nous nous trouvions tout près de la source, alors que nous pensions trouver la solution de notre problème seulement au niveau d'un membre de la zone 8 [de la wilaya V] ! » (Chaïd Hamoud, *op. cit.*, p. 169-170). *Note de LM.*

2. Chaïd Hamoud a fait un portrait mémorable et répugnant du colonel Boussouf lors de leur rencontre au Maroc à la fin de décembre 1957 : « [...] une personne à l'allure dynamique et autoritaire fit irruption. Notre visiteur prit place face à nous ; il jeta un regard à sa montre-bracelet et nous annonça qu'il n'avait qu'une heure à nous accorder. Il s'agissait de Abdelhafid Boussouf, membre du CCE. Nous aurions aimé avoir affaire à un autre membre du CCE, car sachant que lui-même avait été à la tête de la Wilaya 5 et qu'il n'était pas étranger à l'annexion de la partie Sud de la Wilaya 6 par la Wilaya 5, cette entrevue n'augurait rien de fructueux ni d'impartial. Pendant l'heure qu'il nous accorda, Boussouf parla sans interruption pendant environ 45 minutes. Il ressortait à l'évidence que lui aussi en avait gros sur le cœur au sujet des responsables de la Wilaya 4 [...] Nous retrouvions chez Boussouf l'utilisation du terme "mikrada" (singerie) pour qualifier certains agissements des responsables de la Wilaya 4 [...] Nous ne nous sentions pas concernés par le réquisitoire de Boussouf. Il semblait vouloir, soit nous prendre à témoins, soit simplement développer un sujet pour éviter d'être amené à parler longuement du problème de la Wilaya 6. Le temps passait ; nous voyions le moment où il allait lever la séance sans que nous n'ayions eu le temps de placer un mot. Par correction, nous n'osions pas regarder nos montres ; je me souviens que nous étions obnubilés par les aiguilles de la montre-bracelet de notre interlocuteur qui étaient bien apparentes. Ayant épuisé le sujet, il finit par nous donner la parole. Nous nous sentîmes d'abord obligés de donner rapidement notre point de vue sur le différend wilayat 4-5. Nous nous efforçâmes de lui expliquer que cette affaire avait pris des proportions démesurées à la suite d'une malheureuse histoire d'armes, que, s'il y avait de part et d'autre des responsables exaltés qui attisaient le malaise, il y avait aussi des responsables faits pour s'entendre, désireux d'engager un langage franc et fraternel. Nous lui avons ensuite posé la question sur le devenir de la Wilaya 6. Il nous dit alors que la Wilaya 6 demeurait Wilaya 6, que des instructions à ce sujet avaient été confiées par le CCE au colonel Sadek (Dehiles Slimane) de la Wilaya 4 qui s'apprêtait à entrer en Algérie via la frontière algéro-

pour rentrer en Algérie après l'achat de douilles, poudre, chevrotine, etc.[1]

Lors de ma rencontre avec le haut commandement de la wilaya V en compagnie du capitaine Si Abderrahmane à la fin de 1957, aucun membre n'a été suffisamment curieux pour nous demander de les informer sur le complot Chérif Ben Saïdi et d'expliquer les conditions du complot et les circonstances de la mort de Si Ali Mellah. Bien au contraire, ils ont fait preuve d'une apathie troublante et d'un manque d'intérêt accablant qui cachait mal leur autosuffisance et leur manque de solidarité révolutionnaire.

On a pris notre retour au maquis dans la wilaya VI après un séjour près de la frontière marocaine avec Si Abbas en décembre 1957 et une traversée de la frontière en janvier 1958 avec Si Djaber, le capitaine de la zone 1 de la wilaya V et son secrétaire Ali.

J'ai aussi rencontré Si Abdelaziz Bouteflika, un compagnon de maquis, près de la frontière marocaine au début de janvier 1958 alors qu'il quittait l'Algérie et je rentrai avec un convoi d'armes, de munitions et de matériel divers. J'ai échangé avec lui mon pistolet Colt 45 contre sa mitraillette Mat 49[2].

On s'est séparé avec Si Djaber et son secrétaire Si Ali, et on a continué notre avancée vers l'est où on a rencontré les membres de la CCI (Commission de coordination et d'investigation), le lieutenant Mamoun et le sous-lieutenant Megherbi *alias* « Si Yahia ».

On est arrivé à la wilaya IV où on a fait des randonnées. On a rencontré encore les frères de la zone 3, wilaya IV. On a participé à la réunion zonale avec le commandant Si Tayeb El-Djoughlali. On a continué vers Ouled Bouachra et on a rencontré Si Ahmed Arselane et le colonel Si M'Hamed, chef de la wilaya IV[3]. Le colonel Si M'Hamed a pris la décision de m'envoyer poursuivre mes études à l'étranger. J'ai aussi eu l'occasion de rencontrer, chez les Mazighi, mes parents pour la première fois en deux ans depuis que je suis monté au maquis.

Le colonel Si M'Hamed m'a dit en m'envoyant faire des études à l'étranger de construire l'avenir de l'Algérie sur des bases solides, d'être

---

tunisienne. Il ne nous donna pas d'autres explications : il nous dit simplement que nous allions trouver à l'intérieur matière à satisfaire notre curiosité. » (Chaïd Hamoud, *op. cit.*, p. 171). *Note de LM.*

1. L'achat de quelques armes était nécessaire, car la wilaya V avait pris possession des armes revenant à d'autres wilayas (voir Chaïd Hamoud, *op. cit.*, p. 163-164, 169-170). *Note de LM.*

2. Sur cette rencontre avec Si Abdelaziz Bouteflika, voir aussi Chaïd Hamoud, *op. cit.*, p. 179-180. *Note de LM.*

3. Pour plus de détails sur ces rencontres avec Si Ahmed Arselane et le colonel Si M'Hamed, voir aussi Chaïd Hamoud, *op. cit.*, p. 205-209. Alors que la partie sud de la wilaya VI avait été annexée par la wilaya V, la partie nord de la wilaya VI avait été annexée par la wilaya IV. *Note de LM.*

parmi des témoins vivants de ce que le peuple et l'ALN ont enduré et de contrecarrer les charlatans de demain qui vont mentir en essayant de s'accaparer de la révolution alors qu'ils n'y ont même pas participé. Il m'a dit : « Il va se passer beaucoup de choses demain à l'indépendance. Il y aura certains de nos frères qui auront survécu qui vont raconter des choses fausses et invraisemblables. Il faut que ceux qui ont été des véritables témoins puissent les contredire et contrer leurs dires et témoigner avec force et courage de ce qui s'est véritablement passé. »[1]

---

1. Le colonel Si M'Hamed (Ahmed Bougara) allait être tué et tomberait au champ d'honneur l'année suivante, le 5 mai 1959, lors d'un accrochage avec l'armée française à Ouled Bouachra près de Médéa. *Note de LM.*

13
La mort de notre compagnon Si Mouloud

Nous sommes en juillet 1958, en plein milieu de l'été. Notre marche vers le Maroc touche à sa fin. Il ne nous reste plus que deux longues étapes pour traverser la frontière algéro-marocaine, quitter le sol de l'Algérie et nous trouver en pays frère pour nous accueillir. Depuis notre départ de la région de Médéa fin avril – début mai 1958, nous avons surtout marché. Nous avons traversé la partie ouest de la wilaya IV en passant respectivement par Theniet El-Had, le massif de l'Ouarsenis et ensuite par la partie est de la wilaya V en particulier les régions de Tiaret, Frenda, Saïda, pour nous diriger vers le sud, bien au nord du Chott El-Gherbi et l'ouest en passant par El-Aricha avant d'entrer au Maroc par les Hauts Plateaux. Cette région est une zone de passage très utilisée par les moudjahidine d'autant que la frontière à ce niveau n'était pas encore touchée par la ligne Maurice.

Notre groupe comprenait au départ 5 officiers : capitaine Si Ali Lounici, *alias* Si Ali[1], capitaine Hamoud Chaïd *alias* Si Abderrahmane, lieutenant Abderrahmane Mami *alias* Si Mahmoud, lieutenant Abderrahmane Bentorkia *alias* Si Mouloud, et moi-même commandant Abderrahmane Megateli *alias* Si Abderrahmane. En passant par le PC de la zone 5, le capitaine Si Abderrahmane a préféré retarder son départ pour passer une journée avec les frères Si Ferradj, capitaine de cette zone, et les lieutenants Chaïb et Hocine Medeghri. Pour notre part, nous avons préféré continuer notre chemin pour arriver le plus tôt possible au Maroc.

Tout le chemin qui nous restait à faire était en zone interdite. Il s'agissait d'une zone assez plate, désertique, dénudée d'arbres. Elle était recouverte de touffes de *diss*[2] et d'alfa[3] parsemées d'herbes sèches brûlées par le soleil d'été. Pendant la journée, elle est surveillée par des avions d'observation

---

1. Si Ali qui a été mon compagnon jusqu'au Caire et qui a étudié en Allemagne de l'Est est décédé en 2010.

2. Une plante herbacée robuste aux feuilles rugueuses, originaire du bassin méditerranéen, qui peut atteindre une hauteur d'environ 2 à 3 mètres. *Note de LM.*

3. Une plante herbacée, originaire des régions semi-arides de l'ouest du bassin méditerranéen (l'Afrique du Nord et la partie ouest de l'Europe du Sud) et dont le nom vient du mot arabe *halfa*, qui pousse en touffes d'une hauteur d'environ un mètre dans de vastes nappes. *Note de LM.*

qu'on appelait « mouchards ». Ils font ce travail à deux. Nos frères de la wilaya V mirent à notre disposition cinq chevaux et deux agents de liaison, l'un civil et l'autre militaire. Le premier s'appelait Si Aïssa et le deuxième Si Mohamed. Ils devaient rester avec nous jusqu'à destination au poste ALN de l'autre côté de la frontière algéro-marocaine. De plus, ils nous ont approvisionnés pour le reste du trajet : de la galette, des dattes sèches, quelques boîtes de sardines à l'huile, des oignons et de l'eau.

Avant le coucher du soleil, nous prîmes la route. Notre programme est de marcher toute la nuit afin d'arriver avant le lever du jour à notre endroit de repos où nous devions passer toute la journée. Le guide nous informe qu'il faut accélérer la cadence afin de traverser une piste stratégique qui est patrouillée par l'ennemi. Il nous indique que les lumières qu'on voit au loin à notre droite sont celles d'un important poste militaire chargé de surveiller cette région qui est un carrefour important, une plaque tournante. On était au mois de juillet. Les jours étaient longs et les nuits courtes. Il faisait jour dès quatre heures du matin et le soleil ne se couchait pas avant huit heures du soir. Nous entamons notre étape aux environs de sept heures du soir.

Il fallait aller vite. Nos montures allaient nous aider à arriver à un endroit constitué de lits de ruisseaux desséchés, taillés dans le sable par les ruissellements de pluies. Cet endroit est propice pour camoufler nos montures. Il fallait, dès notre arrivée, les couvrir de *diss* et d'alfa et s'éloigner d'elles d'au moins deux kilomètres afin de nous blottir chacun au milieu d'une grosse touffe d'alfa dans une zone relativement plate mais bien couverte d'herbes sèches et d'alfa. Nous avancions alternativement au trot, au galop et à une cadence accélérée pour ne pas fatiguer nos bêtes, d'une part, et pour ne pas attirer l'attention des postes de surveillance d'autre part, car toute cette zone aux environs du poste et le long de la frontière était surveillée par des appareils d'écoute extrêmement sensibles destinés à détecter les vibrations au sol des pas, sabots des bêtes et autres mouvements.

Après plus de six heures de route, nous apercevons au loin le poste militaire qui avait quelques lumières allumées et le mouvement de quelques véhicules qui roulaient avec veilleuses allumées. Il était à environ quatre ou cinq kilomètres à notre droite. Notre guide militaire nous suggère d'être vigilants, de nous éloigner l'un de l'autre pour qu'il n'y ait pas une très forte concentration de vibrations provoquées par les sabots et de réduire sensiblement notre cadence. De plus, Aïssa nous informe que nous sommes très près de la piste et que nous devions la traverser le plus tôt possible pour ne pas être bloqués. Par mesure de sécurité, il nous devance pour s'assurer que la voie est libre et qu'il n'y a pas de danger. Nous marquons un temps d'arrêt jusqu'à son retour. Il était trois heures environ. À ce moment, toutes les lumières du poste sont allumées. Aïssa revient et nous demande de courir pour traverser le plus vite possible la piste pour ne pas être bloqués. Nous traversons la piste sans danger et continuons à galoper.

Après dix minutes environ, on aperçoit deux véhicules sortir du camp, feux allumés. On a tout de suite conclu que nous avions probablement été détectés par le système d'écoute et de radars en place sans toutefois en être certains.

Que faire ? Il nous restait à peine une heure environ avant le lever du jour. Il fallait arriver à l'endroit pour nous éloigner de nos bêtes. On accélère la cadence sans trop nous soucier du système d'écoute du poste militaire. Le temps pressait. On arrive à l'endroit prévu pour nous séparer de nos bêtes. Sans perdre de temps, on décharge notre ravitaillement et la gourde (*guerba*) d'eau et on commence à mettre en position nos bêtes dans les crevasses. Il fallait choisir celles qui étaient profondes et étroites pour bien abriter les bêtes et les cacher. On en a trouvé plusieurs qui nous donnaient satisfaction. On réussit à abriter quatre sans difficulté. On les ligote et les couvre de grosses touffes d'alfa stables cachant tout le corps et surtout la tête et le cou. Par contre, on a éprouvé beaucoup de difficultés à mettre en position la dernière bête qui refusait de descendre dans la crevasse. Aucune ruse n'a réussi. Entre-temps, le jour s'est levé et nous n'avions plus la protection de la nuit, mais nous devions quand même nous éloigner de cet endroit pour nous abriter dans un autre endroit plus loin. On se met tous à la pousser pour la mettre en position dans la crevasse. Après beaucoup d'efforts, on y arrive. On se précipite pour la camoufler, mais pas d'une manière satisfaisante. Bref, on n'avait pas beaucoup de temps pour mieux faire à cause de l'entêtement de la bête, mais surtout à cause du fait que l'ennemi était à nos trousses et le lever du jour qui faisait son apparition.

On cache tout à la va-vite, ne prenant avec nous que nos petites gourdes individuelles et nos musettes. Et on se met en marche au pas de course pour rejoindre l'endroit qui allait nous servir d'abri. Comme on était à découvert et pour éviter d'être repérés, tous mes frères ont enlevé leurs kachabia[1] qui étaient de couleurs vives, donc trop voyantes. Le seul qui a gardé la sienne était moi qui avais une kachabia que j'avais ramenée avec moi du sud lors de ma première mission au Maroc. Elle était de couleur sable ocre, très propice pour le camouflage, donc difficilement repérable.

Nous nous éloignons de nos bêtes, mais pas suffisamment. On arrive à un endroit où on décide de nous arrêter. Maintenant, le jour s'est levé et on n'avait plus la couverture de la nuit. On s'installe et on désigne Aïssa pour faire la garde. En même temps, on commence à analyser la situation dans

1. La kachabia est une robe longue et épaisse avec une capuche et tissée avec de laine ou de poils de chameau. Elle est portée par les musulmans de l'Afrique du Nord, notamment dans les régions semi-arides. *Note de LM.*

laquelle on se trouvait. À peine la discussion entamée qu'Aïssa vient nous annoncer qu'il a vu deux camions et une jeep se diriger vers l'endroit où on avait laissé les bêtes. Si Ali demande à Mouloud de vérifier l'information. Mouloud confirme la présence des soldats au loin et s'exclame : « Putain, ce n'est pas à une soixantaine de kilomètres de la frontière qu'on va crever ! ».

Les choses allaient se précipiter. D'abord, on entend au loin le bruit d'un moteur d'avion. C'était un Piper-cub[1], un avion mouchard, « *el mouchara* », comme on l'appelle, qui venait dans notre direction. Heureusement qu'il ne nous a pas surpris en marche. On se plaque au sol. Il s'éloigne de nous. Comble de malheurs ! Un avion de chasse T6[2] surgit on ne sait d'où et le rejoint. Tous les deux survolaient l'endroit où on a caché les bêtes. Les deux avions se mettent alors à sillonner en cercle autour de cet endroit. Il était clair qu'ils faisaient leurs rondes méthodiques pour se préparer à quelque chose. Puis un autre T6 les rejoint. Alors on assiste simultanément à deux choses à la fois : les deux T6 faisaient leurs rondes à basse altitude en alternant des ascensions et des descentes en verticale et les deux camions et la jeep roulaient en formation vers l'endroit où on avait laissé les bêtes. Après un certain temps, les deux T6 se mettent à mitrailler nos bêtes qu'ils venaient apparemment de découvrir. Utilisant leurs canons 20 mm, ils piquaient à tour de rôle et à plusieurs reprises avec une hargne sans mesure, déchargeant leurs balles sur nos bêtes pour les pulvériser. Avec cette opération, l'armée française nous a donc repérés et avait commencé son carnage. Ce « cirque » va durer à peine une quinzaine de minutes environ. Un des T6 retourne à sa base tandis que l'autre, en compagnie du mouchard, continue ses rondes d'observation et de surveillance pour éventuellement nous découvrir. Et l'ennemi nous offre ce spectacle en guise d'avertissement et de conditionnement. Il était environ huit heures du matin. Le soleil tapait déjà très fort et la journée s'annonçait longue et vraisemblablement

---

1. Un petit avion (cub) fabriqué par la société américaine Piper. Le Piper-cub était utilisé par l'armée américaine pendant la Seconde Guerre mondiale comme avion léger d'entraînement, d'observation, de liaison et d'évacuation. L'avion était aussi utilisé par l'armée française pendant la guerre d'indépendance algérienne pour, entre autres, la formation des pilotes et comme appareil d'observation. Cet avion peut voler à basse vitesse et très silencieusement, capable de surprendre les gens au sol. Depuis la Seconde Guerre mondiale, le Piper-cub reste l'un des avions les plus connus et les plus populaires en raison de ses caractéristiques de vol et de son faible coût. *Note de LM.*

2. Un avion de chasse fabriqué par la société américaine North American Aviation. Le T6 était utilisé par l'armée américaine pendant la Seconde Guerre mondiale, la guerre de Corée et la guerre du Viêt Nam comme avion d'entraînement, d'appui feu léger et de contrôle aérien avancé pour guider les chasseurs-bombardiers. L'avion était aussi utilisé par l'armée française pendant la guerre d'indépendance algérienne pour la formation des pilotes et comme avion de lutte contre les maquisards. *Note de LM.*

meurtrière. Le ciel était légèrement nuageux. Aucune brise ne soufflait pour nous donner un peu de fraîcheur.

On prend la décision de changer d'endroit et de nous éloigner davantage parce que les soldats étaient déjà à nos trousses. De plus, nous n'étions pas loin de l'endroit qui allait nous servir d'abri et de position de défense. L'endroit était juste derrière une petite élévation en forme de colline relativement plate qu'il nous fallait escalader le plus vite. Alors qu'on entamait l'escalade de la colline, le T6 et le Piper-cub reviennent vers nous et passent au-dessus de nous. Nous avons tout juste le temps de nous plaquer immobiles au sol en forme de boule avec nos têtes, nos pieds et nos mains cachés dans les touffes d'herbes sèches. Tous les deux mettent leurs moteurs en branle, particulièrement le T6, faisant ronfler leurs moteurs à fond au moment où ils piquaient. Cette manœuvre faisait partie de la cérémonie d'intimidation et de la guerre psychologique que nous menait l'ennemi pour nous effrayer et affecter notre moral.

Dès que le T6 penche de l'autre côté en s'éloignant de nous, nous montrant son ventre, il ne pouvait plus nous voir. C'est à ce moment précis qu'on court ensemble à toute vitesse pour passer à l'autre versant de la colline pour ne pas être vus par les soldats. Il fallait à tout prix arriver à l'endroit qui allait nous servir d'abri pour la journée. Malheureusement, Mouloud ne nous a pas suivis. Il était resté cloué à l'endroit où on l'avait laissé. Mahmoud nous a raconté que Mouloud avait été blessé lors d'un accrochage avec l'ennemi par une rafale de mitrailleuse de T6, et que depuis, il en avait gardé un souvenir terrible, une frousse effroyable qui, pendant quelques instants le paralysait. Marqué par cette unique expérience, il en était resté traumatisé. En attendant, on s'installe rapidement dans l'endroit. C'était un escarpement formé par les ruissellements des eaux de pluie qui avait l'avantage d'être bien fourni en herbes sèches, assez hautes pour nous camoufler. Chacun de nous se blottit dans ces herbes sèches tout en arrachant des touffes pour bien se camoufler. Pendant tout ce temps, l'avion T6 et le Piper-cub continuaient leurs rondes et leurs piquages pour nous identifier tout en s'éloignant de temps en temps. Mais nous faisions très attention de ne pas bouger et de ne pas exposer nos visages, bras et pieds afin de ne pas être repérés. Pendant ce temps, Mouloud ne nous avait pas encore rejoints. Cela faisait à peu près une dizaine de minutes qu'on s'était séparé de lui.

Il fallait prendre des décisions de toute urgence pour, d'une part, reprendre contact avec Mouloud et, d'autre part, nous préparer à affronter l'ennemi dans un « combat très inégal » bien que pour l'instant nous étions cloués au sol par la présence permanente du T6 et du Piper-cub. Fallait-il envoyer l'un d'entre nous pour retrouver Mouloud ? Comment nous défendre si on devait s'accrocher avec l'ennemi ? Comment mourir honorablement et courageusement ? Comment protéger les documents pour qu'ils ne tombent pas aux mains de l'ennemi ? Quand la nuit tombe et au cas où il n'y a pas eu accrochage avec l'ennemi, que faire ?

On s'apprêtait à débattre ces questions quand tout d'un coup éclatent juste de l'autre versant de la colline un coup de feu d'une arme légère, un pistolet vraisemblablement, deux coups de fusil de guerre garants et une rafale de mitraillette. Ils étaient très rapprochés l'un de l'autre et pas très loin de l'endroit où on était. À ce moment-là, les deux avions faisaient des cercles plus petits juste au-dessus de l'endroit d'où étaient venus les coups de feu et volaient en rase-motte en faisant souvent des piqués. Très peu de temps après, un autre T6 les a rejoints en renfort. Ne s'agissait-il pas du même avion qui a mitraillé nos bêtes très tôt le matin ? On était tous convaincus que Mouloud a été accroché par les soldats qui étaient à nos trousses. Tout de suite après, l'ennemi qui était à nos trousses contourne la colline et fait son apparition sur son flanc est, à environ quatre cents mètres plus loin. Il était en file indienne, marchant prudemment en position de combat se dirigeant vers l'ouest c'est-à-dire vers nous. Je réussis à identifier environ une dizaine de soldats. Utilisant notre position privilégiée qui surplombe tout ce versant de la colline et profitant de ma fameuse kachabia, je les suivais tout en donnant un compte rendu de leur mouvement à mes compagnons qui faisaient tout pour ne pas être repérés par les avions qui survolaient toujours sur nos têtes.

À ce moment-là, on décide de nous débarrasser de tout le courrier qu'on portait avec nous en les enfouissant. On cache aussi, en espérant les trouver plus tard, toutes les photos que nous portions sur nous ainsi que tous les documents comme laissez-passer, ordres de mission, courrier, objets personnels et toute chose susceptible d'être utilisée par l'ennemi contre nous.

Il était maintenant à peu près neuf heures du matin. Le soleil s'était déjà bien levé. Le ciel était partiellement nuageux. La journée s'annonçait longue et dangereuse pour nous, pour ne pas dire fatidique.

Nous décidions de nous consulter pour affronter ce qui nous attendait : un combat très inégal et une mort certaine. Avec ma kachabia très adaptée au terrain, je faisais le guet tout en participant à la discussion. On tombe tous d'accord pour avancer que Mouloud venait d'être tué et que les deux premiers coups de feu de pistolet étaient vraisemblablement ceux tirés par Mouloud. Plus tard, cette version allait se confirmer.

Il fallait maintenant se préparer psychologiquement et physiquement pour le combat qui nous attendait. Nous étions tous armés de pistolet de différents calibres avec deux chargeurs chacun sauf l'agent de liaison militaire, Si Mohamed qui était armé d'un fusil Mauser allemand. On lui explique que c'était lui qui allait nous permettre de nous battre en essayant de tuer d'abord le chef de groupe qui portait une carabine US. On lui a expliqué qu'il fallait attendre que les soldats se rapprochent de nous le plus possible pour engager le combat et ceci dans le but de récupérer des armes qui nous permettraient de nous battre et éventuellement tuer le plus de soldats possible.

L'agent de liaison militaire Mohamed était à mon côté droit. Il sortit toutes les balles qu'il avait et les dépose sur un mouchoir qu'il tira de sa poche. Une à une, il les frotte soigneusement avec son chèche pour, en quelque sorte, les nettoyer et surtout les « réchauffer ». Il semblait murmurer des versets de Coran en faisant ce travail méticuleux.

Pendant ce temps, je continuais à observer l'ennemi. Il remontait vers nous en suivant le lit d'une seghia desséchée. Puis soudain, il prend une direction opposée à la nôtre, s'éloignant de nous et disparaissant de notre vue. Au même moment, deux explosions très fortes secouent le silence du désert dans lequel on était plongés. On aperçoit alors de la fumée qui monte vers le ciel à partir de l'endroit où a eu lieu l'explosion. Sur ce, les avions nous quittent et se dirigent vers le lieu des explosions, commençant à tournoyer en ronde et à basse altitude.

Cette nouvelle situation nous intrigue, mais en même temps nous donne une lueur d'espoir. Qu'est-ce qui a provoqué ces explosions ? Est-ce-que l'ennemi est en train de nous encercler pour préparer son attaque ? Est-il possible que l'ennemi, surpris par le courage de Mouloud, ait décidé de se replier ? Que faire entretemps ?

Tout en restant plaqués au sol, on tente de répondre à ces questions qui nous venaient à l'esprit. Chacun donne son point de vue. Toutefois, on tombe tous d'accord pour éviter de se faire repérer et de ne pas trop bouger, tout en gardant le silence le plus possible. Entretemps, le soleil continue sa montée dans le ciel, nous fouettant de ses rayons foudroyants de chaleur. Mais des nuages commençaient à se former. Petit à petit, la soif commence à nous saisir et nos bouches à s'assécher. Sans eau, nous n'avions qu'un seul recours : parler le moins possible et éviter de dépenser inutilement de l'énergie.

Les heures défilaient et tout était silencieux autour de nous. Il est maintenant presque quatre heures de l'après-midi. Nous commençons à reprendre espoir, à formuler des plans d'action. Tout d'un coup, un petit peu avant le coucher du soleil, un T6 nous surprend en remontant à rase-motte la seghia desséchée, passe au-dessus de nos têtes, fait demi-tour et revient sur son chemin. Cette virée crée encore plus de confusion. Que se passe-t-il encore ? Sommes-nous encerclés ? Allons-nous être mitraillés par le T6 ? Pourtant, l'avion nous quitte et disparaît à l'horizon. Le soleil va se coucher bientôt. Il faut maintenant agir. On décide de :

– savoir ce qu'il est advenu de Mouloud.

– s'il est mort, l'enterrer avec les honneurs d'un chahid.

– de prendre la route la plus directe et de traverser, si possible, la frontière demain matin.

– sinon faire une halte intermédiaire dans un endroit entièrement plat, mais garni toutefois d'alfa et de *diss*.

Faisant preuve de prudence, on se dirige vers l'endroit où nous pensions trouver Mouloud. Notre crainte s'est avérée juste. On le retrouve sur l'autre versant de la colline, dans une position bizarre, pas très loin de là où on était, là où on s'était séparé de lui. Il était couché sur son ventre, la tête enterrée dans le creux de ses bras croisés, le pied droit entièrement détaché de sa jambe, le fond de ses poches de pantalon entièrement sorti et vidé. À son côté gauche, on voyait une trace d'un autre corps qui aurait été traîné. On s'apprêtait à le renverser quand notre guide militaire Si Mohamed nous crie de ne pas le toucher. Il nous montre un fil de fer très fin autour de sa taille. L'ennemi avait mis une mine antipersonnel sous son corps dans l'espoir qu'en le retournant, on tire sur ce fil, déclenchant la mine posée sous son corps. Ceci provoquerait une explosion tuant ainsi tout ce qui se trouve autour du corps. On l'a échappé belle ! Quelle aubaine d'avoir eu quelqu'un parmi nous qui a pu, grâce à sa vue perçante, nous alerter du danger ! N'ayant aucune expertise en déminage, on s'est abstenu de faire quoique ce soit.

Tristes et très affectés par la disparition de notre cher compagnon Mouloud, nous récitons la *Fatiha* et nous saluons son corps, le laissant dans la position dans laquelle on l'a trouvé. On décide de prendre la route tout en faisant extrêmement attention à tout ce qui nous entourait. Il était environ neuf heures du soir. Il semblait que l'ennemi avait quitté les lieux et qu'il était possible pour nous de marcher debout sans avoir à ramper ni même à nous courber. La nuit était tombée et il faisait sombre. Les nuages avaient couvert presque tout le ciel. Un orage d'été semblait se préparer. On demande à notre guide de prendre la direction du Maroc et de faire en sorte que nous puissions traverser la frontière au matin. Il nous avertit que cela ne sera pas possible. Il faudra une autre étape, nous dit-il. De pied sûr, nous enclenchions notre marche à une cadence accélérée pour couvrir la plus grande distance possible.

Sans nourriture durant toute la journée, sans eau, on avançait lentement, avec difficultés. On était épuisés. Après deux heures de marche, le ciel était entièrement couvert par les nuages. Les étoiles avaient disparu. Notre guide n'avait que son expérience et sa connaissance du terrain pour s'orienter. Il essayait malgré l'obscurité de se situer en scrutant autour de lui le relief et la topographie, arrachant au fur et à mesure qu'on avançait des touffes d'herbes et recueillant des pincées de sol qu'il sentait pour connaître où on se trouvait. On lui demande si nous devions nous arrêter et si nous sommes sur la bonne voie. Il nous répond par l'affirmative. Alors on continue notre marche.

Tout d'un coup des éclairs sillonnent le ciel, suivis de tonnerre. La nuit devient plus sombre, les nuages plus épais et noirs. C'est l'orage qui s'annonce. Après environ une demi-heure de marche, des gouttelettes de pluie commencent à tomber puis une pluie torrentielle s'abat sur nous. On reprend vie. Bientôt des flaques d'eau nous entourent de partout. Nous étions entièrement mouillés. On reprend vie. On commence à parler. On n'avait plus besoin de rester silencieux parce que nos langues étaient collées au palais par manque de salive. On sort chacun notre gourde pour la remplir avec l'eau de pluie qui abondait autour de nous. Elle était jaunâtre et sablonneuse. On creuse le sol pour pouvoir remplir nos gourdes. Puis on se jette tous au sol buvant à même le sol comme des bêtes dans les flaques d'eau qui nous entouraient de partout. Nous nous désaltérons.

Cette bénédiction du ciel nous redonne espoir et énergie. On oublie pour un instant la faim et la fatigue et on reprend de plein pied le chemin. On marche presque sans arrêt. Le ciel s'était éclairci, il était maintenant plus facile de naviguer avec l'aide des étoiles. N'ayant plus soif, on avait plus d'énergie. On pouvait marcher plus vite et plus longtemps. C'est d'ailleurs ce qu'on fit jusqu'au lever du jour. À ce moment-là, chacun de nous choisit un bouquet d'alfa en arrachant les touffes du milieu et en s'y installant à l'intérieur, en se couvrant bien avec pour être bien camouflé. C'est ainsi que nous passions toute la journée sous un soleil de plomb. Heureusement que nous avions nos gourdes d'eau pleines de cette eau jaunâtre qui était pour nous une source de vie ! Ce jour-là aucun avion n'a survolé le ciel. Tout était calme. Aucune activité militaire n'a été détectée.

Dès le coucher du soleil, on quitte nos abris, nous reprenons la route, cette fois-ci avec la ferme intention d'entrer au Maroc au lever du jour. Le ciel était clair, sans nuages et la nuit paisible éclairée par une multitude d'étoiles. Nous gardions le silence et avancions à un pas accéléré. Notre guide, comme un chef d'orchestre, battait la mesure. On savait tous que nous étions près de l'arrivée. On marque deux arrêts pour reprendre notre souffle. Vers trois heures du matin, on entend au loin des chiens aboyer. Notre guide nous dit que nous nous approchons de la frontière. Au lever du jour nous entrons au Maroc. Quelle joie ! Quelle satisfaction ! Quelle délivrance !

Déjà au loin, on aperçoit plusieurs tentes dispersées. Notre guide nous dit que nous sommes chez les Beni Meguil, une tribu marocaine qui a l'habitude d'accueillir les moudjahidine. Il nous dirige vers une tente qu'il semble connaître. En nous approchant de la tente, deux chiens nous accueillent avec leurs aboiements. On s'arrête à peu près à cent mètres. Si Mohamed interpelle le propriétaire selon les règles d'usage. Après un petit instant, un homme revêtu d'un burnous blanc sort de la tente et se dirige vers nous. Il salue chaleureusement notre guide qu'il semble bien connaître. Notre guide nous présente. Le propriétaire du nom d'Ali nous souhaite la bienvenue, retourne dans la tente et après un instant nous invite à y entrer. Le parterre de la tente était couvert de tapis de laine très épais. Si Ali nous invite à nous installer. Sans qu'on lui demande, il nous apporte de l'eau à boire : une *guerba*, une gourde en peau de chèvre et un petit récipient fait en alfa tressé couvert de *qatrân* (goudron noir) qui rend le récipient imperméable.

À ce moment-là, on se lève pour saluer et remercier nos deux guides qui nous ont amenés avec succès total à destination. On en profite pour nous féliciter d'avoir mené à bien notre mission dans la solidarité et la discipline et de ne jamais oublier le sacrifice de Mouloud. On en profite pour remercier notre hôte Si Ali pour son accueil chaleureux.

Autour d'un thé et de la galette servis par notre hôte s'engage une discussion sur ce qui s'est passé ces derniers jours de l'autre côté de la frontière. Notre hôte nous apprend que les explosions que nous avions entendues le jour où on a été surpris par l'ennemi étaient celles de deux mines qui avaient sauté au passage de camions de l'armée. D'après lui, ces explosions ont fait beaucoup de dégâts dans les rangs de l'ennemi : dégât matériel et des morts et des blessés. De plus, il nous informe qu'un jour auparavant, un commando de l'ALN qui rentrait en Algérie, toujours dans la même région, a été accroché avec une unité de l'ennemi stationnée près de la frontière. Il semblerait que les pertes de l'ennemi étaient substantielles. Ceci expliquerait pourquoi les avions qui survolaient au-dessus de nos têtes se sont dirigés vers le lieu de l'explosion et pourquoi l'ennemi qui nous poursuivait s'était retiré, surpris par la riposte de Mouloud qui n'a pas hésité à tirer le premier lorsque l'ennemi s'approchait de lui.

Après quelques heures de repos, nos guides nous accompagnent vers le poste de liaison du FLN/ALN qui se trouvait très près. On rencontre le chef de poste qui procède aux formalités de contrôle d'usage : vérification des ordres de mission, enregistrement et préparation de notre départ sur Oujda. Quelques heures après, on se sépare de nos deux guides et on prend la route vers Oujda aux environs de midi. C'était fin juillet 1958.

14
Départ et séjour à Oujda

On prend la route vers Oujda dans une Simca blanche aux environs de midi. On était quatre avec le chauffeur : Si Ali, Si Mahmoud et moi plus le chauffeur. Pendant presque tout le trajet, on a très peu parlé. Nous étions encore tous sous le choc de ce qui nous était arrivé ces derniers jours. Pour moi, je ne pouvais pas oublier la mort de Mouloud et la signification qu'elle représentait pour moi. Je ne pouvais m'empêcher de méditer en silence. Plusieurs idées trottaient follement dans ma tête. D'abord, pourquoi la mort a-t-elle choisi Mouloud et pas nous tous ou quelqu'un d'autre parmi nous ? En bon musulman, je dirais que c'est *El Mektoub, El Adjel, El Kader* (le destin, la fatalité). Compte tenu de la douleur qui me foudroie, cette réponse est pour moi non satisfaisante, je dirais même injuste et trop cruelle pour l'accepter. Avait-il senti la mort venir quand il s'est exclamé, quand on a découvert que l'ennemi était à nos trousses, en disant : « ce n'est pas à quelques kilomètres de la liberté qu'on va crever ! » Le sort, le *mektoub* ont voulu que ce soit justement Mouloud qui trouva la mort. Je pensais aussi au fait que nous avons été épargnés en partie grâce à son sacrifice et son courage du fait qu'il a tiré le premier sur l'ennemi et a blessé un des leurs. Par cette action il a créé, sans aucun doute, un choc psychologique tellement fort chez l'ennemi, lequel choc l'a influencé à ne pas nous poursuivre d'une manière vigilante et de se retirer pour ne pas perdre davantage de soldats. L'ennemi a été surpris par la réaction de Mouloud. Ensuite, le sacrifice héroïque de Mouloud est une preuve éclatante de la foi et de l'abnégation qui l'a animé (et d'une manière générale la plupart des moudjahidine dans une pareille situation). Enfin, j'en ai conclu de cette expérience qu'une « main cachée de Dieu » nous a protégés.

Durant tout le trajet qui a duré à peu près trois heures, on était plutôt silencieux. Le chauffeur, par sa formation et sa fonction, était lui aussi très peu bavard. Nous, éprouvés par notre récente expérience et notre perte et fatigués par notre voyage de plus de deux mois, n'avions pas l'énergie de penser clairement. Par contre, nous éprouvions une joie intérieure d'avoir échappé à la mort et de nous retrouver sains et saufs dans un pays frère indépendant.

On s'arrête dans un village pour prendre un casse-croûte et on arrive à destination d'Oujda aux environs de sept heures du soir. On nous loge chez la famille Fasla. On nous informe que nous recevrons bientôt la visite d'un des responsables de la wilaya V. On en profite pour informer notre guide que nous avons du courrier à remettre au commandement de la wilaya V. Deux jours plus tard, on est rejoint par le frère capitaine Benchérif qui avait quitté la wilaya IV quelques jours après nous.

Notre séjour à Oujda va durer presque un mois. L'hébergement était convenable. On dormait tous dans une même chambre. La famille Fasla nous nourrissait et logeait convenablement. On n'avait pas à nous plaindre. Surtout quand on compare avec les conditions dures et austères du maquis. On mangeait autour d'une *maïda*, assis sur un matelas, trois fois par jour et à des heures régulières. On nous servait chaque jour un café, l'après-midi. La plupart du temps, on était astreint à rester à l'intérieur de la maison sauf pour certaines sorties en pique-nique ou à l'occasion de représentations théâtrales ou musicales organisées par le commandement de la wilaya comme le colonel Boumediene de la wilaya V.

On s'adonnait à la lecture des journaux quotidiens marocains et français et de livres divers. On jouait aussi aux cartes et aux dominos pour nous divertir. Dès notre arrivée à Oujda, nous avons demandé à aller au hammam. Notre demande fut rapidement exaucée. On y a eu droit à trois reprises pendant notre séjour à Oujda. Chaque fois, une voiture venait nous chercher. On nous avait prévenus de ne pas se faire remarquer et d'être vigilants. On était autorisé à recevoir des visites, mais il nous était interdit de quitter notre refuge sans une autorisation préalable. On nous a expliqué que c'était pour des raisons de sécurité. De temps en temps, notre hôte nous rendait visite, ce qui nous faisait énormément plaisir. Cela nous permettait d'avoir des nouvelles et aussi de mieux connaître la famille Fasla qui nous hébergeait. C'est d'ailleurs au cours d'un de ces entretiens que nous avons appris qu'un de leur fils avait rejoint l'ALN.

Après une semaine, on reçoit la visite du colonel Boumediene auquel on a remis du courrier qui lui a été adressé par le colonel Si M'Hamed de la wilaya IV. Ce dernier était venu s'enquérir de notre situation et en même temps connaître de vive voix le but de notre mission. On en profite pour lui montrer nos ordres de mission et laissez-passer. On lui explique le but de notre mission qui est d'ailleurs bien explicitée dans la correspondance de Si M'Hamed et nos ordres de mission :

— Si Ali et moi avons pour mission de nous rendre au Caire pour rencontrer le colonel Si Ouamrane qui doit nous orienter afin que nous puissions poursuivre nos études dans un des pays qui offrent des bourses d'études aux étudiants algériens.

Après nous avoir souhaité la bienvenue, Boumediene nous explique :

— Il faudra vous préparer pour partir au Caire. C'est là où vous allez rencontrer Si Ouamrane et les responsables des services de l'éducation et de la formation. Nous allons vous obtenir un passeport des autorités marocaines pour chacun d'entre vous, acheter les billets d'avion pour votre départ sur Le Caire. Le passeport marocain aura de fausses informations en ce qui concerne nom, prénom, date et lieu de naissance et adresse. Comme il n'y a pas de vol direct sur Le Caire, vous allez être obligés de transiter par Madrid et Rome. Nous vous remettrons tous vos papiers de voyage y compris vos ordres de mission à Rabat où vous allez séjourner quelques jours avant votre départ. Nous aurons encore l'occasion de nous rencontrer encore une fois.

Après quelques jours, une voiture est venue nous prendre pour nous amener chez un photographe. Dès notre arrivée, celui-ci nous prend en charge. Il semblait être habitué à cette routine. Il demande à notre chauffeur de patienter pour qu'il puisse lui remettre les photos. Après une heure environ, il lui remet les photos et nous en donne chacun une comme souvenir. On nous informe que nous allons nous rendre à Rabat très prochainement et qu'il fallait nous préparer. Nous n'avions pas beaucoup d'effets personnels. Nous avons profité pour acheter chacun une petite valise où nous avons rassemblé ce que nous avions. Pas grand-chose ! Nous n'avions pas eu droit à l'achat d'un trousseau.

Un matin, on a reçu la nouvelle qu'on viendra nous chercher le lendemain pour nous amener à Rabat et qu'il fallait nous préparer à quitter Oujda définitivement. Effectivement, un chauffeur conduisant une Citroën noire est venu nous chercher à neuf heures du matin. Nous voilà en route sur Rabat ! On était enthousiasmés par l'idée que bientôt nous allions reprendre le « chemin de l'école. »

À Rabat, on a été hébergé chez M. Abdelhamid Benachenhou, un Algérien originaire de Tlemcen. Ce dernier avait reçu une éducation bilingue. En 1921, il sortit de l'école Décieux avec le diplôme du certificat d'études primaires et reçu sa licence de l'université Qarawiine de Fès. Il a occupé plusieurs postes importants dans l'administration marocaine, dont le poste de secrétaire général du ministère de l'Intérieur. Il occupait une responsabilité importante au sein du FLN. Il nous réserve un accueil chaleureux. Nous étions bien logés et bien nourris. Parfois, notre hôte venait prendre avec nous le dîner. C'était une joie d'être en sa compagnie. Il était très cultivé et bien imprégné des deux cultures arabe et française. On s'adonnait avec lui à des discussions très animées et intéressantes sur des sujets variés : l'histoire, la révolution, la colonie algérienne au Maroc, la vie au Maroc depuis l'indépendance, la présence française au Maroc. De plus, on était autorisés à sortir en ville sans être accompagnés contrairement à notre séjour à Oujda où on n'avait pas le droit de sortir en ville sauf pour quelques rares occasions. On pouvait y circuler librement partout. Il fallait uniquement prendre quelques précautions de sécurité et être discret. On nous a expliqué que la ville avait toujours des casernes françaises et qu'elle était infestée de rapporteurs qui travaillaient pour le compte de la France. Ali et moi aimions marcher le long des grands boulevards et avenues de la ville moderne, mais aussi la vieille médina avec ses anciennes murailles. Elle avait beaucoup de parcs qui étaient bien aménagés et entretenus. C'était une ville propre.

Ses habitants étaient courtois et agréables. Dès qu'on leur adressait la parole, ils devinaient tout de suite que nous étions algériens. On nous reconnaissait à cause de notre accent. Notre séjour dans cette ville a été court mais très agréable.

Après un séjour de quatre ou cinq jours, on est venu nous chercher et nous amener dans une très belle villa. Là, on a été reçu par Si Boumediene qui nous accueillit en nous offrant du café, du thé et des gâteaux variés. Après une courte conversation très amicale, Si Boumediene nous informe qu'il allait nous remettre tous nos papiers de voyage et nos billets d'avion. En nous remettant nos passeports, il nous déclare d'une manière solennelle :

— Je vous remets votre passeport qui va vous permettre de voyager pour vous rendre au Caire. Vous allez transiter par l'Espagne, l'Italie et la Libye. N'oubliez pas que vous n'êtes pas démobilisés et que vous êtes en formation toujours sous la coupe de l'ALN. À tout moment, vous pouvez être rappelés. Vous représentez l'Algérie libre et indépendante. Vous en êtes les dignes et fiers représentants de sa lutte et de son combat. Votre conduite doit être irréprochable sur tous les plans. Et vous devez vous consacrer à vos études avec ardeur, enthousiasme et succès. Le Caire est informé de votre voyage et ils vous attendront. Voici le nom et l'adresse de l'hôtel où vous allez descendre. Je vous souhaite au nom de l'ALN bonne chance et beaucoup de succès.

— Nous ferons honneur à l'ALN et à l'Algérie libre et indépendante, répondons-nous.

Sur ce, nous nous séparons de Si Boumediene et retournons à notre refuge chez les Benachenhou avec le même chauffeur qui nous amenait. De retour à notre refuge, et préoccupés, depuis notre arrivée à Oujda, par le souci qu'il fallait nous débrouiller par nous-mêmes un trousseau vestimentaire, Si Ali et moi pensons à une idée peut-être « diabolique » pour nous procurer l'argent pour cela. On s'est dit qu'après tout nous sommes maintenant des étudiants, on décide d'explorer la possibilité de changer nos billets d'avion en billets de bateau sans avertir le *nidham* (l'organisation [du FLN]). Le lendemain on se rend à l'agence de voyages « maritime transatlantique ». On leur montre nos billets et on leur demande s'il est possible de les échanger en billets de bateau pour nous rendre au Caire. Le plus tôt possible. Quelle joie de savoir que cela est possible en faisant le trajet Gibraltar-Naples-Tripoli-Alexandrie en deux tronçons avec deux compagnies : Gibraltar-Naples avec le *Saturnia* d'Italia Line et Naples-Tripoli-Alexandrie avec Égypte Maritime. En transitant par Naples, il y avait quatre heures d'attente et en allant sur Alexandrie on ferait un arrêt technique de trois heures. On avait déjà nos visas pour l'Espagne et l'Italie. Pour le visa de Libye, on nous a dit qu'on allait l'obtenir à notre arrivée dans ce pays. En changeant nos billets d'avion en billets de bateau, on serait remboursés d'un montant appréciable en liquide qui nous permettrait de faire nos achats à Naples durant l'escale de quatre heures. De plus, on nous informe qu'il y a des places disponibles en troisième classe pour le lendemain. On réserve une cabine à deux. Très excités de pouvoir encaisser la différence, on décide de faire nos réservations sur place pour le prochain bateau sur Naples le *Saturnia* d'Italia Line venant de New York City, transitant par Gibraltar à destination de Naples et sur un autre bateau l'*Iskenderun* d'Égypte Maritime Lines qui nous amènerait de Naples à Alexandrie en transitant par Tripoli. L'arrivée à Naples est prévue à huit heures du matin et celle d'Alexandrie à neuf heures du soir le lendemain. Nous finirons notre trajet Alexandrie Le Caire par train, Le Caire étant desservi par un train express à partir d'Alexandrie toutes les trois heures.

Très enthousiasmés de pouvoir « nous habiller correctement », on achète nos billets en incluant le tronçon Tanger-Gibraltar et on se prépare pour nous rendre à Gibraltar. Si Ali s'exclame en disant :

— Nous sommes libres. Enfin, nous redevenons étudiants. Quelle chance ! Nous allons en plus nous habiller à la mode italienne !

Je lui réponds :

— Et aux frais de la princesse et malgré la carence du *Nidham* !

15
Le départ pour Le Caire

Nous voilà sur le paquebot le *Saturnia*. On embarque un matin d'août 1958. On nous fait conduire vers notre cabine : étroite mais confortable comprenant deux lits superposés et un W-C (water-closet, toilettes) avec petit lavabo. On dépose nos affaires et sans tarder, on se dirige vers le pont pour observer notre départ. On était émerveillés par une vue panoramique de la ville et le fameux rocher de Gibraltar qui abritait la prestigieuse base sous-marine anglaise contrôlant l'entrée du détroit. On pouvait aussi observer au loin les côtes marocaines. Bientôt on s'éloigne des quais et nous voilà « catapultés » dans une aventure nouvelle, mais celle-là moins risquée mais plutôt prometteuse quant à notre avenir. Nous devions être vigilants pour ne pas dévoiler notre identité. Personne des passagers ne devait savoir qui nous étions ni où nous allions durant tout le trajet. De ce fait, on évitait tout contact direct avec les passagers par mesure de sécurité et par prudence. La mer était calme durant toute la traversée de la Méditerranée.

À l'aube, on monte sur le pont. Déjà, on pouvait apercevoir les côtes italiennes au large. Vers sept heures du matin, on entre au port de Naples. Le paquebot accoste au quai. Tous les passagers débarquent. Nous n'avions que nos bagages à main. Après les formalités de police et de douanes, on se dirige vers les guichets d'Égypte Maritime. On s'enregistre pour notre départ pour Alexandrie, fixé à une heure de l'après-midi avec l'embarquement fixé à midi et demie. On obtient les renseignements nécessaires au guichet d'information en ce qui concerne les endroits où faire les achats qui nous intéressent. L'agent du guichet, très accueillant et serviable, nous note sur un papier le quartier commercial où il faut aller ainsi que le nom de certains magasins de vêtements, de chaussures et autres articles connus pour la qualité et les prix abordables de leurs produits. Il nous suggère de prendre un taxi et nous suggère de négocier avec lui le forfait pour nous amener du, et nous ramener, au port. Forts de ces renseignements et conseils, on choisit sans tarder un taxi et nous voilà en route vers la ville. Nous avions à peu près trois heures et demie pour accomplir notre mission. On quitte le port à huit heures et demie. On a à peu près quatre heures maximum pour terminer nos achats et nous présenter à l'embarquement.

On arrive au quartier commercial. On demande à notre taxi de nous attendre. Les magasins étaient ouverts et on avait l'embarras du choix. Comme nos besoins étaient similaires, on était sûrs que nous allions régler nos achats assez rapidement. Avec Si Ali, on arrête la liste des choses à acheter et on décide de ne pas faire la fine bouche compte tenu de nos moyens financiers et du temps disponible que nous avons pour terminer nos achats dans les délais impartis. On prospecte rapidement le marché. On est encouragés par ce que l'on trouve. Compte tenu de notre budget, on pourra acheter ce dont nous avons besoin et garder un peu d'argent de côté. On finit par acheter un costume chacun, un pantalon, une veste blazer, deux chemises, une chemisette, du linge de corps, des chaussettes, une cravate, une paire de chaussures et une valise pour tout emporter. On sautait de joie ! Comme des petits enfants. Ali s'écriait : « Nous allons être habillés à la Valentino ! Nous sommes riches ! Il nous reste encore de l'argent ! » On s'attable à une terrasse d'un café et on se paye un petit déjeuner continental, croissant et tartine beurrée à la confiture et café au lait. On reprend notre taxi. On arrive au port. On paye le chauffeur et on se dirige vers les guichets de la compagnie Égypte Maritime. Il était midi. Nous étions une demi-heure avant l'embarquement. Mission accomplie. On a réussi notre pari. Nous avons acheté ce dont nous avions le plus expressément besoin. Ainsi à notre arrivée au Caire on pourra s'habiller correctement.

L'escale technique de Tripoli

Nous effectuons le voyage vers Alexandrie par le paquebot *Iskenderun.* Nos billets étaient sur le pont. On quitte le port de Naples aux environs d'une heure de l'après-midi. Les passagers sur le pont étaient assez nombreux. On obtient deux chaises longues. Profitant du beau temps, on s'installe sur le pont supérieur. La mer était calme. Le bateau quitte à l'heure prévue. Notre arrivée à Tripoli est prévue le lendemain matin aux environs de neuf heures. On profite des deux heures d'escale pour visiter la ville. À la sortie du port, on est abordés par un jeune Libyen qui nous a entendus parle en arabe et en français :

— Vous êtes Algériens, n'est-ce pas ? nous demanda-t-il.

— Oui nous le sommes. On a deux heures pour visiter la ville. Veux-tu bien être notre guide ?

— Avec plaisir. Est-ce que vous voulez passer par le bureau de FLN ? Il est ouvert et il est sur notre chemin et pas très loin d'ici. Je peux vous y amener si vous voulez.

— Avons-nous assez de temps pour y aller et revenir pour reprendre notre bateau ?

— Largement, répond-il. On peut même y aller à pied. Cela nous prendra à peine un quart d'heure environ.

— Alors, allons-y.

On arrive au bureau. Un réceptionniste nous accueille. On se présente :

— Vous avez affaire au commandant Si Abderrahmane de la wilaya VI et au capitaine Si Ali de la wilaya IV.

Paraissant surpris et un peu méfiant, il nous dit :

— Un instant s'il vous plait.

Il prend le téléphone et parle avec quelqu'un. Puis il rentre dans le bureau, revient quelques instants plus tard et nous dit :

— Attendez ici s'il vous plait. On va vous recevoir.

Pendant ce temps, il nous harcèle d'une série de questions avec un ton sec et gauche :

— D'où venez-vous ? Qu'est-ce qui vous amène ici ? Comment se fait-il que vous soyez arrivés à Tripoli en bateau ? Où allez-vous ?

L'atmosphère est un peu tendue et la conversation n'est pas fraternelle. Il nous écoutait mais semblait être agité et un peu sur ses gardes. C'est à ce moment qu'on réalise que nous ne sommes pas encore étudiants, mais nous sommes encore des moudjahidine, toujours en guerre bien que nous soyons loin du théâtre de guerre. En d'autres termes, nous avons encore affaire au *nidham*. De plus, à la lumière des questions qu'il nous pose, on se rend compte qu'en voyageant par bateau, nous avions inauguré quelque chose de nouveau et risqué pour le *nidham*. La situation est donc délicate.

On répond à ses questions en gardant notre calme. Quand tout d'un coup, deux hommes sortent de l'arrière-bureau et se dirigent vers nous d'un pas ferme et déterminé. L'un deux s'exclame en se dirigeant vers Si Ali :

— Capitaine Si Ali, *Wach jabek ahna ya khouya ? Marhaba bik.* Qu'est-ce qui t'amène ici, mon frère ? Sois le bienvenu.

Son compagnon lui demande :

— Tu connais ce frère ?

— Et comment si je le connais, lui répond-il. C'est mon capitaine. J'étais sous ses ordres dans sa zone à la wilaya IV.

À ce moment, l'atmosphère se détend très sensiblement. Si Ali me présente et d'un coup on nous conduit vers la salle de conférence. Le hasard nous a sauvés d'une sale affaire qui aurait pu très mal tourner.

Nos hôtes nous offrent du thé et des gâteaux libyens. De prime abord, on nous signale que c'est la première fois que des moudjahidine venant de l'intérieur voyagent par bateau et choisissent l'itinéraire que nous avons pris. On leur explique que nous avions agi en tant qu'étudiants et non en tant que moudjahidine, et ceci de notre propre initiative sans avoir consulté qui que ce soit. Après cette mise au point, ils étaient avides d'avoir des nouvelles du pays, de la Révolution, de l'ALN, du peuple, de la guerre. On répond à leurs questions et on leur explique que nous sommes envoyés par le colonel Si M'Hamed pour reprendre nos études universitaires. Nous devons rencontrer le colonel Ouamrane. Ils nous informent que ce dernier est passé par Tripoli il y a à peine un mois et qu'il a fait beaucoup de bruit à la suite d'une entrevue avec un journal libyen durant laquelle il a dénoncé en termes violents la politique de certains pays arabes à l'égard de l'Algérie et l'appui faible qu'elle reçoit en matière d'armement et de finances. Se référant à la crise que connaît actuellement le Liban, et de l'attention que lui porte la presse arabe, il aurait déclaré qu'il était absurde de porter autant d'attention alors qu'une guerre sauvage ravage l'Algérie et qu'elle reçoit très peu d'attention. Cela eut l'effet d'une bombe ici en Libye.

Après cette rencontre inopinée et qui aurait pu mal tourner pour nous, on signifie à nos hôtes que nous devons regagner le port. Il était à peu près onze heures du matin. Ils nous proposent de nous accompagner. Ils nous annoncent qu'ils allaient informer Le Caire de notre passage et de notre prochaine arrivée.

Départ sur Alexandrie et Le Caire

On réembarque sur l'*Iskenderun* à destination d'Alexandrie vers midi. La mer était toujours calme. On commençait à avoir hâte d'arriver à destination. On débarque à Alexandrie le lendemain à six heures du soir. Sans tarder, on se rend vite à la gare. On trouve un train pour Le Caire qui quitte Alexandrie à neuf heures du soir. On arrive au Caire à minuit environ. On prend un taxi pour l'hôtel qu'on nous a indiqué à notre départ du Maroc. On découvre Le Caire, cette grosse capitale arabe. La ville était encore pleine de vie, grouillante. Les hommes, habillés soit en forme de pyjama soit en djellaba, vagabondaient sur les boulevards et les rues du Caire, souvent accompagnés de leurs épouses et enfants. Certains étaient allongés sur les nombreuses pelouses vertes, d'autres étaient assis sirotant leur thé et parlant bruyamment. Ils profitaient de la douceur de la nuit. On arrive à l'hôtel. Enfin nous voilà arrivés à destination, sains et saufs !

À la réception de l'hôtel, on donne nos passeports. L'agent nous souhaite la bienvenue et nous signale qu'on attendait notre arrivée depuis quelques jours. Il nous attribue une chambre. Épuisés par le voyage, on s'écroule comme un boulet chacun dans un lit. Au matin, vers neuf heures on nous signale que nous sommes attendus au restaurant de l'hôtel. On prend l'ascenseur et on se dirige vers le restaurant. Là, Si Ali reconnaît Ouamrane qui nous attendait.

16
Séjour au Caire et à Genève

Rencontre avec Ouamrane

Ali et moi rencontrons Ouamrane au restaurant de l'hôtel le lendemain de notre arrivée au Caire. Si Ali, en tant que cadre de la wilaya IV, le connaissait bien. Il était le colonel de cette wilaya avant son départ à l'extérieur. Moi, je le rencontre pour la première fois.

Ouamrane nous invite à nous asseoir à sa table. Il était trapu, portant un costume gris avec une chemise blanche sans cravate. Il avait une grosse tête. C'est d'ailleurs pour cela qu'on l'appelait *Boukerrou*. Il avait des mâchoires fortes qui sortaient de son visage. De corpulence moyenne, il avait les épaules larges. Il portait des petites moustaches et avait un regard perçant, mais chaleureux. Si Ali me présente en lui signalant de prime abord que j'étais un cadre de la wilaya VI. Il m'adresse la parole en un arabe dialectal cassé avec un accent kabyle assez prononcé :

— As-tu connu le colonel Si Chérif ? me demande-t-il.

Je réponds par l'affirmative en ajoutant :

— Je l'ai connu avec mon père avant que je ne rejoigne le maquis.

Puis il se tourne vers Si Ali en lui faisant remarquer que nous avons enfreint à la discipline parce que nous avons changé notre itinéraire sans avoir consulté nos frères de la wilaya V.

Il ajoute :

— On attendait votre arrivée il y a plus de quatre jours. On a perdu contact avec vous. On s'inquiétait. Ce n'est que grâce à votre passage à Tripoli que nous avons eu de vos nouvelles. Les frères de Tripoli nous ont tout de suite contactés. Ils nous ont appris que vous avez voyagé par bateau à partir de Gibraltar. Leur message radio signalait votre passage au bureau du FLN à Tripoli et votre « aventure ». Ils vous avaient pris pour des espions envoyés par l'ennemi. Ils nous demandaient de vérifier votre identité.

Si Ali et moi reconnaissons que nous avons commis une grave erreur d'indiscipline et demandons à Ouamrane de nous épargner la punition que nous méritons.

— Nous avons jugé qu'il était de notre devoir de nous constituer un trousseau avec les économies qu'on obtenait en voyageant par bateau. Au

Maroc, nos frères nous ont signalé qu'ils n'avaient pas de budget pour nous acheter des vêtements. De ce fait, nous avons pensé à la solution de changer nos billets d'avion en billets de bateau. Cela nous a permis d'encaisser la différence entre le prix du billet par avion avec celui du prix par bateau. Avec cette somme on a pu nous vêtir et constituer un trousseau durant notre escale à Naples en préparation pour notre départ pour reprendre nos études.

Après cette mise au point, on commande le petit déjeuner. L'atmosphère est alors détendue. Ouamrane pose beaucoup de questions à Si Ali sur la wilaya IV. Un dialogue s'installe entre eux deux. Quant à moi, j'écoutais leur discussion. Je n'ai pas eu droit à aucune question, même pas sur Si Chérif, un compagnon d'Ouamrane de longue date, ni sur la situation de la wilaya VI, et les circonstances du complot qu'elle a connu.

Ouamrane nous donne un aperçu de notre programme durant notre séjour au Caire. Il indique que nous allons être hébergés temporairement dans un dortoir tout près du siège du FLN dans le quartier de Garden City dans la banlieue du Caire. Nous serons relogés dans un appartement dans le quartier du Zamalek avec deux autres frères Goudjil et Kerzabi récemment arrivés du Maroc. Nous serons introduits en particulier à Krim Belkacem et à son secrétaire général Mabrouk Belhocine, à Belaïd Abdesselam, responsable des étudiants. « C'est avec eux que vous allez savoir où vous allez poursuivre vos études. Vous allez naturellement rencontrer d'autres personnes. »

Ouamrane nous signale que nous sommes les invités des Égyptiens. De ce fait, nous devons avoir une conduite exemplaire et respecter les lois du pays. Il attire notre attention que nous sommes toujours en guerre et qu'il faut faire attention au service de renseignements égyptiens et autres, en particulier français. À une question posée par Si Ali concernant Mustapha Lakhal, Ouamrane lui répond qu'il a trahi la Révolution et qu'il se trouve actuellement au Caire, sous la protection des services secrets égyptiens. Il nous conseille d'éviter de le rencontrer. Je pose une question à Ouamrane au sujet du jeune frère Bouchiba Lounès, originaire de Berrouaghia. Ouamrane nous informe qu'il loge au dortoir où nous allons séjourner pendant quelques jours et que nous aurons l'occasion de l'y rencontrer. Il nous informe que la communauté estudiantine algérienne est assez nombreuse au Caire et que « vous pouvez la rencontrer au cercle des étudiants qui est connu de tout le monde. Belaïd Abdesselam peut vous orienter dans ce domaine. »

Sur ce fait, on rassemble nos affaires pour quitter l'hôtel. Ouamrane nous conduit à son bureau. Son bureau se trouve dans un grand immeuble de plusieurs étages dans le quartier de Garden City. À notre descente de voiture, une Mercedes noire, on est accueillis par deux personnes. Ces dernières font descendre nos bagages qu'elles déposent chez le concierge. Ouamrane nous dirige vers l'ascenseur et nous accompagne jusqu'à son bureau. Il nous présente à son secrétaire particulier et à quelques autres frères. On nous sert le thé. Il fait le nécessaire avec son secrétaire pour notre installation au dortoir. Il demande à celui-ci de nous accompagner au dortoir. Il nous fixe rendez-vous pour le lendemain dans son bureau à dix heures du matin. Nous commencerons les entretiens avec les services de Krim Belkacem dès demain matin. Il nous donne chacun une enveloppe contenant quelques livres égyptiennes comme argent de poche en attendant de percevoir demain notre pécule mensuel. On remercie Ouamrane pour son chaleureux accueil et on se dirige vers le rez-de-chaussée de l'immeuble pour nous rendre au dortoir.

Installation au dortoir

On récupère nos bagages de chez le concierge et on se dirige vers le dortoir accompagné par le secrétaire particulier d'Ouamrane. Le dortoir se trouve de l'autre côté du trottoir à quelques centaines de mètres de l'immeuble. On rencontre la personne en charge du dortoir qui nous souhaite la bienvenue et nous informe de l'horaire des repas et du règlement du dortoir. Ce dernier se trouvait dans un petit immeuble au deuxième étage. On y accède par des escaliers. Il n'y avait pas d'ascenseur.

Je m'enquiers de Lounès et lui laisse un message à la réception. On m'informe qu'il est au lycée et qu'il sera de retour après cinq heures de l'après-midi. Le dortoir avait plusieurs salles. On nous installe dans une salle qui avait quatre lits. Ali et moi choisissons deux lits l'un à côté de l'autre près d'une grande fenêtre. On dépose nos affaires sans les déballer sachant que nous allions prochainement déménager. On nous donne des draps propres, deux serviettes de toilette et une barre de savon. On nous montre les toilettes, les douches communes ainsi que le réfectoire.

C'était l'heure du déjeuner. On s'attable. Le réfectoire pouvait accommoder une cinquantaine de personnes. Il y avait une dizaine de tables. Y mangent les résidents du dortoir mais aussi quelques personnes qui travaillent au siège du FLN. La nourriture était simple, mais copieuse. Il y avait un seul menu.

Après le repas, Ali et moi décidons d'explorer la ville. Le soir je rencontre Lounès.

Mes retrouvailles avec Bouchiba Lounès

Nous dînons ensemble. Il s'avère qu'Ali le connaissait aussi. Il l'avait rencontré à plusieurs occasions à la wilaya IV. J'étais très heureux de le retrouver. Je l'avais perdu de vue depuis qu'il avait rejoint le maquis.

Son histoire mérite d'être racontée. Laissons donc parler Lounès :

— Je vivais à Berrouaghia avec mon frère Chibane Slimane qui travaillait chez Si Ali Bentabal, l'imam du village. Ce dernier avait une épicerie au centre de la ville. Après la grève des écoliers et lycéens de mai 1956, je consulte Cheikh Megateli, ton père, pour m'aider à rejoindre le maquis. Je savais qu'en sa qualité de responsable de la cellule FLN de Berrouaghia, il pouvait m'aider. Malheureusement, il me dit que j'étais trop jeune pour rejoindre le maquis. À ce moment, je décide de prendre les choses en main. Je récupère un pistolet à barillet appartenant à mon frère, et je décide de rejoindre le maquis, seul par l'intermédiaire de quelqu'un que je connaissais et qui était originaire d'Oued Echair. Ce dernier me conduit dans un refuge qui servait de relais aux moudjahidine. Là, un agent de liaison militaire m'intercepte et m'amène chez un grand responsable de la wilaya IV. Ce n'était autre qu'Ouamrane. On voulait me liquider pensant que j'étais envoyé par l'ennemi. Ouamrane m'a épargné de la mort. J'ai été recruté par l'ALN et j'ai été versé au « commando Ali Khodja ». C'est là où j'ai fait mes preuves. Au cours d'une embuscade, j'ai récupéré un pistolet mitrailleur MAT 49 après avoir abattu le soldat qui le portait. Il y a eu d'autres exploits. Ouamrane, après son départ à l'extérieur a cherché après moi et a demandé au commandement de la wilaya IV pour que je sois envoyé au Caire afin que je puisse reprendre mes études.

J'ai durant tout mon séjour au Caire rencontré plusieurs fois Lounès et suis sorti avec lui. J'étais très curieux de savoir comment il progressait dans ses études. Il n'avait encore que quinze ans. Il était inscrit au lycée français. Malgré son expérience au maquis et son parcours héroïque, il est resté un peu gamin. Il était connu de tout le monde parmi les responsables. Très populaire dans son lycée, ses profs le laissaient faire ce qu'il voulait. De ce fait, il ne consacrait pas beaucoup de temps à ses études. J'ai insisté pour qu'il me montre ses cahiers et ses notes. Ces dernières n'étaient pas brillantes. J'ai réussi à gagner sa confiance et à le persuader qu'il fallait qu'il change d'environnement.

Lounès avait une fausse idée de lui-même. Aveuglé par ses exploits et sa popularité au Caire, il vivait dans un monde à lui. Il admirait Burt Lancaster. Il aimait l'imiter dans sa démarche et ses gestes. Il s'habillait comme lui. Il portait un jean et une chemise noire, avec une grosse ceinture à boucle argentée. On raconte que quand Ouamrane l'a présenté à Ferhat Abbas, celui-ci s'est mis au garde-à-vous et l'a salué en témoignage de sa bravoure et ses exploits héroïques.

Avant mon départ aux USA, j'ai conseillé à Ouamrane de l'éloigner du milieu dans lequel il se trouvait et de l'envoyer étudier en Allemagne de l'Est. J'ai appris par la suite qu'Ouamrane a suivi mes conseils et l'a envoyé dans un centre de formation technique où il a obtenu un diplôme de technicien supérieur. J'ai eu le plaisir de retrouver Lounès en Algérie après l'indépendance chez Boumahdi Hamid[1], *alias* Bachir.

Rencontre avec Mabrouk Belhocine

Le lendemain matin, après le petit déjeuner au dortoir, Ali et moi nous rendons à notre rendez-vous de dix heures du matin avec Ouamrane. Celui-ci nous accueille chaleureusement et nous informe qu'il a arrangé une rencontre avec Mabrouk Belhocine, directeur de cabinet de Krim Belkacem. Il nous accompagne au lieu de rencontre.

Mabrouk Belhocine nous accueille dans son bureau. Ouamrane procède aux présentations. Sans tarder, Belhocine entre dans le vif du sujet :

— Il y a deux types de formation : l'une militaire, l'autre civile. La formation militaire se fait dans les académies militaires des pays frères arabes, plus spécifiquement l'Egypte, la Syrie et l'Irak. Pour le moment, nous sommes en train de former en premier lieu dans le domaine de l'artillerie et l'infanterie, mais les autres branches sont aussi disponibles. Nous prévoyons aussi la formation dans la marine, l'aviation, les télécommunications. Quant à la formation civile, elle se fait dans les universités des pays amis de l'est comme l'Allemagne de l'Est, la Pologne, l'URSS, la Yougoslavie, la Roumanie, la Bulgarie, la Tchécoslovaquie et la Hongrie. Le choix est laissé à la discrétion de l'intéressé lui-même. Toutefois nous préférons une formation technique telle que l'ingéniorat. D'après ce qu'Ouamrane m'a fait savoir, vous êtes intéressé par les études civiles. Krim Belkacem s'occupe de ceux qui vont faire des études militaires, tandis que Belaïd Abdesselam s'occupe de ceux qui vont faire des études civiles. Vous aurez l'occasion de rencontrer Krim Belkacem. Il vous fournira plus de renseignements que moi. Je vais vous donner des formulaires à remplir pour que nous puissions constituer un dossier pour chacun d'entre vous.

Après ce premier entretien qui a duré environ une heure, Belhocine nous conduit dans le bureau de Krim Belkacem pour une rencontre de courtoisie. Ouamrane avait demandé cette rencontre.

1. Boumahdi Hamid est un jeune de mon village, Berrouaghia. Il a rejoint le maquis à l'âge de 18 ans. Il a été très brièvement secrétaire de Si Chérif, Ali Mellah, dès sa nomination comme colonel de la wilaya VI. Par la suite, il a été commissaire politique dans la région du Freich, zone 1, wilaya VI. Envoyé au Caire en compagnie de Lounès, il a fait des études secondaires au lycée français de Damas, en Syrie avant d'être envoyé en Allemagne de l'Est pour poursuivre des études d'ingéniorat en électronique. À son retour en Algérie, il a été responsable d'une unité de fabrication de câbles électriques à Baba Ali avant de rejoindre le secteur privé. Il est mort d'un cancer. Il a laissé derrière lui une femme, allemande, championne olympique de natation, et trois enfants.

Rencontre avec Krim Belkacem

Ali et moi étions surpris par la rapidité des événements. À peine deux jours que nous sommes arrivés au Caire et nous voilà en face d'un des hommes les plus influents de la Révolution algérienne, le fameux « *Lion des Djebels* » de la Kabylie. Qui aurait pu imaginer cette unique et exceptionnelle situation. Après tout, nous ne sommes que deux simples moudjahidine qui n'ont fait qu'accomplir leur devoir. Mais nous étions sponsorisés par un homme exceptionnel, Si Ouamrane, un géant de la révolution, l'un des fondateurs de la wilaya IV et un compagnon de Krim Belkacem. D'où cette rapidité dans nos rencontres à un niveau élevé qui ne peut s'expliquer aussi que par l'importance et le « timing » de notre visite.

Nous voilà dans le bureau de Krim Belkacem : Ouamrane, Belhocine, Si Ali et moi. On est accueilli chaleureusement avec tous les égards de circonstance. Ouamrane ouvre la discussion en nous présentant. En me présentant, Ouamrane ajoute :

— *Ya siaka,* Si Abderrahmane était avec Si Chérif Ali Mellah à la wilaya VI.

Je n'ai pas compris pourquoi Ouamrane a donné cette précision. Bref, j'étais un peu surpris.

Après quoi, ce fut au tour de Belhocine de cadrer la discussion en résumant ce qu'il nous avait dit auparavant dans son bureau. Enfin, Krim Belkacem prend la parole et dit :

— Soyez les bienvenus. Comment avez-vous laissé la situation à l'intérieur ?

Cette question semblait être adressée à Si Ali. Ce dernier répond en disant grosso modo qu'elle n'était pas très bonne compte tenu du manque d'armements et de munitions. Je corrobore cette affirmation. Si Ali ajoute :

— Nous avons laissé dernière nous une grande offensive de l'armée française. Elle est en train de faire beaucoup de mal dans nos rangs, utilisant tout son arsenal militaire contre nous. La presse française en rapporte les exploits et décrit en détail les succès. Nous sommes informés par les commandements de nos wilayas. Nous évitons les accrochages en dispersant nos unités en petits groupes très mobiles. Cela nous permet de limiter nos pertes.

Je m'attendais à ce qu'il me pose des questions en ce qui concerne le terrible complot de la wilaya VI et des circonstances de la mort de Si Chérif. Cela n'a pas été le cas. J'étais surpris, mais surtout très déçu. Je pensais que cela allait être un des sujets les plus importants à discuter. Je pensais même qu'on me demanderait de faire une présentation à un comité restreint de haut niveau. Rien de cela. Au contraire, il me semblait que ma présence dérangeait un peu. Je me disais en moi-même :

— Abderrahmane, soit prudent. On ne veut pas savoir ce qui s'est passé dans la wilaya VI. Ne fais pas trop de bruit, sinon tu risques d'avoir des problèmes.

Cette perception m'est venue à l'esprit quand Krim Belkacem demande, uniquement à Si Ali et non à moi, d'écrire un rapport sur la situation et de le lui remettre en mains propres. Quelques jours après, quand Si Ali me demande de lire son rapport et d'y apporter mes observations, je me confie à lui à ce sujet. Il me répond :

— Si Abderrahmane, j'ai eu aussi cette même perception. Je suis très heureux que tu m'en parles. Je suis d'avis que tu écrives aussi un rapport et que tu le remettes en mains propres en même temps que moi.

Je lui réponds :

— Je ne suis pas fou à ce point. Cela me créera d'énormes difficultés. Par contre, ce que je te propose c'est de me permettre d'inclure dans ton rapport un ou deux paragraphes que je rédigerai sur la wilaya VI, plus spécifiquement sur le complot qu'elle a connu et les conditions de la mort de Si Chérif.

— Je suis d'accord dans la mesure où ceci reste un secret entre nous deux, me dit-il.

On se sépare de Krim Belkacem, après qu'il nous dise qu'il demandera à nous revoir pour nous expliquer ses idées sur la formation militaire et pourquoi il préfère que nous fassions ce choix plutôt que celui du civil.

J'ai eu l'occasion de rencontrer Krim Belkacem une deuxième fois. Belhocine qui m'a pris en sympathie m'a averti de l'objet de la rencontre. Krim voulait me convaincre de faire une carrière dans l'armée. Selon Belhocine, il voulait que j'entre dans l'académie des officiers de l'armée égyptienne. Belhocine m'a dit qu'il fera de son mieux pour convaincre Krim qu'il me libère de l'ALN pour que je puisse faire des études civiles. Ma rencontre avec Krim a été très courte grâce à Belhocine. Celui-ci fait remarquer à Krim :

— Avant de rejoindre l'ALN, Si Abderrahmane avait entamé au lycée Bugeaud des études préparatoires d'ingénieur pour éventuellement entrer dans une grande école française. Il a fait son devoir en sa qualité de moudjahid. Il doit à mon avis être autorisé à reprendre ses études comme il avait souhaité le faire. Nous devons l'aider à réaliser son rêve initial maintenant qu'il a échappé à la mort.

Krim Belkacem se retourne vers moi et me dit :

— C'est bien ce que vous voulez faire.

Je lui réponds par l'affirmative et le remercie pour sa compréhension. Il me souhaite bonne chance.

Rencontre avec Ali Oubouzar

Ouamrane n'a pas encore pu organiser une rencontre avec Belaïd Abdesselam parce que ce dernier était en tournée d'inspection de nos étudiants qui se trouvaient en Europe de l'Est et en Union soviétique.

On a eu l'occasion de rencontrer un ancien camarade de classe de Si Ali, un lycéen de la Médersa Tha'âlibiyya d'Alger, Ali Oubouzar. Ce dernier était envoyé par la wilaya III pour étudier. Il était prévu qu'il parte en Allemagne de l'Est. En attendant son départ, il donnait un coup de main à Belaïd Abdesselam. Il s'occupait du suivi de nos étudiants arabisants qui étudiaient en Égypte, Syrie et Iraq. Oubouzar habitait dans un appartement en compagnie de Belaïd Abdesselam et Mohamed Ghafa[1]. Il nous a été très utile pour nous orienter auprès de l'organisation du FLN au Caire et surtout pour nous faire rencontrer Belaïd Abdesselam avant même qu'Ouamrane le fasse. De personnalité agréable, Oubouzar a très vite sympathisé avec nous. On se voyait fréquemment après ses horaires de travail. Il nous a donné beaucoup d'informations sur les différents programmes de formation, particulièrement ceux des pays de l'Est. Il a identifié en particulier quels étaient les pays où les études étaient bonnes et quelles étaient les meilleures universités. De plus, il nous a expliqué comment fonctionnait le système de bourses et quels étaient les problèmes auxquels étaient confrontés nos étudiants.

Après le retour de Belaïd Abdesselam de son voyage à l'étranger, Oubouzar nous invite à déjeuner. À cette occasion, Ali et moi rencontrons pour la première fois Belaïd Abdesselam et Mohamed Ghafa.

On en profite pour parler d'études à l'étranger. Belaïd nous fait remarquer que notre Révolution commence à préparer les cadres de demain en envoyant des jeunes étudier à l'étranger. Un certain nombre de pays amis offrent des bourses à notre pays pour des études dans leurs universités. Parmi ces pays, il y a les pays arabes frères, les pays de l'Est, certains pays de l'Amérique Centrale et du Sud. Il nous signale que même certains pays de l'Ouest comme les pays scandinaves, l'Espagne, l'Italie, la Suisse, l'Allemagne Fédérale et les États-Unis d'Amérique ont manifesté leur intérêt à nous aider, et ceci grâce à leurs unions nationales d'étudiants qui sont souvent progressistes.

Ce résultat est le fruit des efforts faits par l'Union générale des étudiants musulmans algériens (UGEMA) et le rôle qu'elle joue au sein de deux organisations internationales d'étudiants, l'une à obédience communiste,

1. J'ai eu l'occasion de revoir Ghafa quand il était ambassadeur au Koweït en 1967. J'étais envoyé dans ce pays comme chef d'une délégation qui comprenait trois autres personnes. Le but de la mission était de recruter des ingénieurs arabes, en particulier palestiniens, en grève contre le gouvernement koweitien pour son refus d'arrêter la production de pétrole pendant la guerre des six jours contre Israël.

l'Union internationale des étudiants (UIE), dont le siège est à Prague et l'autre la Conférence internationale des étudiants (CIE) à tendance capitaliste, dont le siège est à Leyde, en Hollande. La première est dominée par l'URSS et la deuxième par les États-Unis d'Amérique. L'UGEMA était membre actif dans les deux organisations et a établi des liens très solides avec les différentes unions qui en sont membres. Les offres de bourse nous parviennent par l'intermédiaire des unions nationales des étudiants. Les conditions exigées sont, en général, le diplôme du baccalauréat ou, à défaut, un examen d'admission.

Depuis la rencontre avec Ali Oubouzar qui était partant pour l'Allemagne de l'Est, la DDR, Ali et moi avions considéré sérieusement d'étudier ensemble en DDR. De tous les pays de l'Est, la DDR nous semblait être le meilleur choix pour faire des études compte tenu des informations que nous a données Ali Oubouzar. De plus, Ali et moi voulions rester ensemble du fait des liens que nous avons établis durant notre trajet depuis la wilaya IV et les expériences vécues ensemble.

Rencontre urgente avec Belaïd Abdesselam

Belaïd Abdesselam, par l'intermédiaire d'Ouamrane, me demande de le voir en urgence. Surpris, je me rends aussitôt à son bureau. De prime abord, il m'informe qu'il a une bourse à m'offrir pour étudier aux États-Unis d'Amérique. Il me dit que l'Association nationale des étudiants des États-Unis – USNSA (*United States National Student Association*) – a trois bourses pour des étudiants algériens, deux ont été déjà offertes et il en reste une (Chérif Faïdi et Mohamed Sahnoun avaient déjà pris les deux autres). Il me propose de la prendre, soulignant que je dois donner ma réponse dans les plus brefs délais. Il ajoute que je dois rejoindre les deux autres étudiants en Suisse afin que nous puissions partir ensemble aux USA. Pris au dépourvu, je le remercie d'avoir pensé à moi et lui demande un délai de réflexion avant de répondre à son offre. Il me répond :

— Tu ne peux pas trouver un meilleur pays pour étudier que les USA. Tu réponds aux critères exigés par les Américains. Ta candidature sera acceptée sans aucun problème. Je te conseille vivement d'accepter. D'ailleurs il y a un Algérien qui vient juste de revenir des USA après un séjour de presque un an. Il s'appelle Djamal Yalla. Tu pourras le consulter et lui demander conseil. Voici ses coordonnées.

Je lui réponds que je prendrais ses conseils en considération dans ma décision après avoir consulté Si Ali.

On se fixe un rendez-vous dans trois jours.

Entre temps, je prends contact avec Djamal Yalla qui venait juste de retourner des États-Unis après un an dans un programme d'études du département d'État américain appelé FSLP (*Foreign Student Leadership Project*). Notre discussion se résume à ceci :

— Du point de vue études, je considère que les USA sont le pays idéal pour poursuivre des études supérieures. Comparés à l'Europe où j'ai étudié – France et Angleterre –, les USA sont beaucoup mieux par la qualité de leurs universités et les facilités qu'ils offrent à leurs étudiants. J'ai rencontré un seul problème : la vie sociale est très différente de la nôtre et plus particulièrement de celle de la France. J'ai souffert un peu au début, mais je me suis accroché et j'ai réussi à m'adapter. C'est possible.

Trois jours après, je revois Abdesselam et je lui dis que je préfère partir en Allemagne de l'Est. Furieux de ma réponse, il me dit :

— Je ne considère pas que ce soit ceci ta réponse définitive. Réfléchis bien encore une fois et donne-moi ta réponse finale dans trois jours. Je dois avertir l'UGEMA à Genève à ce moment-là. Réfléchis bien.

Sur ce, je rejoins Si Ali dans l'appartement pour l'informer de la situation. Ce dernier a été magnanime. Voyant que j'étais torturé à prendre une décision finale, il me dit ceci avec une voix ferme :

— *Khouya* Abderrahmane, je vois que tu souffres beaucoup. Crois-moi, je ne t'en voudrais pas du tout si tu décides de partir aux USA. Au contraire, cela sera une bonne décision et me fera plaisir. Tu as une offre magnifique. Accepte-là. Tu ne regretteras pas. On sera toujours amis, liés par l'amitié que nous avons tissée depuis notre départ de l'Ouarsenis. Rien ne nous séparera. Fonce.

Et il se jette sur moi et m'embrasse.

— Je te remercie pour ta compréhension et tes encouragements. Je vais réfléchir encore. Demain j'irais voir Belaïd avec ma réponse définitive. Toutefois, tu seras le premier à la connaître.

Et je quitte l'appartement. Je décide de voir un film que je voulais voir depuis longtemps déjà. Il s'agit du film russe *Quand volent les cigognes*[1]. Pendant toute la projection, j'étais cloué à mon siège. Il m'est arrivé de pleurer plusieurs fois. Certaines scènes m'ont fait rappeler des souvenirs d'enfance, de mes parents et toute ma famille, des séquences de ma vie au maquis et des frères que j'ai perdus en particulier Si Mouloud, Si Chérif, Si Rachid. À la fin du film, j'ai longé la corniche tout le long du Nil. Cette nuit, il y avait la pleine lune. Ses reflets sur l'eau éblouissaient mes yeux. Je continuais à pleurer. Je parlais à moi-même. Tout d'un coup, comme si j'ai été foudroyé par un éclair, je décide d'accepter l'offre qui m'a été faite par

1. En français, connu sous le titre *Quand passent les cigognes*. Un film soviétique réalisé en 1957 et qui reçoit le prix de la Palme d'or au festival de Cannes en 1958. Le film se déroule en Union soviétique pendant la Seconde Guerre mondiale. L'auteur a été très affecté par le film, en particulier certaines scènes comme la mort d'un soldat soviétique sur le front de guerre. *Note de LM.*

Belaïd. Le film et ses scènes émouvantes, mes pleurs, mes souvenirs et les encouragements de Si Ali ont contribué à m'aider à prendre ma décision. Oui elle est prise. Elle est finale, cette fois. Je pars aux USA !

Je rentre à l'appartement. Il était six heures du matin. Si Ali était réveillé. Il m'attendait. Ne me voyant pas venir, il m'a dit qu'il s'était inquiété pour moi. Je lui annonce ma décision :

— Je fonce comme tu me l'as suggéré.

— Bravo, me dit-il.

Nous sommes tous les deux contents. Moi je me sens libéré.

Nouvelle rencontre avec Belaïd Abdesselam

Comme prévu, au matin je rencontre Belaïd dans son bureau. En me voyant venir, il s'exclame :

— J'espère que tu as pris la bonne décision !

Je lui réponds :

— J'accepte ta proposition, Belaïd. Je suis partant.

— Très bien. Tu verras que tu ne regretteras pas. C'est un meilleur choix que la DDR[1]. Maintenant, compte tenu de l'urgence, je vais tout de suite informer l'UGEMA à Lausanne et je vais demander à Mohammed Benyahia[2] pour qu'il t'accompagne à l'ambassade des USA ici au Caire pour que nous puissions entamer les démarches en vue de l'obtention du visa et autres formalités. Il ajoute :

— Benyahia a d'excellentes relations personnelles et professionnelles avec l'ambassadeur Williams Porter. Il va nous faciliter les choses.

Il appelle l'UGEMA en Suisse et Benyahia. Ce dernier lui répond qu'il va tout de suite demander un rendez-vous pour demain si possible. Quelques heures après, Belaïd m'informe que je dois passer à son bureau demain matin pour rencontrer Benyahia et aller avec lui à l'ambassade des USA. Il me demande d'apporter mon passeport avec moi.

Content d'une joie particulière, j'informe tout de suite Si Ali des derniers développements et l'invite à dîner pour célébrer l'occasion dans notre

1. Belaïd Abdesselam m'explique que dans l'Allemagne de l'Est (DDR), nos étudiants algériens sont souvent soumis à des pressions d'ordre politique et d'endoctrinement et que souvent, les autorités allemandes essayaient de convertir nos étudiants au communisme. Il ajoute que les conditions matérielles d'études aux États-Unis sont beaucoup plus intéressantes et l'enseignement est meilleur, plus ouvert sur le monde extérieur et avec une certaine liberté de pensée, ce qui n'était pas le cas dans les pays communistes comme la DDR.

2. Benyahia était le directeur de cabinet de Ferhat Abbas, premier président du Gouvernement provisoire de la République algérienne (GPRA). Je l'ai rencontré en Algérie lors d'un rassemblement à la forêt de Sidi Ferruch avec Baba Ali Benyoussef, un ami de mon village. C'était lors de mes premiers pas dans le militantisme.

restaurant préféré « El Dhamiati », le spécialiste de la *taamia*, du *foul medammes, falafel* et *chalata*.

Rencontre avec l'Ambassadeur des USA au Caire

Je me rends au bureau de Belaïd Abdesselam à 9 h 30 du matin. Là, je rencontre Benyahia Mohammed qui m'attendait. Abdesselam nous présente. Benyahia m'indique comment la rencontre va avoir lieu. Il souligne que l'ambassadeur est son ami et un ami de l'Algérie à titre personnel.

— J'ai l'habitude de le rencontrer et d'échanger des nouvelles avec lui. Bien qu'il soit un ambassadeur d'un pays « ennemi », il entretient des relations amicales avec nous. Donc, il faut te mettre à l'aise avec lui. Je vais d'abord échanger des nouvelles en parlant de choses diverses, après quoi je lui indique l'objet de ma visite. Je vais te présenter comme un officier de l'ALN qui est envoyé faire des études aux USA grâce à une bourse de l'USNSA. Il va te poser des questions, il faut te sentir à l'aise. Après quoi on abordera ta situation.

Belaïd ajoute :

— Il faut bien clarifier la question des papiers que tu dois prendre avec toi et des règles de jeux que nous devrons suivre avec eux, puisqu'il va y avoir beaucoup plus d'étudiants aux USA. On veut que la présence d'étudiants algériens aux USA soit couronnée de succès. Vous en êtes les ambassadeurs.

On se rend à l'ambassade qui se trouve à Garden City. Le Protocole nous attendait. On nous conduit dans une salle d'attente. Après quelques instants, c'est l'ambassadeur lui-même qui nous accueille et nous fait entrer dans son bureau.

L'ambassadeur engage la discussion le premier en posant une série de questions sur la situation en Algérie. Benyahia lui donne un aperçu général sur la guerre et ses effets néfastes sur la population civile. Il lui signale que malgré la dernière offensive, l'armée française n'a pas réussi à mater l'ALN comme elle avait prédit de le faire. Nos moudjahidine grâce à leur ingéniosité ont su riposter. Sur le plan politique, de Gaule est en train de manœuvrer avec les différentes factions politiques pour se positionner au moment opportun pour engager les négociations en une position de force. De notre côté, on lui tend la perche pour qu'il puisse engager avec nous des négociations sérieuses.

Benyahia met fin à cette discussion pour lui indiquer qu'il a demandé à le voir pour lui parler de moi, nouveau boursier de l'USNSA, pour aller étudier aux USA. Il lui indique que je suis un haut officier de l'ALN et en cette qualité, le FLN veut bien faire les choses afin que l'expérience réussisse.

L'ambassadeur se tourne vers moi et me pose une série de questions personnelles. Quel âge as-tu ? Combien de temps es-tu resté au maquis ?

Dans quelle région étais-tu ? Quel grade as-tu dans l'ALN ? Quel niveau d'études as-tu atteint ?

Benyahia me demande de lui répondre avec le plus de détails possible. Ce que je fis.

L'ambassadeur me demande de lui montrer mon passeport. Je le lui donne. Je lui signale que le nom, prénom ainsi que le lieu et la date de naissance sont faux.

Il me dit qu'il va falloir changer de passeport par un autre portant le nom, prénom et date de naissance et la fonction exacte. Le lieu de naissance peut être différent. Il faut le changer le plus tôt possible. Puis, il se tourne vers Benyahia pour lui dire qu'il est préférable que je remplisse le formulaire de demande de visa dès maintenant. Il demande à sa secrétaire de lui en apporter un. Benyahia est d'accord pour que je le remplisse de suite.

Il me donne le formulaire et je commence à le remplir. Je le consulte au sujet de deux rubriques telles que :

— Avez-vous fait partie d'une organisation subversive ? L'ambassadeur m'indique qu'il faut dire « Non ».

— Avez-vous participé à une révolte contre votre gouvernement ? L'ambassadeur m'indique que « Votre révolte actuelle est différente. Cela n'a rien à voir avec cette question. Répondez "Non" ».

Je remets le formulaire à l'ambassadeur. S'adressant à Benyahia, il lui demande d'accélérer l'obtention du nouveau passeport et de le lui remettre le plus tôt possible avec les photos.

Benyahia remercie l'ambassadeur de son chaleureux accueil et de l'aide qu'il nous a fournie. Je vais voir Belaïd pour qu'on entame les démarches pour l'obtention du passeport à l'ambassade du Maroc.

Rencontre avec Mustapha Lakhal

Bien qu'Ouamrane nous ait conseillé de ne pas rencontrer Mustapha Lakhal[1], Si Ali a tenu à le voir. Pour lui, il n'était pas question de quitter Le Caire sans l'avoir vu et surtout sans avoir entendu sa version quant à ses relations avec la Révolution et le FLN. Par l'intermédiaire d'un ancien étudiant à l'Université d'Al-Azhar, on a réussi à le localiser et à le trouver. On lui a fixé rendez-vous.

Ali et moi avons toutefois pris nos précautions. Nous avons d'abord tenu à le rencontrer au cercle des étudiants près de l'université en plein public. De plus, on a averti Ali Oubouzar, qui ne le connaissait pas, d'être témoin de

1. Mustapha Lakhal de son vrai nom Saïdi Djemaï ou Ali Zeghdani a été appréhendé par la garde nationale tunisienne (après avoir été dénoncé par un chauffeur du GPRA) et exécuté par le FLN en 1959 dans le complot connu sous le nom de « complot Du Kef ». Parmi les personnes exécutées il y avait le colonel Lamouri.

cette rencontre, mais à distance. Ceci afin de se protéger au cas où quelque chose d'imprévu pouvait se passer comme une intervention des services secrets égyptiens ou algériens.

La rencontre a eu lieu sans aucun incident. Mustapha nous attendait seul. Il était attablé dans un coin retiré. Il nous invite à nous asseoir après nous avoir salués chaleureusement. Il était en particulier très heureux de revoir Si Ali, un compagnon de la wilaya IV. Ce dernier entre très vite dans le vif du sujet.

— Nous avons été envoyés par Si M'Hamed pour faire des études à l'étranger. Nous sommes arrivés il y a à peu près deux semaines. On a appris que tu étais là. On a décidé de te rencontrer bien qu'on nous ait vivement déconseillé de le faire sous le prétexte que tu as intégré les services secrets des Égyptiens. Quelle est la vérité ?

— Me sentant en danger d'être éliminé par les frères, je me suis réfugié chez les Égyptiens qui m'ont offert protection. Je ne collabore pas avec eux. Je ne suis pas à leur service ni au service de personne. Je me suis révolté devant l'attitude bourgeoise qui caractérise la plupart de nos responsables ici au Caire. Je l'ai même dénoncé ouvertement. C'est pourquoi ils m'en veulent. Pour le moment, je suis en position d'attente.

Mustapha nous a révélé en particulier l'assassinat de plusieurs djounoud et officiers, dont le seul crime est d'avoir refusé l'arbitraire et l'injustice et il a même fait état de corruption et de dilapidation des deniers de la Révolution. Il considère qu'il est victime de l'esprit de clan et du régionalisme.

Départ sur Genève

Après avoir attendu presque trois semaines au Caire pour l'obtention de mon visa, l'UGEMA demande à Belaïd de m'envoyer à Genève. D'après les responsables en Suisse, il est plus facile d'obtenir le visa à partir du consulat général des USA à Genève que du Caire parce que le consulat a déjà octroyé le visa aux deux autres boursiers de l'USNSA (Chérif Faïdi et Mohamed Sahnoun), c'est-à-dire qu'ils sont maintenant au courant de notre cas. Je pars donc à Genève où je suis accueilli par Ould Rouis Bachir, un cousin éloigné. C'était la veille de Noël, le 24 décembre 1958.

Grâce à Bachir, je réussis à contacter l'UGEMA à Lausanne qui dépêche son vice-président des Affaires internationales, Abdellaoui Mohamed. On se rencontre à Genève. Ensemble, on rencontre le consul général des USA à Genève.

Rencontre avec le Consul général des USA à Genève

Au cours de la première rencontre avec le consul, je remplis le formulaire de demande de visa. Je ne fais pas du tout référence à la demande de visa que j'ai soumise au Caire. Après à peine cinq jours, Abdellaoui m'informe que le consul veut me voir. Il nous reçoit dans son bureau.

— Monsieur Megateli, j'ai le plaisir de vous remettre votre visa. Toutefois ce visa est celui que vous avez demandé au Caire. Pourquoi avez-vous omis de signaler que vous avez déjà fait une demande de visa à notre ambassade au Caire ?

— Je m'excuse. Je n'ai pas fait attention.

— J'ai un conseil à vous donner pour l'avenir. Ne faites jamais de fausses déclarations aux services officiels du gouvernement des USA. Les punitions sont très sévères. Nous ne prendrons aucune sanction cette fois-ci. Je vais vous remettre officiellement votre visa. Mais auparavant, je dois vous demander de jurer sur votre honneur que vous n'allez vous engager dans aucune action de terrorisme sur le territoire américain.

— Je jure.

— Que vous n'allez vous engager dans aucune action de trafic de drogue, ni de prostitution.

— Je jure.

— Que vous n'allez vous engager dans aucune action de subversion contre l'État américain.

— Je jure.

— Que vous n'adhérerez pas à un parti ou une organisation communiste.

— Je jure.

— Sur ce, je vous remets, au nom du gouvernement américain, votre passeport portant le visa d'entrée aux USA. Je vous souhaite un bon voyage et beaucoup de succès dans vos études.

17
Départ pour les USA

Je décide de gagner les USA à partir de l'Espagne. Cette décision est motivée par le fait que mon cousin maternel, Benramoul Redha, se trouve dans la ville de Barcelone. Je passe deux jours en sa compagnie. Je ne l'avais pas vu depuis mai 1956. Redha avait émigré d'abord en France puis en Espagne afin de poursuivre des études. À Barcelone, il avait trouvé un travail comme gardien de nuit dans une usine. J'ai partagé la chambre qu'il avait à l'usine. Nous avons passé deux jours très agréables revivant nos souvenirs d'enfance. J'ai profité pour avoir des nouvelles de la famille à Médéa et à Berrouaghia avec lesquelles il était en contact.

De Barcelone, j'ai pris l'avion sur Madrid et de Madrid j'ai pris un vol direct de la TWA sur New York City avec escale technique aux îles des Açores dans l'océan Atlantique. C'était un quadrimoteur (avion à hélice) appelé « jet stream ». La traversée de l'Atlantique a duré plus de 12 heures. C'était la première fois que je prenais un long courrier. Je me souviens très vivement de cette traversée. Souvent, on était secoué quand on traversait des zones de turbulence, parfois violemment. J'ai eu peur d'autant plus que c'était mon premier long voyage en avion. Enfin, nous avons atterri à l'Aéroport international de New York. Le ciel était clair, sans nuages. À l'atterrissage, je pouvais voir, de ma lucarne, les gratte-ciels de l'île de Manhattan qui pointaient comme des fusées dirigées vers le ciel. Quelle vue époustouflante ! Elle me laissait à la fois pensif et rêveur. Pensif parce que je ne savais pas ce que me réservait cette « aventure américaine ». Rêveur parce que je pensais au colonel Si M'Hamed qui m'a donné une chance inouïe de reprendre mes études. Je me voyais déjà parler l'anglais couramment et avançant avec succès dans mes études.

On atterrit à l'Aéroport international de New York – actuellement Kennedy International Airport – aux environs de huit heures du matin, le 2 février 1959. Une date inoubliable pour moi ! Un petit Berrouaghien tout d'un coup catapulté à New York City. Quelle aventure ! Quelle aubaine !

En quittant l'avion pour rejoindre le terminal, j'ai eu un avant-goût du froid de New York City. Mon visage est fouetté par un vent glacial. Mes oreilles étaient glacées. Il faisait très froid et la neige couvrait le sol.

Heureusement que j'avais sur moi une canadienne beige avec un col en laine que m'avait offert Bachir Ould Rouis, un cousin à mon départ de Genève.

Je suis accueilli par Jim Baker, président de l'Association nationale des étudiants des États-Unis (USNSA – *United States National Student Association*) et de Mohamed Sahnoun, un étudiant algérien bénéficiant d'une même bourse que moi et qui était arrivé avant moi il y a à peu près deux mois.

Je suis alors invité à prendre le petit déjeuner à la cafeteria de l'aéroport. J'ai eu droit à mon premier « Breakfast américain » : deux œufs au plat frits, deux pancakes au sirop d'érable, deux tranches de pain grillées, du beurre, de la confiture et un café au lait. C'était mon premier baptême aux habitudes culinaires américaines.

Baker parlait le français et Sahnoun se débrouillait déjà en anglais. Tous les deux m'ont mis à l'aise et sans tarder, on m'informe sur le programme. On allait me conduire directement à l'*American Language Center* de l'université de Columbia pour faire un test en anglais. Je fais remarquer à Baker que je n'ai aucune connaissance d'anglais. Il me signale qu'il s'agit d'un test de niveau pour connaître mes aptitudes à écouter, prononcer, à déchiffrer la langue et connaître ma diction. C'est, dit-il, ce test qui permettra de fixer mon point d'entrée. Après le test qui dure seulement une demi-heure au magnétophone, on me fait remplir des formulaires d'inscription du bureau de l'administration du centre. On m'informe déjà que je dois commencer mes cours dès le lendemain matin parce que le programme a déjà démarré depuis une semaine. Tout de suite après mon test, on m'emmène au *Rockefeller International House* pour que j'obtienne une chambre. Je suis logé au 4e étage, non loin de la chambre où habite Sahnoun. Je dépose mes affaires dans la chambre. Elle était étroite, mais confortable. J'avais un petit bureau pour étudier.

Le lendemain après le petit déjeuner, je pars au centre avec Sahnoun et j'entame mes cours d'anglais, qui commencent à 9 heures du matin et se terminent à 4 heures de l'après-midi. À midi, il y a une interruption d'une heure pour le déjeuner et de courtes interruptions d'un quart d'heure, appelées *Coffee Hour*. Ces interruptions nous permettaient de pratiquer notre anglais avec nos camarades et nos professeurs. Elles étaient très utiles.

J'ai débuté mes cours au niveau de débutant, le plus bas. J'avais comme camarade de classe une Japonaise, Yamamoto, qui ne connaissait que le japonais. Au début, elle ne connaissait même pas l'alphabet. Chaque quinze jours elle devait prendre un test de niveau. À ma grande surprise, Yamamoto passe au niveau supérieur alors que moi je reste au même niveau. Touché dans mon amour propre et intrigué par ce résultat éclatant pour elle, je lui demande comment elle a fait pour faire autant de progrès. Elle me dit qu'elle a un secret et qu'elle allait le partager avec moi :

— J'ai pris quatre décisions dès que j'ai commencé mes cours :

– Parler tout le temps seulement en anglais en pratiquant tout ce que j'apprends en classe

– Ne pas être intimidée en parlant l'anglais

– Ne pas avoir honte de ma prononciation ni de mon accent, et enfin

– Faire des efforts supplémentaires en écoutant dans ma chambre chaque soir avant de dormir des leçons d'anglais sur disques que j'ai achetées en utilisant un tourne-disque portable.

J'ai appliqué tout de suite ce qu'elle faisait. Non seulement j'ai vite progressé, mais j'ai réussi à la dépasser grâce à ma connaissance du français. J'ai pu donc, en six mois, passer le *Test of English as a Foreign Language* (TOEFL) avec une note satisfaisante qui me permettait d'entamer mes études à l'université de la Californie du Sud dès le mois d'août 1959 et non à l'université du Texas à Austin avec Chérif Faïdi, comme il était initialement prévu.

Je devais rejoindre Chérif Faïdi, un autre étudiant bénéficiant de la même bourse que moi, en Texas, mais j'ai été affecté par le fait que Chérif Faïdi fut victime de la ségrégation raciale qui sévissait au Texas et qui touchait les Noirs américains et les Américains d'origine mexicaine. On a refusé de le servir parce qu'on l'a pris pour un mexicain. Choqué par cet incident, il se plaint au vice-président des affaires internationales en lui disant qu'on la prit pour un *nigger*, mot péjoratif équivalent à une insulte. Chérif qui ne maîtrisait pas encore bien l'anglais a purement et simplement utilisé le mot français « nègre » sans savoir qu'en anglais ce terme était une insulte. Il s'est avéré que ce vice-président de l'USNSA était noir !

Séjour à New York City

Je suis resté à New York City six mois environ. J'ai eu l'occasion de connaître toutes les personnes qui travaillaient au bureau du FLN auprès des Nations Unies. Créé par Aït Ahmed, le bureau fut dirigé par M'hamed Yazid puis par Abdelkader Chanderli. Ce dernier était appuyé par Raouf Boudjakdji et Haouari Godih[1]. L'administration était dirigée par Barbara Malley et Elaine Klein. Ce bureau a joué un rôle important dans l'accueil et le suivi des premiers étudiants aux États-Unis. Il était aussi une source de fierté pour la petite communauté algérienne.

J'ai eu aussi l'occasion de connaître la petite communauté algérienne qui s'élevait à une quinzaine de personnes environ. Il y avait entre autre

1. Goudih Haouari est originaire de Mostaganem. Très jeune, il part en France où il s'adonne à la boxe. Il devient très vite champion de France de poids léger. Il émigre aux USA où il tente sa chance toujours dans la boxe. Il dispute le championnat du monde, mais il est battu. Le Bureau du FLN le recrute comme coursier.

Mohamed Kernane[1], Saïd le boxeur, Khalfa un autre boxeur, Abdesselam Belkacem, Tabtab[2], Amar Belala[3], Redha Benchoubane et Meriem. Cette dernière était mariée à un haut fonctionnaire de l'administration postale de la ville de Brooklyn.

Durant mon séjour à l'*International House*, j'ai fait la connaissance d'Olatunji, un étudiant du Nigeria qui était aussi un artiste chanteur dans sa langue et musicien jouant le grand tambour africain. Il était aussi le président de la section de l'*All African Student Union*, une organisation qui représentait tous les étudiants africains aux USA. Avec son appui, j'en suis devenu membre. Avec lui, je visitais des écoles et des lycées pour présenter l'Afrique, sa lutte pour l'indépendance, sa culture, son peuple et son histoire. Cela m'a permis d'apprendre à faire des discours en Anglais et de débattre de sujets politiques divers. J'ai eu aussi la chance de rencontrer deux leaders africains, Azikiwi du Nigeria et Tambara du Kenya. Cette activité me permettait aussi de faire connaitre l'Algérie et sa révolution[4].

Chanderli faisait souvent appel à moi pour accueillir les étudiants algériens en transit à New York International Airport. Je les aidais à prendre leur correspondance. Je me rappelle avoir accueilli Rachid Bestani et Mohamed Themini qui venaient dans le même avion du Maroc. L'un partait sur Chicago, l'autre sur Philadelphie. Rachid garde à ce jour un souvenir de cet accueil. Imprégné par l'esprit de la Révolution, répétant ce que je disais :

— Je m'appelle Abderrahmane Megateli. Au nom du Front de Libération Nationale et de son Bureau à New York City, je vous souhaite la bienvenue

---

1. Kernane Mohamed est originaire de Bougie. À l'âge de quatorze ans, il quitte l'Algérie par bateau pour la France en compagnie de son oncle. Là, il s'engage dans l'armée française en falsifiant son âge. Il se retrouve aux USA comme apatride. Il entre dans la marine marchande et devient un chef cuisinier. Il vadrouille à travers le monde. Et après un certain temps, il atterri aux USA comme chef cuisinier. Je le rencontre la première fois à New York City. D'une intelligence exceptionnelle, il devient l'ami et le chouchou de la communauté étudiante aux USA. Je garde de lui des souvenirs inoubliables.

2. Tabtab avait atterri aux USA pendant la Première Guerre mondiale. Il était très jeune. Originaire de la région de Palestro, il n'était jamais retourné au pays. Il avait même oublié sa propre langue. Mais dès qu'il apprit qu'il y avait un bureau du FLN à New York, il s'y est présenté. Chaque mois, il faisait un don pour la Révolution.

3. Amar Belala s'était engagé dans l'armée allemande pendant la Deuxième Guerre mondiale. Il fut fait prisonnier par les Américains qui l'ont incarcéré à San Francisco jusqu'à la fin de la guerre. Il fut libéré aux USA. Il s'est installé à New York avec sa femme, une allemande. Il n'avait pas d'enfants. À l'indépendance, il retourne à Alger où il représente plusieurs compagnies allemandes. Il réussit très bien. Je l'ai retrouvé en 1962. Il a abrité Aït Ahmed chez lui quand ce dernier s'est évadé de la prison d'El Harrach. Il est incarcéré à Berrouaghia, puis libéré en même temps qu'Aït Ahmed. Il quitte l'Algérie et construit un hôtel quatre étoiles à Agadir.

4. L'auteur était aussi un membre fondateur de la section de l'UGEMA (Union générale des étudiants musulmans algériens) aux États-Unis. Voir Clement Moore Henry, *L'UGEMA, Union générale des étudiants musulmans algériens (1955-1962) : Témoignages. Note de LM.*

aux USA. Je suis ici pour vous aider à prendre votre correspondance vers votre destination finale.

Je me rappelle avoir essayé de soulever la valise de Themini. Elle était tellement lourde que je lui posai la question :

— Qu'as-tu dans cette valise ? Il me répond :

— En plus de mes habits et livres, beaucoup de kilos de couscous !

J'ai aussi tenu un stand sur l'Algérie et la Révolution à Garden City. J'ai été aidé par Noël Favrelière. Là, j'ai rencontré beaucoup de représentants de la communauté noire américaine en particulier « The Nation of Islam » et la « NAACP ». J'ai d'ailleurs maintenu avec elles le contact durant toute la durée de mes études.

Avec Sahnoun, j'ai eu l'occasion de rencontrer un Algérien qui portait le nom de Mahmoud Boutiba. Sa mère était une Algérienne de Constantine. Elle s'était mariée avec un Vénézuélien et vivait au Venezuela. Mahmoud était né au Venezuela et avait la nationalité vénézuélienne. Boutiba préparait un doctorat en sociologie. Pour payer ses études, il travaillait comme barman dans le quartier de Greenwich Village. Il était très cultivé et il était un bon cuisinier. Bien qu'il n'ait jamais connu l'Algérie, il connaissait bien son histoire et celle de sa famille qui était très connue à Constantine. De plus, ayant vécu longtemps à Manhattan, il connaissait beaucoup de monde et il connaissait bien la sociologie de la ville. C'était un plaisir de l'écouter et de parler avec lui.

Avec Raouf Boudjakdji et Mohamed Sahnoun, nous avons essayé d'organiser la petite communauté algérienne à New York City. Chanderli, comme responsable du FLN, avait donné sa bénédiction. Toutefois, il ne voulait pas que cette association soit dirigée par Mohamed Kernane. Or, la rencontre a eu lieu dans son appartement. De plus, c'est grâce à lui et à ses relations que nous avons pu réunir autant de personnes. On était plus de vingt personnes. J'ai été désigné comme président de séance. La réunion s'est très bien déroulée. On a adopté un programme d'action et les statuts de l'association. Il était prévu un président, un vice-président, un secrétaire, et un trésorier. Les cotisations sont fixées à cinq dollars par mois par personne et à trois dollars par étudiant. On procède aux nominations. Kernane est nommée à l'unanimité comme président et élu par acclamation. Il a été félicité pour ses efforts et son hospitalité. J'ai été élu vice-président.

Quand on a donné un compte rendu de la réunion à Chanderli. Celui-ci a refusé d'accepter que le président soit Kernane. Ne pouvant annuler les résultats, il nous suggère de la mettre en « veilleuse ». C'est ce qui s'est finalement passé.

Et notre première expérience en démocratie a connu un échec fulgurant. Ce fut un mauvais présage pour l'avenir.

Comme j'habitais près de Harlem, je suis devenu amoureux de cette partie de la ville de New York. À l'époque, elle n'était habitée que par des noirs. Très rare les blancs qui s'y aventuraient. Pourtant j'y allais souvent. J'y ai découvert deux bars restaurants qui appartenaient à deux fameux boxeurs noirs : Joe Luis et Edgar J. Robinson. Comme ils étaient en retraite, ils venaient souvent rencontrer leurs anciens amis. Ils étaient très accessibles et aimaient raconter leurs exploits. L'ambiance y était bonne et très chaleureuse.

Après un séjour de six mois environ, je quitte New York pour Los Angeles. Sur mon chemin, j'assiste aux congrès de l'USNSA à Champaign-Urbana dans l'Illinois près de Chicago. Là, je rencontre tous les étudiants algériens, boursiers de l'USNSA et de l'IIE (*International Institute of Education*) du secrétariat de l'Education, c'est-à-dire le ministère de l'Éducation nationale.

18
Séjour à Los Angeles

Le voyage jusqu'à Los Angeles

De Decatur, Illinois je pars par route à Los Angeles dans la voiture du correspondant de l'USNSA pour le sud de la Californie. Ce dernier m'a été présenté par Harold Baker, président de l'USNSA. Il doit m'aider à m'installer à Los Angeles. Je devais habiter dans la même coopérative où il habitait : « The Wesley House ».

Le voyage a duré quarante-huit heures environ. On a traversé les États suivants : l'Illinois, l'Iowa, le Nebraska, le Colorado, l'Utah, le Nevada et la Californie. On fit ce trajet de 2000 miles (3200 km) environ en deux étapes : Decatur-Denver et Denver-Los Angeles. À Denver, Colorado on a été hébergé par un étudiant membre de l'USNSA et ami du correspondant de l'USNSA.

Le paysage était verdoyant. Jusqu'aux pieds des montagnes Rocheuses, on traversait de vastes champs de culture variée, surtout le maïs et des forêts. Il y avait aussi des espaces de pâturage où on procédait à l'élevage du bovin en pleine forêt. C'était une culture intensive sur de grandes surfaces. La chaîne des montagnes Rocheuses, dont les sommets encore recouverts de neige, offre un spectacle impressionnant. Denver est une ville très pittoresque offrant un paysage très accueillant avec ses grands parcs.

On est émerveillé par notre passage à Las Vegas. Construite dans le désert, cette ville est unique en son genre. Ses grands hôtels sont de véritables petits villages où les touristes trouvent beaucoup de distractions, spectacles, et restaurants offrant une cuisine des quatre coins du monde. Chaque hôtel est conçu selon un thème spécifique : le *Venetian* comme Venise avec ses gondoles qui flottent sur les canaux et le fac-similé de six immeubles fameux de cette ville, *Luxor* joue sur le thème de l'ancienne Égypte avec ses pyramides. De plus, les salles de jeux sont très grandes animées par une foule avide de jouer sa dernière chance. On fait tout pour vous inciter à jouer : boissons, chips, etc.

Arrivée à Los Angeles

On arrive à Los Angeles le soir, à la fin du mois d'août 1959. Le correspondant de l'USNSA m'amène directement au « Wesley House »[1] où il habite. C'est une grande maison à deux étages qui appartient à l'église méthodiste de l'Université de la Californie du Sud. La coopérative offre des chambres aux étudiants de confession méthodiste.

Dès notre arrivée, le correspondant de l'USNSA me présente au responsable de la coopérative. Elle se trouve très près de l'Université. On me propose une chambre que je dois partager avec Lyle Petterson, étudiant en dentisterie. La chambre est située au rez-de-chaussée. J'arrange mes affaires et mon lit et je me dirige vers la salle à manger. C'est l'heure du repas du soir. Tous les pensionnaires sont autour de la table à manger. En tout douze pensionnaires. Deux seulement sont étrangers : moi et un Chilien. Chacun se présente. Le pensionnaire le plus ancien nous explique le règlement et nous donne un imprimé à ce sujet. Ce sont les pensionnaires qui gèrent la coopérative dans tous les domaines. Chaque pensionnaire, à tour de rôle, prépare le repas du soir et fait la vaisselle.

Je séjourne jusqu'au mois de juin 1960. À cette date, je quitte et avec Lyle, nous louons un appartement dans un complexe d'appartements très moderne avec club de loisir, piscine et laverie. Après un an, je décide d'habiter seul dans un petit studio tout près de l'université. Cet appartement était loué par un étudiant syrien que j'ai connu. Ce syrien me propose de le prendre à la fin de son bail. Le propriétaire accepte de me le louer pour un prix très raisonnable.

Mon séjour à l'université

Grâce au correspondant de l'USNSA, je m'inscris comme étudiant spécial aux cours du soir parce que je n'ai pas mon diplôme de baccalauréat. J'ai demandé à mon père de me l'obtenir à l'Académie d'Alger. Je choisis Ingéniorat des Pétroles. Je commence mes études en m'inscrivant dans quatre cours : anglais, algèbre, géologie et gouvernement, soit 12 heures de crédit. Mes cours commençaient le soir à 7 heures du soir et se terminaient à 10 heures. J'avais classe chaque semaine, du lundi jusqu'au jeudi.

Pour préparer mon inscription en qualité d'étudiant régulier, je prends l'examen du SAT (*Scholastic Aptitude Test*). J'obtiens des résultats satisfaisants pour être admis. Je mène une vie d'étudiant assez active. J'adhère à l'*Organization of Arab Students* et je continue mes activités à l'organisation *All African Student Union* à laquelle j'avais adhéré quand je faisais mes cours d'anglais à New York City.

---

1. John Wesley (1703-1791) était un prêtre anglais qui, avec son frère Charles Wesley, a fondé l'Église méthodiste.

Le consulat de France me contacte

Un jour, je reçois une lettre du Consulat de France à Los Angeles me demandant de passer au consulat pour retirer mon diplôme du Bac. Je demande au représentant de l'USNSA et Lyle mon collègue qui partage avec moi l'appartement, de m'accompagner au Consulat de France. J'avais peur d'aller seul parce que je craignais d'être arrêté. J'ai d'ailleurs bien expliqué le danger que j'encourrais à mes deux accompagnateurs. Je leur ai demandé de me suivre partout où j'allais et de donner l'alerte au cas où je suis appréhendé. On arrive au consulat et je me présente. Le concierge me dit d'attendre. Après un certain temps, il reçoit un coup de fil. Il parle assez longuement sans dire grand-chose, mais tout en me fixant et en secouant sa tête. Après quoi, il s'adresse à moi et me dit d'un air un peu menaçant : « Ils t'attendent en haut ». Je me lève pour monter les escaliers et je dis à haute voix : « *Let's go* » (Allons-y). Ils me suivent. On entre dans une salle d'attente. Une secrétaire nous accueille et nous demande de patienter. Après quelques instants, la secrétaire s'adresse à moi et me dit : « Le consul vous attend. » Et elle m'ouvre la porte de son bureau. À ce moment-là, je dis à mes accompagnateurs de m'attendre et d'être prêts à appliquer le système d'alerte si je mets du temps à sortir du bureau du consul. J'étais vraiment sur mes gardes.

J'entre dans le bureau. Le consul vient vers moi et me tend sa main et me salue. Je fais la même chose. Puis il me demande de m'asseoir et me dit :

« Cela fait combien de temps que vous êtes ici à Los Angeles ?

Je réponds :

— Quatre mois.

Il continue :

— Est-ce que vous vous êtes inscrit au consulat ?

Je réponds :

— Non.

Il réplique :

— Il va falloir le faire bientôt.

Puis il me dit :

— L'Académie d'Alger nous a envoyé votre diplôme du Baccalauréat. J'ai l'honneur de vous le remettre en mains propres. Je vous demande uniquement d'émarger ici », en me montrant un registre et l'endroit où il faut signer.

Je pose ma signature et je reçois mon diplôme. Sans tarder, je le remercie et je m'excuse auprès de lui. Il appelle sa secrétaire et lui demande de m'accompagner.

Et je quitte le consulat avec mes amis, tout content d'avoir récupéré mon diplôme sans aucune difficulté.

Inscription à l'université

Avec mon diplôme du bac entre mes mains, je m'inscris à l'université de la Californie du Sud comme étudiant régulier dans le département de génie pétrolier. J'obtiens mon diplôme de Bachelor et de Master in Petroleum Engineering en 1963 et 1964 respectivement.

19
Retour au pays après l'indépendance et l'émigration[1]

Après avoir terminé mes études d'ingéniorat pétrolier à l'université de la Californie du Sud, je suis retourné à Alger en passant par Paris en juin 1964. Enfin, je me suis retrouvé avec ma famille et les frères moudjahidine. J'ai passé la première soirée avec mes parents à Kouba. J'ai aussi rencontré Si Yahia Megherbi[2], Si Abderrahmane (Chaïd Hamoud)[3], et Abdelkader Kabdi[4] ainsi que Nordine Aït Laoussine[5], Belaïd Abdesselam[6], Chérif

---

1. Ce chapitre incomplet est basé sur des notes de l'auteur concernant la table des matières et le plan du livre. *Note de LM.*

2. Un compagnon de l'auteur au maquis, sous-lieutenant (chef de la région 3, zone 7, wilaya V) puis capitaine et chef de la zone 7 de la wilaya V. Un très bon ami de la famille. Originaire de Biskra, sa famille avait une ferme familiale de dattiers du type *deglet nour*. Après l'indépendance, il a fait preuve d'un formidable esprit d'entreprise et a lancé une série d'entreprises, dont une librairie et une entreprise de télécommunications. *Note de LM.*

3. Un compagnon de l'auteur au maquis et capitaine de la wilaya VI, a écrit un livre sur le maquis *Sans Haine ni Passion : Pages d'histoire de l'Algérie combattante.* Après l'indépendance, responsable de diffusion du journal *Révolution africaine*, directeur de la Comité de gestion des hôtels et restaurants, membre du cabinet du ministre de l'Orientation nationale, chef du centre national de diffusion des moyens pédagogiques à l'IPN (Institut pédagogique national), chef de département des moyens généraux au CNI (Commissariat national de l'informatique), et plus tard sénateur (2001-2019). *Note de LM.*

4. Capitaine de la wilaya IV. *Note de LM.*

5. Doctorat en géologie pétrolière de l'université du Michigan, conseiller technique de Belaïd Abdesselam au ministère de l'Industrie et de l'Énergie, vice-président exécutif de la division hydrocarbures à la Sonatrach, puis vice-président exécutif de la division commercialisation, plus tard en 1980 fondateur et président de Nalcosa, une société de conseil à Genève dans le domaine de l'énergie, ministre de l'Energie dans le gouvernement de Sid Ahmed Ghozali (1991-92). *Note de LM.*

6. Militant du PPA-MTLD, membre du Comité central du MTLD, président de l'AEMAN, un membre fondateur de l'UGEMA, conseiller de Tewfiq Madani, ministre des Affaires culturelles du premier GPRA, conseiller de Abdelhamid Mehri, ministre des Affaires sociales du deuxième GPRA, et conseiller aux affaires économiques dans le cabinet de Ben Khedda, président du troisième GPRA. Après l'indépendance, responsable des affaires économiques à l'Exécutif provisoire, président de la délégation algérienne dans les négociations pétrolières avec la France, premier président de la Sonatrach (1964-66), ministre de l'Industrie et de l'Énergie (1965-77), ministre des Industries légères (1977-79), et plus tard ministre de l'Économie et premier ministre (1992-93). *Note de LM.*

Faïdi[1] et Lamine Khène[2].

En 1965, je me suis marié avec Khedaoudj Gadiri.

Je me suis lancé au projet des études des réserves d'Algérie avec *Core Laboratories*[3] et *DeGolyer and MacNaughton*[4]. J'ai été recruté à l'Organisme saharien (OS)[5] où j'ai travaillé jusqu'en avril 1965 comme

1. Un membre fondateur de l'UGEMA, diplôme d'ingénieur pétrolier de l'université du Texas à Austin, ingénieur dans l'Organisme saharien (OS), un membre fondateur et premier directeur de la recherche dans la direction Recherche et Production de la Sonatrach, plus tard envoyé de l'OPEP à Vienne, directeur général du Groupe Bin Jabr à Abu Dhabi, et consultant pétrolier international. *Note de LM.*

2. Militant du MTLD, un membre fondateur de l'UGEMA, capitaine de la wilaya II, secrétaire d'État à la Jeunesse du premier GPRA. Après l'indépendance, président de l'Organisme saharien (OS) et de l'Organisme de coopération industrielle (OCI), et plus tard ministre des Travaux publics, secrétaire général de l'Organisation des pays exportateurs de pétrole (OPEP), président de l'Organisation des nations unies pour le développement industriel (ONUDI). *Note de LM.*

3. Une compagnie internationale de services de premier plan dans l'industrie pétrolière, fondée à Dallas, Texas en 1936 et dont le siège se trouve actuellement à Houston et à Amsterdam. Cette société exerce ses activités dans trois domaines : la description du réservoir, l'amélioration de la production et la gestion du réservoir (comprenant l'analyse des réservoirs et des carottes de forage, l'optimisation des réservoirs et la récupération maximale des hydrocarbures). (Voir aussi la note de bas de page sur Alcore.) *Note de LM.*

4. Une compagnie internationale de conseil pétrolier très respectée basée à Dallas, Texas depuis 1936 qui fournit, entre autres, des évaluations des réserves, des simulations de réservoirs, des analyses géologiques et pétrophysiques, et des prévisions financières. *Note de LM.*

5. Un organisme transitoire paritaire algéro-français pour la gestion et la réglementation de l'industrie pétrolière algérienne et l'octroi de titres miniers, créé à l'indépendance par les accords d'Évian en mars 1962, aussi connu sous le nom de l'Organisme technique de mise en valeur des richesses du sous-sol saharien, avec Lamine Khène comme président et Claude Cheysson comme directeur général. L'OS a pris la suite de l'OCRS (Organisation commune des régions sahariennes) formé en 1957 et régis par le CPS (Code pétrolier saharien) de 1958 pour l'expansion économique, surtout l'exploitation des hydrocarbures, des zones coloniales françaises dans le Sahara. Les accords d'Évian maintenaient le cadre juridique et le régime des concessions du CPS et continuaient d'accorder la priorité aux sociétés françaises pour les permis de recherche et d'exploitation des hydrocarbures algériens pendant six ans. Pour les sociétés françaises, il fallait préserver ses avantages et éviter de renoncer au fruit de leur travail dans la découverte et la production de gisements d'hydrocarbures avant d'avoir achevé leurs amortissements. Pour les Algériens, les hydrocarbures étaient indissociables au sang algérien versé et étaient essentiels au développement du pays nouvellement indépendant (Nicole Grimaud, *La politique extérieure de l'Algérie*, p. 58). Avec les accords d'Évian, la France a pu conserver le régime concessionnaire des hydrocarbures en le séparant de la question du contrôle politique qui a été résolue par la reconnaissance de l'indépendance algérienne. Ce compromis signifiait également que le régime concessionnaire était « en état de sursis, un vestige voué à la disparition dans un terme plus ou moins rapproché » (Samir Saul, « Politique nationale du pétrole, sociétés nationales et pétrole franc », *Revue historique*, vol. 638, no. 2, 2006, p. 384). (Voir aussi les notes de bas de page sur l'OCI et sur l'accord d'Alger.) *Note de LM.*

ingénieur de production à la direction des mines avec Maurice Allègre[1], Djamal Lakhdari[2] et Hassine Fahssi[3]. J'ai travaillé en parallèle comme volontaire avec Aboubakr Mellouk[4] pour inventorier des données et documents fournis par les sociétés pétrolières. L'Organisme saharien devient après l'Organisme de coopération industrielle (OCI) en 1965[5].

Puis, en 1965, je deviens l'un des pionniers de la Sonatrach (Société nationale pour la recherche, la production, le transport, la transformation, et la commercialisation des hydrocarbures)[6] et un membre fondateur de la

1. Cadre dans la direction des carburants au ministère français de l'Industrie, directeur des mines dans l'OS. *Note de LM.*

2. Directeur des affaires juridiques de l'OS et plus tard de la Sonatrach, aussi président de la société pétrolière franco-algérienne SN Repal (1968-69). Il a également été très utile dans les négociations pétrolières avec la France. *Note de LM.*

3. Conseiller juridique brillant de l'OS et plus tard de la Sonatrach. Il a aidé avec Djamal Lakhdari à créer les statuts de la Sonatrach. *Note de LM.*

4. Diplômé de l'Institut pétrolier de Bucarest, Roumanie, ingénieur forage et production dans la direction des mines, chef de service exploration dans la direction de l'énergie et carburants relevant du ministère de l'Industrie et de l'Énergie, directeur des travaux pétroliers, mort tragiquement avec Abdelmadjid Benali-Chérif (ingénieur des mines et puis vice-président des hydrocarbures à la Sonatrach) et trois autres cadres dans un accident d'avion en Union soviétique en octobre 1972, une grosse perte pour l'industrie pétrolière algérienne. Si l'auteur n'était pas allé faire son doctorat aux États-Unis durant cette période, il aurait certainement été l'un des cadres partis en mission dans cet avion maudit, pour montrer comment le destin est écrit. *Note de LM.*

5. L'OCI était un organisme algéro-français prévu par le nouvel accord d'Alger de juillet 1965 (créé en décembre 1965 avec un conseil d'administration nommé en mars 1966 et avec les mêmes dirigeants que l'OS, Lamine Khène comme président et Claude Cheysson comme directeur général) pour la gestion des dons, des prêts et des crédits français, l'assistance technique, la coopération pétrolière et le développement industriel en Algérie. L'OCI a remplacé l'OS (qui n'a duré que trois ans et qui n'atteignait pas pleinement ses objectifs) pour une période de cinq ans jusqu'en décembre 1970. En 1968, en raison des problèmes liés à une politique paritaire d'industrialisation, il a été réorganisé et est passé d'un organisme paritaire à l'origine à un organisme sous contrôle algérien. (Voir aussi les notes de bas de page sur l'OS et sur l'accord d'Alger.) *Note de LM.*

6. Une vitale entreprise publique algérienne dans l'industrie pétrolière et gazière créée le 31 décembre 1963 ayant son siège à Alger, Algérie, nommée initialement « Société nationale de transport et de commercialisation des hydrocarbures » qui est à l'origine de l'acronyme Sonatrach. Les deux oléoducs français en service étant saturés, son objectif initial était de construire, avec l'aide de l'entreprise britannique John Brown et des fonds koweïtiens, un troisième oléoduc appartenant entièrement à l'Algérie reliant Haoud El-Hamra (près de Hassi Messaoud) à Arzew, le premier projet pétrolier de l'Algérie indépendante, lancé en 1963 et achevé en février 1966. Cet oléoduc 100 % algérien représentait aussi une première entorse, appelée l'affaire Trapal (la société Transport de pétrole en Algérie), aux accords d'Évian qui garantissaient aux sociétés françaises le droit de transporter le pétrole extrait (Nicole Grimaud, *La politique extérieure de l'Algérie*, p. 58). (Voir aussi la note de bas de page sur l'accord d'Alger pour plus d'informations sur les tensions croissantes entre l'Algérie et la France concernant les hydrocarbures durant la période après l'accord d'Alger de 1965 jusqu'aux nationalisations des hydrocarbures en 1971.) En 1966, les activités de la Sonatrach

se sont étendues pour inclure tout ce qui est mentionné dans son nouveau titre : « Société nationale pour la recherche, la production, le transport, la transformation et la commercialisation des hydrocarbures ». Ses activités et objectifs principaux comprennent actuellement tous les aspects de l'industrie des hydrocarbures : exploration, extraction, récupération, transport (canalisation et maritime) et raffinage, en se diversifiant plus tard pour inclure aussi la pétrochimie, la génération électrique, les énergies renouvelables, l'exploitation minière et le dessalement de l'eau de mer. La Sonatrach est constamment la plus grande entreprise en Afrique et était la 18e plus grande entreprise des hydrocarbures au monde en 2013 (contre 11e en 2003) selon *Forbes*. L'Algérie était le 18e pays producteur de pétrole en 2015 (contre 15e en 2005) selon *BP Statistical Review of World Energy*, le 14e pays exportateur de pétrole en 2012 selon l'OPEP, le 15e pays par réserves de pétrole en 2017 selon l'OPEP, le 9e pays producteur de gaz en 2013 (contre 6e en 2005) selon *BP Statistical Review of World Energy*, le 7e pays exportateur de gaz en 2015 selon l'OPEP, et le 10e pays par réserves de gaz en 2018 selon l'OPEP.

À partir de 1980, dans le but ostensible d'améliorer l'efficacité économique, la Sonatrach, comme presque toutes les entreprises nationales algériennes, a été restructurée et décentralisée en séparant la fonction de production de la fonction commerciale et en introduisant plus de spécialisation dans la production, donc la Sonatrach a été divisée en plusieurs entreprises en fonction des différentes activités (voir Hacene Boukaraoun, « The Privatization Process in Algeria », *The Developing Economies*, XXIX-2, 1991, p. 89-90, 108). Ces entreprises dérivées de la Sonatrach comprennent l'Entreprise nationale de raffinage et de distribution de produit pétroliers (ERDP) devenue la Société nationale de commercialisation et de distribution des produits pétroliers (NAFTAL), l'Entreprise nationale des grands travaux pétroliers (ENGTP), l'Entreprise nationale de plastiques et caoutchoucs (ENPC), l'Entreprise nationale de géophysique (ENAGEO), l'Entreprise nationale de forage (ENAFOR), l'Entreprise nationale des travaux aux puits (ENTP), l'Entreprise nationale de canalisations (ENAC), l'Entreprise nationale de services aux puits (ENSP), la Société nationale de génie civil et bâtiment (GCB), l'Enterprise nationale d'engineering pétrolier (ENEP) et l'Entreprise nationale des industries pétrochimiques (ENIP). Cette politique de restructuration et de décentralisation a été désastreuse et par la suite, plusieurs entreprises nationales ont de nouveau été autorisées à diversifier leurs activités. Dans les années 1990, afin de rendre la Sonatrach plus compétitive dans l'industrie pétrolière mondiale avec une meilleure gestion et les dernières technologies, elle a été transformée par un programme en trois étapes, appelé PROMOS (Projet de modernisation de Sonatrach), en une société commerciale avec des filiales distinctes en concurrence sous le contrôle de l'État. Avec une autre restructuration de la Sonatrach en 1998, cinq organes organisationnels concernant les opérations de la Sonatrach ont été créés pour essayer de clarifier les rôles des différents acteurs gouvernementaux.

Voir aussi la note de bas de page sur l'accord d'Alger pour plus d'informations sur les lois sur les hydrocarbures de 1971, 1986, 1991, 2005, 2006, 2013 et de 2019, y compris la reforme et la restructuration en 2005 de la Sonatrach en séparant sa fonction réglementaire de sa fonction commerciale avec la création de deux nouvelles agences gouvernementales, ARH (Autorité de régulation des hydrocarbures) et ALNAFT (Agence nationale pour la valorisation des ressources en hydrocarbures). La restructuration et la réforme de la Sonatrach ont souvent été un problème en raison de la difficulté inhérente à améliorer la compétitivité, l'efficacité et les performances de la Sonatrach tandis que le gouvernement continue de contrôler les revenus et les opérations de l'entreprise, souvent avec des objectifs sociaux, financiers, idéologiques et politiques en contradiction avec l'efficacité et les mécanismes du marché, sans oublier les questions sensibles et épineuses telles que la souveraineté nationale, l'ingérence étrangère et la corruption.

direction « Groupe Recherche et Production » en tant que l'un de ses premiers directeurs avec les autres directeurs Nordine Aït Laoussine et Chérif Faïdi, sous la présidence de Belaïd Abdesselam et plus tard de Sid Ahmed Ghozali[1] en 1966. J'ai participé aux négociations pétrolières avec Belaïd Abdesselam. J'ai aidé à la création de cette direction Recherche et Production dans la Sonatrach en liaison avec l'Association coopérative (ASCOOP)[2] et l'ASCOOPETTE[3] prévue par l'accord d'Alger[4] avec la

---

Voir aussi Abdelatif Rebah, Sonatrach : *Une entreprise pas comme les autres*, John Entelis, « Sonatrach : The political economy of an Algerian state institution », *Oil and Governance : State-Owned Enterprises and the World Energy Supply* (2011), p. 557-598, et Hacene Boukaraoun, « The Privatization Process in Algeria », *The Developing Economies*, XXIX-2, 1991, p. 89-126. *Note de LM.*

1. Diplôme d'ingénieur de l'École nationale des ponts et chaussées de Paris, membre du conseil d'administration de l'OS, conseiller de l'énergie au ministère de l'Économie, sous-secrétaire d'État aux Travaux publics, directeur des mines et des carburants au ministère de l'Industrie et de l'Énergie, président de la Sonatrach (1966-79), ministre de l'Énergie et des Industries pétrochimiques (1977-79), ministre de l'Hydraulique (1979-80), plus tard ambassadeur à Bruxelles, ministre des Finances (1988-89), ministre des Affaires étrangères (1989-91), ministre de l'Économie et premier ministre (1991-92), ambassadeur à Paris. *Note de LM.*

2. Une association paritaire algéro-française formée en 1965 pour l'ensemble du domaine minier couvrant des concessions et des permis de recherche sur tout le territoire algérien. L'association était chargée de la recherche et de l'exploitation en commun des hydrocarbures algériens ; la Sonatrach pour l'Algérie et la SOPEFAL (Société pétrolière française en Algérie), filiale de l'ERAP (Entreprise de recherches et d'activités pétrolières, connue sous la marque Elf), pour la France jouaient chacune le rôle d'opérateur sur une moitié du domaine minier de l'ASCOOP. Voir aussi Samir Saul, « Politique nationale du pétrole, sociétés nationales et pétrole franc », *Revue historique*, vol. 638, no. 2, 2006, p. 355-388. (Voir aussi la note de bas de page sur l'accord d'Alger.) *Note de LM.*

3. Une association algéro-française pour le développement du gisement de pétrole de Haoud Berkaoui, près de Hassi Messaoud et Ouargla. Le gisement de Haoud Berkaoui avait récemment été découvert en juin 1965 par la CFP(A), la filiale pour l'Algérie de la CFP (Compagnie française des pétroles, connue sous la marque Total), qui ne faisait pas partie de l'ASCOOP, mais qui faisait partie de l'exploitation de ce gisement dans l'ASCOOPETTE. Voir aussi Nicole Grimaud, « Le conflit pétrolier franco-algérien », *Revue française de science politique*, 22e année, n°6, 1972, p. 1276-1307. (Voir aussi la note de bas de page sur l'accord d'Alger.) *Note de LM.*

4. L'accord d'Alger de juillet 1965, après dix-huit mois de négociations, a considérablement révisé les accords précédents d'Évian de 1962 (voir aussi la note de bas de page sur l'OS [Organisme saharien] pour plus d'informations sur les accords d'Évian) dans le domaine des hydrocarbures et du développement industriel de l'Algérie. L'accord a donné des conditions plus favorables à l'Algérie et prévoyait une contribution française au développement économique de l'Algérie, tout en maintenant les concessions pétrolières aux sociétés françaises jusqu'en 1970 et la gestion paritaire. L'accord comportait également certaines innovations telles que le nouveau rôle actif de l'Algérie en tant qu'opérateur (mais en commun avec les sociétés françaises) dans la recherche et l'exploitation des hydrocarbures. L'Algérie obtient aussi une meilleure fiscalité (un meilleur taux de partage des impôts sur les bénéfices, la suppression des amortissements accélérés, etc.). La part de la Sonatrach dans la

SN REPAL (Société nationale de recherche et d'exploitation des pétroles en Algérie) est aussi augmentée de 40 % à 50 %, avec l'autre moitié appartenant à la SOFREPAL (Société française de recherche et d'exploitation pétrolière en Algérie), filiale de l'ERAP (Entreprise de recherches et d'activités pétrolières, connue sous la marque Elf), créée en 1966. Une Association coopérative (ASCOOP) paritaire est aussi créée pour la recherche et l'exploitation en commun des hydrocarbures entre la SOPEFAL (Société pétrolière française en Algérie), filiale de l'ERAP, comme opérateur pour la France et la Sonatrach comme opérateur pour l'Algérie (voir aussi la note de bas de page sur l'ASCOOP), ainsi que l'ASCOOPETTE (voir aussi la note de bas de page sur l'ASCOOPETTE). (L'ASCOOP prend la relève de la SN REPAL qui cesse son activité d'exploration et n'exploite que pour le compte de l'ASCOOP.) Le régime du gaz est dissocié de celui du pétrole, et tout bénéfice commercial est enlevé aux sociétés françaises pour donner à la Sonatrach la libre disposition du gaz. Finalement, l'OCI (Organisme de coopération industrielle), remplaçant l'ancien OS (Organisme saharien) de 1962, est créé pour contribuer à l'industrialisation de l'Algérie, en grande partie fondé sur les hydrocarbures (voir aussi la note de bas de page sur l'OCI). Voir aussi Samir Saul, « Politique nationale du pétrole, sociétés nationales et pétrole franc », *Revue historique*, vol. 638, no. 2, 2006, p. 355-388 et Nicole Grimaud, « Le conflit pétrolier franco-algérien », *Revue française de science politique*, 22e année, n°6, 1972, p. 1276-1307.

L'Algérie ne contrôlait pas pleinement la gestion de ses hydrocarbures avec les accords d'Évian en 1962, mais elle a accédé à la parité avec l'accord d'Alger en 1965 et elle va chercher ouvertement à en saisir le contrôle à partir de la fin de 1968, créant une dynamique pour se hisser de la coopération imposée en 1962 et du rang de partenaire en 1965 vers l'accession à la pleine maitrise de ses hydrocarbures avec les nationalisations en 1971, moins de dix ans après l'indépendance, pour renforcer sa politique de développement. Voir Nicole Grimaud, *La politique extérieure de l'Algérie*, p. 57-60, 69-85. L'accord d'Alger en 1965 représentait une solution moyenne sous un titre transitoire tant que la Sonatrach n'avait pas les moyens techniques et financiers d'aller plus loin. Pour le moment en 1965, l'Algérie et la France avaient donc su concilier leurs intérêts. La France obtenait un délai lui permettant d'achever l'amortissement de ses investissements. Pour l'Algérie, l'accord représentait une étape nécessaire mais transitoire (avec un délai de cinq ans pour la révision de l'accord) et le maximum de ce qu'elle pouvait obtenir à ce moment, en donnant au pays et à la Sonatrach le temps de se préparer progressivement à prendre en charge ses hydrocarbures en pleine souveraineté et de pouvoir commencer à mobiliser les ressources et les investissements considérables nécessaires pour le développement économique. La stratégie algérienne était d'acquérir les moyens de sa politique avant de la mettre en œuvre. Donc, les objectifs étaient l'algérianisation de son personnel et de créer des sociétés mixtes de services. La Sonatrach s'est associée à 51 % avec des sociétés presque toutes américaines de réputation mondiale et spécialisées dans la recherche géophysique, le forage et la gestion de puits pour lui permettre d'acquérir toute la gamme des connaissances et de l'expérience dans les équipements et les techniques les plus avancés dans la recherche et l'exploitation des hydrocarbures. (Voir aussi la note de bas de page sur Alcore pour plus d'informations sur ces sociétés mixtes de services.) Ce faisant, la Sonatrach, le moment venu des négociations pour la révision de l'accord et de prendre en charge les hydrocarbures, était en position de force face aux sociétés françaises. L'auteur, avec sa formation américaine en génie pétrolier, était particulièrement bien placé pour aider, avec certains autres membres de l'équipe algérienne, à mettre en place cette stratégie, en partie grâce à son travail avec les sociétés américaines telles que *Core Laboratories* et *DeGolyer and MacNaughton*, et les sociétés mixtes telles que Alcore (une association de la Sonatrach avec *Core Laboratories*) (voir aussi les notes de bas de page sur *Core Laboratories*, *DeGolyer and MacNaughton* et Alcore). À la fin, l'équipe algérienne de

Belaïd Abdesselam, dont l'auteur était un membre important, a été en mesure de surmonter les défis techniques face aux polytechniciens français.

Dans l'ensemble, malgré l'espoir initial en 1965, les déceptions et les désaccords nés de la mise en œuvre de l'accord d'Alger jouaient en effet contre le maintien du statu quo et étaient à l'origine de la crise de 1970-71 lorsque le temps était venu de réviser l'accord de 1965 cinq ans plus tard (Nicole Grimaud, « Le conflit pétrolier franco-algérien », *Revue française de science politique*, p. 1284). En fait, la caducité de l'accord de 1965 était la conséquence inévitable de l'échec de la reprise des négociations (peut-être en partie voulu et planifié par les Algériens mais aussi dû à l'intransigeance des Français comme lors des événements avant la Révolution algérienne, voir Abdelatif Rebah, *Sonatrach : Une entreprise pas comme les autres*, p. 101, 105-106) et de l'exercice en 1971 par l'Algérie de son droit de nationaliser (Jean Touscoz, « La nationalisation des sociétés pétrolières françaises en Algérie et le droit international », *Revue belge de droit international*, p. 495). Toute cette période depuis l'indépendance a été marquée par des tensions croissantes entre l'Algérie et la France sur des questions telles que le prix du baril de pétrole algérien qui était inférieur à celui d'autres pays ; les bénéfices élevés mais les investissements relativement faibles des sociétés françaises ; le manque d'efficacité de l'OCI paritaire comme instrument du développement industriel de l'Algérie ; l'accent mis par les sociétés françaises sur la production plutôt que sur la recherche comme l'Algérie le souhaitait (l'ASCOOP n'avait pas fait de découvertes intéressantes) ; les bénéfices des sociétés françaises qui ont été partiellement utilisés pour l'exploration dans d'autres pays ; et l'exploitation rapide, mais moins optimale, comme les sociétés françaises le souhaitaient, contrairement à la récupération maximale des hydrocarbures, mais nécessitant une période plus longue, comme l'Algérie le souhaitait.

En 1967, à cause d'un autre événement, la guerre israélo-arabe de Six Jours, et le soutien des États-Unis et de la Grande-Bretagne à Israël, les intérêts en Algérie des sociétés pétrolières américaines (telles que Mobil et Esso) et britanniques (le réseau de *British Petroleum* avait déjà été nationalisé plus tôt dans l'année) ont été nationalisés (mis à part les deux sociétés américaines indépendantes *El Paso Natural Gas* et *Getty Oil*, avec lesquelles des accords ont pu être conclus et une association avec ce dernier a été créée en 1968 dans laquelle l'Algérie détenait le contrôle majoritaire de 51 % du capital, ce qui était révolutionnaire à l'époque et qui a renforcé la position algérienne lors des prochaines négociations avec les Français). En 1968, les intérêts en Algérie de toutes les sociétés étrangères de distribution des hydrocarbures ont été nationalisés. En juillet 1969, l'Algérie a adhéré à l'OPEP pour l'aider dans le cadre du régime fiscal à régler son contentieux avec les sociétés françaises. L'accord d'Alger prévoyait un premier réexamen des clauses fiscales après quatre ans en 1969 et une révision d'ensemble après cinq ans à la fin de 1970. En 1969-70, l'Algérie a demandé cette révision, fiscale et éventuellement générale, de l'accord, fondée sur le traité lui-même, entamant ainsi la troisième phase des négociations après la première phase de 1962 et la deuxième phase de 1965. Finalement, le 24 février 1971, après seize mois de négociations longues, difficiles et infructueuses, tous (100 %) les intérêts en Algérie dans les gisements de gaz naturel et les moyens de transport terrestre (les canalisations) des hydrocarbures de toutes les sociétés étrangères et une majorité (51 %) des intérêts en Algérie dans les gisements de pétrole de toutes les sociétés pétrolières françaises ont été nationalisés unilatéralement par le président Boumediene. La loi fondamentale sur les hydrocarbures du 12 avril 1971 a précisé que toutes les sociétés étrangères des hydrocarbures devaient appartenir à une association dans laquelle la Sonatrach a une participation majoritaire, a augmenté le prix du baril de pétrole algérien, et a offert un montant pour l'indemnisation des sociétés françaises. L'ASCOOP passe sous contrôle algérien, nationalisant la SOPEFAL (filiale d'Elf-ERAP et la partie française de l'ASCOOP) et faisant de la Sonatrach le seul opérateur de la recherche et l'exploitation des hydrocarbures algériens. Le régime des concessions a finalement été effectivement aboli, et la dernière phase de la décolonisation a été réalisée. La France instaure un boycottage international du pétrole algérien jusqu'à ce que l'indemnisation soit réglée à la fin de 1971. La SN REPAL (qui a été créée en 1946 et avait découvert, en association avec la CFP(A), du pétrole à Hassi Messaoud et du gaz à Hassi R'Mel en 1956, avant l'indépendance algérienne) est absorbée par la Sonatrach en 1972, et Elf-ERAP (dont la filiale SOFREPAL détenait auparavant l'autre moitié de la SN REPAL) s'est finalement retirée de l'Algérie en 1975. Les quatre sociétés pétrolières françaises indépendantes (Eurafrep, Coparex, Omnirex et Francarep) s'étaient déjà totalement désengagées de l'Algérie auparavant. Seul Total-CFP, avec sa filiale Total Algérie qui a pris la suite de la CFP(A), a continué ses activités en Algérie, non sans drame, en associant à la Sonatrach à hauteur de 51 % de son capital.

Il a lieu de noter que, malgré toutes les polémiques de l'époque, le gouvernement français à la fin a reconnu le droit de la nationalisation des actifs en Algérie des sociétés pétrolières françaises revendiqué par le gouvernement algérien (et conformément au droit international qui reconnaît le droit des pays, en particulier des pays en voie de développement nouvellement indépendants, de nationaliser leurs ressources naturelles) et que le gouvernement algérien dès le début était d'accord sur l'obligation de l'indemnisation de la France en conséquence de l'exercice de ce droit (Jean Touscoz, « La nationalisation des sociétés pétrolières françaises en Algérie et le droit international », *Revue belge de droit international*, p. 495-497). D'autre part, les deux gouvernements ont été en désaccord sur la fixation de l'indemnité, mais finalement le montant et la fixation de l'indemnité ont été déterminés par des négociations directes entre les sociétés pétrolières françaises et le gouvernement algérien ou la Sonatrach et pas entre les deux gouvernements (l'accord avec la CFP le 30 juin 1971 et celui avec Elf-ERAP le 15 décembre 1971, où celle-ci a renoncé à la Sonatrach même sa part de 49 % de ses intérêts en Algérie). En retour, les deux sociétés se sont engagées à rapatrier en Algérie une partie du produit de leurs ventes, à verser leurs arriérés fiscaux et à annuler leur boycottage international du pétrole algérien. En tout cas, les exportations algériennes de pétrole vers la France ont considérablement diminué depuis. En 1972, les États-Unis sont devenus le plus grand importateur de pétrole algérien, et ce n'est qu'en 1980 que la France redevient le deuxième client pétrolier de l'Algérie après les États-Unis.

Pour encourager les investissements étrangers nécessaires dans l'exploration et l'exploitation des hydrocarbures algériens, les lois sur les hydrocarbures après celle de 1971 sont devenues de plus en plus libérales en ce qui concerne les conditions de participation en Algérie pour les sociétés étrangères des hydrocarbures. La loi sur les hydrocarbures de 1986 (adoptée pendant une période d'une énorme baisse des prix du pétrole) a maintenu l'exigence pour que la Sonatrach détienne au moins 51 % des intérêts dans le partenariat, mais a donné au partenaire étranger la possibilité de devenir opérateur sur les gisements, lui permettant ainsi de prendre le contrôle de la gestion du gisement. La loi a aussi donné à la Sonatrach la possibilité de permettre ses partenaires étrangers à participer au transport (canalisation) des hydrocarbures et à la commercialisation du gaz. La loi sur les hydrocarbures de 1991 (adoptée pendant une période d'une énorme dette extérieure de l'Algérie et de pressions du FMI [Fonds monétaire international] sur le gouvernement algérien) a rendu possible la vente de parties de gisements pétroliers à des sociétés étrangères en partenariat avec la Sonatrach. La loi, à la différence de la loi de 1986, permettait également au partenaire étranger de participer à toutes les activités d'exploitation des gisements de gaz, pas seulement à sa commercialisation. La loi sur les hydrocarbures de 2005 (adoptée pendant une période des transformations internationales dans la géopolitique et dans l'économie de marché mondiale) a tenté de libéraliser le secteur algérien des hydrocarbures en transférant le rôle de réglementation de la Sonatrach à deux nouvelles agences gouvernementales indépendantes pour permettre la Sonatrach de se transformer en une entité purement commerciale et de se concentrer sur l'obtention de contrats en concurrence sans monopole avec des sociétés étrangères, ce qui nécessitait forcément une restructuration ou une réorganisation supplémentaire de la Sonatrach. Ces nouvelles agences gouvernementales sous la ministère de l'Énergie et des Mines s'appellent ARH (Autorité de régulation des hydrocarbures), chargée de reprendre les fonctions réglementaires, et ALNAFT (Agence nationale pour la valorisation des ressources en hydrocarbures), chargée de collecter les redevances et les recettes fiscales, d'attribuer les contrats d'exploration des hydrocarbures et d'approuver les plans de développement pour la Sonatrach. La fonction réglementaire de la Sonatrach a été séparée de sa fonction commerciale pour aider à réduire le conflit d'intérêt entre la partie qui octroie les contrats et la partie qui s'associe avec les investisseurs dans ces contrats et pour améliorer l'environnement opérationnel pour les compagnies pétrolières étrangères. La loi prévoyait également qu'une société pétrolière étrangère pouvait conclure un contrat, soumis à l'approbation de cette nouvelle agence gouvernementale ALNAFT, pour l'exploration et l'exploitation des hydrocarbures avec la Sonatrach dans lequel cette dernière n'aurait qu'une participation de 20-30 % (et non 51 % comme auparavant depuis la loi sur les hydrocarbures de 1971). La loi a également automatiquement accordé le rôle d'opérateur au partenaire étranger, contrairement à la loi de 1986 qui n'avait auparavant donné au partenaire étranger que la possibilité d'être approuvé pour devenir opérateur. La loi a effectivement transféré le contrôle de la gestion des hydrocarbures de la Sonatrach à son partenaire. On pourrait peut-être conclure que l'Algérie revenait en effet au régime des concessions avant la loi sur les hydrocarbures de 1971. L'ordonnance de 2006 (adoptée comme amendement à la loi de 2005 seulement un an plus tard dans un climat de controverses) a renversé les dispositions qui autorisaient un taux de participation de la Sonatrach de 20-30 % avec des partenaires étrangers et qui ont permis aux partenaires étrangers à investir sans restriction dans le transport (canalisation) des hydrocarbures. Cette ordonnance a également introduit une nouvelle taxe sur les bénéfices exceptionnels (les surprofits). L'ordonnance de 2006 a donc renversé une grande partie de la libéralisation de la loi de 2005 et a restauré le rôle de contrôle majoritaire à la Sonatrach garantissant le monopole dans la recherche et la production des gisements pétroliers et gazières et dans le transport (canalisations) des hydrocarbures. La loi sur les hydrocarbures de 2013 (adoptée pendant une période d'augmentation de la consommation intérieure des hydrocarbures, de réduction des découvertes importantes des hydrocarbures et de désintérêt croissant des sociétés étrangères pour l'exploration et l'exploitation des hydrocarbures algériens en partie à cause des impôts élevés et d'autres conditions défavorables introduites par l'ordonnance de 2006) a réduit les impôts en supprimant la taxe sur les bénéfices exceptionnels (les surprofits) en la remplaçant par un impôt complémentaire sur le résultat. La loi a défini le cadre pour le développement des hydrocarbures non conventionnels (le gaz de schiste). La loi a institué également de nouvelles mesures fiscales incitatives pour encourager le partenariat dans l'exploration et l'exploitation des hydrocarbures non conventionnels (le gaz de schiste), des zones offshore et des zones difficiles à explorer ou très peu explorées. La loi sur les hydrocarbures de 2019 (adoptée pendant une période de bouleversements politiques, de ralentissement persistant de l'exploration et de production des hydrocarbures algériens face à l'augmentation de la consommation intérieure des hydrocarbures, l'obsolescence des infrastructures pétrolières et gazières algériennes et une baisse structurelle des prix de pétrole) a continué la simplification et l'assouplissement du régime juridique et fiscal du secteur des hydrocarbures pour attirer de nouveau les investisseurs étrangers et encourager la découverte de nouveaux gisements. La fiscalité est remaniée en instituant un taux fixe de l'impôt sur le résultat, et la suppression de la taxe sur les bénéfices exceptionnels est maintenue. Pour encourager les hydrocarbures non conventionnels (le gaz de schiste) et offshores, la loi prévoit également des taux réduits de la

France en 1965. J'ai aussi aidé à la création d'Alcore[1], une joint-venture avec *Core Laboratories*, et je suis devenu son président-directeur général.

---

redevance et plafonne le taux de l'impôt sur le revenu. La loi élargit aussi le choix des contrats en introduisant trois types de contrats (contrat de participation, contrat de partage de production et contrat des services à risque) en fonction des différents risques. La loi clarifie davantage les rôles du ministre de l'Energie et des agences ALNAFT et l'ARH dans l'établissement des contrats. Ces deux dernières lois sur les hydrocarbures de 2013 et de 2019 maintiennent l'exigence (établie pour la première fois par la loi de 1971, éliminée par la loi de 2005 et rétablie par l'ordonnance de 2006) selon laquelle la Sonatrach détienne une participation majoritaire (51 %) dans tout partenariat avec des sociétés étrangères des hydrocarbures et le monopole sur le transport (canalisation) des hydrocarbures. Des questions difficiles et épineuses sont soulevées à la fois par les détracteurs et par les partisans des nouvelles lois sur les hydrocarbures. Les détracteurs disent que les nouvelles lois renversent les acquis durement gagnés par la loi sur les hydrocarbures de 1971 tels que la souveraineté nationale et le contrôle de l'Algérie de ses hydrocarbures et de sa politique de développement économique et que les nouvelles lois représentent un bradage des hydrocarbures algériens à des sociétés étrangères. D'autre part, les partisans disent que les nouvelles lois sont nécessaires pour encourager l'efficacité, la compétitivité face à la concurrence internationale sur le marché mondial, la productivité, le transfert de technologie moderne, l'amélioration des infrastructures pétrolières et gazières, l'augmentation des revenus et des capitaux, la réduction de la dette nationale, la rentabilité et les nouveaux investissements étrangers nécessaires pour relancer la recherche et l'exploitation des hydrocarbures algériens. Peut-être faudrait-il trouver un juste équilibre entre ces deux points de vue opposés afin que les décisions soient déterminées en fonction des bons résultats.

Voir aussi Jean Touscoz, « La nationalisation des sociétés pétrolières françaises en Algérie et le droit international », *Revue belge de droit international*, vol. VIII, no. 2, 1972, p. 482-502, Albert Fitte, « La crise pétrolière franco-algérienne de 1970-1971 », *Cahiers de la Méditerranée*, n°4, 1, 1972, p. 36-48, Samir Saul, « Politique nationale du pétrole, sociétés nationales et pétrole franc », *Revue historique*, vol. 638, no. 2, 2006, p. 355-388, Nicole Grimaud, « Le conflit pétrolier franco-algérien », *Revue française de science politique*, 22e année, n°6, 1972, p. 1276-1307, Nicole Grimaud, *La politique extérieure de l'Algérie*, p. 57-60, 69-85, Abdelatif Rebah, Sonatrach : *Une entreprise pas comme les autres*, Abdelatif Rebah, « Un cadre législatif en constant remodélage » [en ligne], *El Watan*, 25 août 2018, https://www.elwatan.com/edition/contributions/un-cadre-legislatif-en-constant-remodelage-25-08-2018, et Algérie Presse Service (APS), « Evolution des lois régissant les hydrocarbures en Algérie depuis l'indépendance » [en ligne], 23 février 2020, http://www.aps.dz/economie/102051-evolution-des-lois-regissant-les-hydrocarbures-en-algerie-depuis-l-independance. (Voir aussi la note de bas de page sur la Sonatrach.) *Note de LM.*

1. Alcore était une société mixte de services, créée en 1969, entre la Sonatrach et la société américaine *Core Laboratories* (voir aussi la note de bas de page sur *Core Laboratories*). Un élément important de la stratégie algérienne des hydrocarbures était la création des sociétés mixtes de services pour donner à la Sonatrach le temps de se préparer progressivement à prendre en charge ses hydrocarbures, d'acquérir les équipements et les techniques les plus avancés dans la recherche et l'exploitation des hydrocarbures et d'être en position de force face aux sociétés françaises. Ces sociétés mixtes étaient entre la Sonatrach, qui était majoritaire à 51 %, et des sociétés presque toutes américaines de réputation mondiale et spécialisées dans la recherche géophysique, le forage et la gestion de puits. Les deux premières de ces sociétés mixtes étaient Alfor avec *South Eastern Drilling Company* pour les opérations de forage et Algeo avec Independex (Teledyne) pour les travaux géophysiques et la

J'ai participé à la découverte d'El-Borma et de Keskessa[1]. J'ai aussi pris part au Congrès mondial du pétrole à Mexico en 1967.

On a vécu les années glorieuses de la Sonatrach à la fin des années soixante. « J'ai eu une expérience exceptionnelle à la Sonatrach. Notre génération a constitué les pionniers dans le domaine du pétrole en Algérie. Nous avions la foi et la volonté inébranlable de réussir à partir de rien. Nous avons créé un outil formidable qui, jusqu'à l'heure actuelle, est l'instrument incontournable du développement économique de l'Algérie. »[2]

Mais malheureusement, on ne pouvait pas éviter la politique démagogique et les intrigues en haut niveau[3]. Après des déceptions et des désaccords avec Belaïd Abdesselam qui était ministre de l'Industrie et de l'Énergie à l'époque, j'ai décidé de reprendre mes études en 1971 à

---

prospection sismique, tous les deux créées en 1966. Elles ont été suivies par Altra en 1967 avec l'Union industrielle et d'entreprise (UIE) pour la génie civil et la construction d'installations pétrolières, Alcore en 1969 avec *Core Laboratories* pour la surveillance géologique et l'analyse et l'optimisation des réservoirs, Alfluid en 1969 avec *Davis Mud and Chemical* pour les services en fluides de forage, Alreg en 1969 avec *Global Universal Sciences* pour les études géophysiques, Aldia en 1970 avec *Dresser Industries* pour les diagraphies, et Altest en 1970 avec *Baker Oil Tools* pour les évaluations des réservoirs. Tous ces partenaires étaient des sociétés américaines, à l'exception de l'UIE qui était une société française. Voir aussi Nicole Grimaud, *La politique extérieure de l'Algérie*, p. 71, 149, 157 et Hacene Boukaraoun, « The Privatization Process in Algeria », *The Developing Economies*, XXIX-2, 1991, p. 89-126. (Voir aussi la note de bas de page sur l'accord d'Alger.) *Note de LM.*

1. Hassi Messaoud (près d'Ouargla), le plus grand gisement de pétrole d'Afrique, et Hassi R'Mel (près de Ghardaïa), le plus grand gisement de gaz d'Afrique, ont été découverts par les Français (la SN REPAL en association avec la CFP) en 1956, ce qui a compliqué la guerre d'indépendance algérienne et les négociations pour y mettre fin. En revanche, El-Borma, près d'Ouargla et de la frontière tunisienne, représentait l'une des premières découvertes de pétrole en 1967 et l'une des premières opérations d'exploitation pétrolière en 1969 de la Sonatrach par ses propres moyens. L'auteur était un dirigeant faisant partie intégrante de l'équipe du projet d'El-Borma (voir aussi Abdelatif Rebah, *Sonatrach : Une entreprise pas comme les autres*, p. 149). Keskessa, juste à l'ouest d'El-Borma près de la frontière tunisienne, était une autre découverte de gisement de pétrole fait par les Algériens après l'indépendance. Bien plus tard, le partenariat entre la Sonatrach et Anadarko (une société pétrolière américaine), avec d'autres associés, a fait les deux découvertes les plus importantes en Algérie de gisements de pétrole (depuis celle de Hassi Messaoud en 1956) à Hassi Berkine et à Ourhoud en 1994. *Note de LM.*

2. Entretien avec l'auteur dans Clement Moore Henry, *L'UGEMA, Union générale des étudiants musulmans algériens (1955-1962) : Témoignages*, p. 510. *Note de LM.*

3. Par exemple, les dirigeants du gouvernement algérien et Belaïd Abdesselam voulaient forer des puits de pétrole pour des objectifs quantitatifs (utilisant une méthode aléatoire, voir aussi Abdelatif Rebah, *Sonatrach : Une entreprise pas comme les autres*, p. 156) et pour des raisons politiques internationales (comme dans certains endroits à El-Borma près de la frontière tunisienne contestée) en ignorant les critères techniques, quelque chose que l'auteur a refusé de faire. *Note de LM.*

l'université du Texas à Austin où j'ai obtenu un doctorat d'État (PhD) en Finances en 1978[1].

Après avoir obtenu mon doctorat, je suis retourné au pays une deuxième fois en octobre 1978. Mais peu après, avec la mort du président Boumediene en décembre 1978, j'ai été affecté par la vendetta pour accaparer la poule aux œufs d'or. Le nouveau ministre de l'Industrie et de l'Énergie, Belkacem Nabi[2], avec ses manigances, a tenté de m'exploiter, alors j'ai refusé d'occuper un autre poste de responsabilité à la Sonatrach. Entre-temps, j'ai pu publier mon livre *Investment Policies of National Oil Companies : A Comparative Study of Sonatrach, NIOC, and Pemex*[3] chez Praeger Publishers en 1980, basé sur ma thèse de doctorat. En parallèle, j'ai enseigné pendant trois semestres à l'École nationale d'administration (ENA) le cours de Management à la 3e année.

Alors, j'ai décidé de m'exiler en deux phases. La première phase était avec le départ en Arabie Saoudite pour travailler de 1980 à 1986 en qualité d'expert financier en matière pétrolière chez APICORP (*Arab Petroleum Investments Corporation*)[4] qui a été créé par l'OPAEP (Organisation des

---

1. Sa thèse de doctorat est intitulée *Petroleum Policies and National Oil Companies : A Comparative Study of Investment Policies with Emphasis on Exploration of SONATRACH (Algeria), NIOC (Iran), and PEMEX (Mexico), 1970-1975*. Il convient de reconnaître, parmi d'autres, le soutien du doyen de l'école de commerce George Kozmetsky, du professeur de commerce international Calvin Blair et du professeur de gestion Robert Anderson, tous les trois de l'université du Texas à Austin. Il convient aussi de reconnaître l'amitié chaleureuse d'une bibliothécaire de l'université du Texas à Austin, Elizabeth Airth, et son aide accordée à l'auteur pour ses recherches en écrivant sa thèse de doctorat. *Note de LM.*

2. Avant l'indépendance, technicien et ingénieur pétrolier à Shell en France et puis au Maroc. Après l'indépendance, sous-directeur (1962) puis directeur de l'énergie et des carburants au ministère de l'Industrie et de l'Énergie (1964-65), président de la société pétrolière franco-algérienne SN REPAL (1965-68), limogé par Belaïd Abdesselam en 1969, wali de Tlemcen (1970-74), plus tard président de la Sonatrach (1979-81) et ministre de l'Energie et des Industries pétrochimiques (1979-88), limogé après les émeutes d'octobre 1988. Le ministre Belkacem Nabi, pendant la présidence de Chadli, a changé la direction de la gestion précédente des hydrocarbures algériens, et il a presque complètement remplacé les anciens dirigeants expérimentés de la Sonatrach par des personnes sans expérience et sans qualifications, causant beaucoup de dégâts à l'industrie algérienne des hydrocarbures. *Note de LM.*

3. Une étude comparative des politiques d'investissement des compagnies pétrolières nationales, spécifiquement la Sonatrach en Algérie, le NIOC (*National Iranian Oil Company*) ou en français SNIP (Société nationale iranienne du pétrole) en Iran et PEMEX (*Petróleos Mexicanos*) au Mexique. Entre autres, Robert Anderson, professeur de gestion à l'université du Texas à Austin et un bon ami de la famille, a encouragé l'auteur à développer sa thèse de doctorat pour écrire ce livre. L'auteur a aussi écrit un article en français « La politique d'investissement en recherche pétrolière de Sonatrach, SNIP et PEMEX » dans la revue *El-Hindiss* n°6, 1980, basé sur sa thèse de doctorat. *Note de LM.*

4. APICORP, fondé en 1975 ayant son siège à Al Khobar, Arabie Saoudite, est l'une des cinq organisations créées par l'OPAEP afin de promouvoir la coopération et l'intégration

pays arabes exportateurs de pétrole)[1]. Là encore, j'ai eu des déceptions avec les Égyptiens qui occupaient des postes de management.

La deuxième phase d'exil était avec le départ à Washington D.C. aux États-Unis pour travailler de 1986 à 1997 comme *senior financial analyst* dans le secteur de l'énergie à la Banque mondiale[2].

Finalement, après que ma femme a obtenu la nationalité américaine à travers son travail comme enseignante dans un institut de langues près de Washington D.C., toute la famille a pu obtenir la nationalité américaine et j'ai pris la décision de m'exiler définitivement.

De 1997 à 2005, j'ai été *senior reseach fellow* à IC2 (*Innovation Creativity Capital*) Institute[3] à l'université du Texas à Austin en charge d'un

---

économique dans l'industrie des hydrocarbures et de la pétrochimie dans le monde arabe. Les quatre autres organisations créées sont *Arab Maritime Petroleum Transport Company* (AMPTC), *Arab Shipbuilding and Repair Yard Company* (ASRY), *Arab Petroleum Services Company* (APSCO), et *Arab Petroleum Training Institute* (APTI). APICORP en particulier est une institution financière à vocation commerciale dans le secteur énergétique arabe avec l'objectif principal d'aider au financement de projets liés à l'industrie pétrolière par le biais d'investissements en fonds stratégiques, de prêts à des projets, de financement du commerce, de conseils et de recherche. *Note de LM.*

1. L'OPAEP est une organisation internationale multi-gouvernementale, fondée en 1968 et basée au Koweït, qui coordonne les politiques énergétiques des pays arabes producteurs de pétrole dans le but de promouvoir leur développement économique. *Note de LM.*

2. Une institution financière internationale fondée en 1944 avec le Fonds monétaire international (FMI) à la Conférence de Bretton Woods (dont les délégués comprenaient le célèbre économiste britannique John Maynard Keynes et l'économiste américain Harry Dexter White) ayant son siège à Washington, D.C., faisant partie des institutions spécialisées de l'Organisation des nations unies (ONU). Elle était à l'origine connue comme la Banque internationale pour la reconstruction et le développement et finalement comme la Banque mondiale dans le cadre d'un groupe représentant la plus grande institution de développement du monde. Au début, elle a fait des prêts pour la reconstruction des pays dévastés par la Seconde Guerre mondiale. Avec le temps, l'accent a été mis sur le développement des pays surtout dans l'infrastructure telle que les barrages, les réseaux électriques, les systèmes d'irrigation et les routes. Elle accorde des prêts, des crédits et fait des dons à des sociétés privées et à des institutions financières des pays en voie de développement pour soutenir des investissements dans plusieurs secteurs tels que l'éducation, la santé, l'administration publique, l'infrastructure, les finances, l'agriculture, et la gestion de l'environnement et des ressources naturelles. Plus récemment, l'objectif principal est devenu l'élimination de la pauvreté mondiale et la promotion d'une prospérité partagée. La banque soutient aussi les pays en voie de développement par des conseils, des recherches, des études, des analyses, et de l'assistance technique. *Note de LM.*

3. Un institut basé à Austin, Texas et fondé en 1977 par George Kozmetsky, co-fondateur en 1960 avec Henry Earl Singleton de Teledyne (une compagnie spécialisée dans l'électronique et les systèmes de contrôle), ancien doyen de l'école de commerce de l'université du Texas à Austin et un pionnier de la formation professionnelle et de l'incubation des technologies qui a contribué à transformer Austin, Texas en un centre technologique moderne qu'elle est aujourd'hui. L'institut, affilié à l'université du Texas à Austin, encourage la collaboration entre les universités, le gouvernement et le secteur privé

projet de recherche appelé CBIRD (*Cross-Border Institute for Regional Development*)[1] couvrant le long de la frontière USA-Mexique le sud du Texas et le nord du Mexique.

En 2005, j'ai pris ma retraite pour vivre à Jarrell, Texas, en pleine campagne, et par la suite en Floride en 2012.[2]

---

afin de catalyser l'innovation technologique et le développement économique régional. L'auteur était un proche associé de George Kozmetsky dans IC2. *Note de LM.*

1. Un institut fondé en 1999 avec des bureaux à Monterrey au Mexique et à Brownsville, Texas pour aider à former des partenariats stratégiques entre les secteurs académique, privé, philanthropique et gouvernemental pour le développement économique et technologique. En particulier, CBIRD se concentre sur les intérêts de la région frontalière Texas-Mexique, tels que l'éducation et la formation, l'infrastructure, le logement abordable, les ressources humaines, la gestion des ressources naturelles et le capital financier. L'auteur était le coordinateur du projet CBIRD pour IC2. *Note de LM.*

2. L'auteur est décédé en mars 2016 en Floride, *Allah yarahmou,* que Dieu ait son âme et qu'il repose en paix. *Note de LM.*

20
En guise de conclusion
par Larbi Megateli

En guise de conclusion, nous laissons au lecteur un sommaire avec quelques observations et points saillants du livre dramatique et historique de mon père ainsi que quelques leçons à tirer.

L'histoire de mon père, Abderrahmane Megateli, commence avec sa naissance en 1935 à Berrouaghia. Son grand-père, Abdelkader Megateli, avait émigré de Benchicao à Berrouaghia quelque temps auparavant. L'ancien mausolée de l'ancêtre de la famille, le marabout Sidi Abderrahmane Benmegatel qui appartenait à la tribu Ouled Ferguen, existe toujours à Benchicao. Mon père porte son nom.

Berrouaghia, comme beaucoup d'autres villes d'Algérie, a été le berceau de nombreux militants outre mon père, tels que Benyoucef Ben Khedda[1], mon arrière-grand-père Abdelkader Megateli[2], mon grand-père Ahmed Megateli[3], le cousin de mon père Kouider Megateli[4], Mohammed Mokhtefi[5] et son frère Mokhtar Mokhtefi[6], Hamid Boumahdi[7], Bouchiba Lounès[8], Larbi Saïdi[9], Fodhil Bensalem dit Noureddine[10], Mohammed Dekhli dit

1. Membre du Comité central du PPA-MTLD, secrétaire général du PPA-MTLD, à la tête des centralistes pendant la scission du MTLD entre Messali Hadj et le Comité central en 1953-54, puis recruté par Abane Ramdane au FLN en 1955, membre du CNRA et du CCE, ministre des Affaires sociales du premier GPRA, et le président du troisième GPRA.

2. Un membre fondateur de l'Association des oulémas.

3. Membre de l'Association des oulémas et de l'UDMA, puis le responsable de la cellule FLN de Berrouaghia.

4. Militant du MTLD.

5. Militant du PPA-MTLD.

6. Un moudjahid dans les transmissions à la wilaya V, comme en témoigne son livre fascinant, *J'étais Français-musulman : Itinéraire d'un soldat de l'ALN.*

7. Un moudjahid de la wilaya VI.

8. Un très jeune membre héroïque et légendaire du commando Ali Khodja de la wilaya IV.

9. Le meilleur ami d'enfance de mon père. Sa famille a émigré de la Kabylie à Berrouaghia et est devenue voisine de la famille de mon père. Il était un moudjahid qui est tombé au champ d'honneur au maquis. Je porte son prénom.

10. Militant du PPA, responsable du MTLD pour l'Est de la France, puis chef de la zone Nord de la Fédération de France du FLN (septième wilaya), membre du CNRA.

Si Bachir[1], M'Hammed Ben M'Hel[2], Yahia Ferhat, Yahia Bousmaha[3] et d'autres.

Bien plus tard, en 2000, mon père et moi avons eu l'occasion de rencontrer Benyoucef Ben Khedda chez lui. Il nous a parlé de l'impressionnante figure qu'était mon arrière-grand-père Abdelkader Megateli et nous a évoqué les grandes réunions que mon arrière-grand-père organisait chez lui à sa maison de Berrouaghia dans les années 1930. Ben Khedda aussi n'était pas entièrement au courant de l'histoire de la wilaya VI pendant la Révolution algérienne, alors il a encouragé mon père à écrire son livre.

Je me rappelle aussi que lors de notre rencontre avec Ben Khedda, il nous a dit qu'après l'assassinat d'Abane Ramdane, la Révolution algérienne est devenue comme « un poulet qui courrait avec sa tête coupée ! »[4] Ben Khedda a souligné cela peu après Ali Kafi[5] avait publié la version arabe de ses mémoires en 1999 (la version française *Du militant politique au dirigeant militaire, Mémoires : 1946-1962* allait être publiée plus tard en 2002). Ali Kafi dans ses mémoires a lancé une accusation diffamatoire selon laquelle l'assassinat d'Abane Ramdane était justifié parce qu'Abane Ramdane aurait ouvert des canaux secrets avec l'ennemi français sans informer les autres dirigeants du FLN[6]. Ben Khedda a donné une réponse précieuse dans son livre *Abane – Ben M'hidi : Leur apport à la Révolution Algérienne* paru en 2000, l'année où nous l'avions rencontré. Bélaïd Abane suivrait plus tard

1. Membre du Comité central du PPA-MTLD, l'un des initiateurs du CRUA puis devenu centraliste, ensuite un associé de Rabah Bitat au FLN.

2. Membre du Comité central du PPA-MTLD, secrétaire de Messali Hadj, puis directeur de presse du FLN.

3. L'un des principaux instigateurs de la grève générale des étudiants algériens en 1956, ensuite chef de la zone 2 de la wilaya IV, et tombé au champ d'honneur lors d'un accrochage en décembre 1957.

4. Ben Khedda a qualifié ce point de vue quand il a écrit dans *Abane – Ben M'hidi : Leur apport à la Révolution Algérienne*, p. 59 : « Cependant, avec tout le respect et la considération que nous devons à la mémoire de Abane, à l'œuvre qu'il a accomplie et à la contribution qu'il apporta à la cause de l'indépendance, nous ne devons pas tomber dans le "culte du héros", le "culte des morts" [...] Inspirons-nous de ses idées, mais n'allons pas jusqu'à l'adorer. Pour nous, Abane est dans nos cœurs. C'est en luttant pour le triomphe de ses idées que nous serons fidèles à sa mémoire, ces idées qui demeurent plus que jamais d'actualité dans notre Algérie souffrante, plus valables encore en temps de paix. »

5. Militant du PPA-MTLD, membre de la délégation de la wilaya II au congrès de la Soummam, chef de la wilaya II en 1957, membre du CNRA. Après l'indépendance, ambassadeur aux plusieurs pays arabes, secrétaire général de l'Organisation nationale des moudjahidine, plus tard membre du Haut Comité d'État (HCE) en 1992 et président (1992-1994) après l'assassinat de Boudiaf en juin 1992 jusqu'à l'ascension de Liamine Zeroual à la présidence en 1994.

6. Ali Kafi, *Du militant politique au dirigeant militaire, Mémoires : 1946-1962*, p. 133-134.

avec une autre réponse puissante en 2012 dans son livre *Ben Bella – Kafi – Bennabi contre Abane : Les raisons occultes de la haine.*

Ali Kafi donne comme seule preuve de son accusation contre Abane Ramdane un procès-verbal d'une réunion en novembre 1958 qu'il a eue avec Amirouche fondé uniquement sur des rumeurs du genre « untel m'a dit qu'untel lui a dit »[1]. C'est une accusation par personnes interposées dans un langage d'insinuations et de ouï-dire sans aucune preuve tangible sur les personnes impliquées, les détails des contacts, les dates, les lieux, les décisions prises et autres faits concrets[2]. De plus, même les personnes impliquées dans l'assassinat d'Abane Ramdane comme Boussouf, Krim Belkacem et Bentobbal ne l'ont pas accusé de contacts secrets pour justifier leur crime[3]. Et quand Ali Kafi écrit qu'Abane Ramdane a été jugé et exécuté, il faut demander où était le siège du tribunal et de quels membres était-il composé[4] ? Enfin, il est tout à fait normal de chercher des ouvertures exploratoires de négociations avec l'ennemi en vue d'une solution pacifique à la guerre, tandis qu'Abane Ramdane a toujours insisté sur le préalable de l'indépendance de l'Algérie, contrairement aux colonels du CCE[5]. Il y avait beaucoup de contacts secrets entre des représentants du gouvernement français et les dirigeants du FLN[6], et Abane Ramdane a pleinement informé la délégation extérieure du FLN au Caire dans une correspondance ouverte au sujet de ces contacts secrets, comme celui d'octobre 1955 (le soi-disant « secret de San Remo » faussement évoqué par Ben Bella)[7] et celui de début 1956[8]. Plus loin dans ce chapitre, je reviendrai plus en détail sur l'assassinat d'Abane Ramdane et les liens historiques entre l'assassinat et les événements vécus par mon père.

Il y a lieu de noter qu'avant l'indépendance, les juifs de Berrouaghia, comme dans beaucoup d'autres régions en Algérie, étaient très proches des musulmans. Il est regrettable que, depuis l'indépendance, cette solidarité qui unissait les deux communautés ait disparu et que les contributions culturelles et économiques des juifs algériens aient été perdues. Mon père donne deux

1. Bélaïd Abane, *Ben Bella – Kafi – Bennabi contre Abane : Les raisons occultes de la haine*, p. 79-80.

2. Benyoucef Ben Khedda, *Abane – Ben M'hidi : Leur apport à la Révolution Algérienne*, p. 56.

3. Bélaïd Abane, *Ben Bella – Kafi – Bennabi contre Abane*, p. 80, 88.

4. Benyoucef Ben Khedda, *Abane – Ben M'hidi*, p. 57.

5. Bélaïd Abane, *Ben Bella – Kafi – Bennabi contre Abane*, p. 80-81.

6. Ben Khedda dans *Abane – Ben M'hidi : Leur apport à la Révolution Algérienne*, p. 57 donne une liste d'exemples montrant que les nombreux contacts entre le FLN et le gouvernement français jusqu'aux Accords d'Évian ont toujours commencé par être secrets, et il demande à quels contacts secrets spécifiques Ali Kafi faisait allusion.

7. Bélaïd Abane, *Ben Bella – Kafi – Bennabi contre Abane*, p. 137-138.

8. *Ibid.*, p. 83-84.

exemples édifiants sur deux générations de cette relation tissée entre les juifs et les musulmans en Algérie : Yakob Ayache, un commerçant juif algérien et un ami intime de mon arrière-grand-père, et le docteur Khelifa Guedj, un médecin juif algérien et un ami intime de mon grand-père. C'est Yakob Ayache qui a convaincu mon arrière-grand-père de l'importance de l'éducation et que mon grand-père ne devrait pas simplement travailler au sein du commerce familial, mais qu'il devrait poursuivre ses études à l'école française. Mon grand-père était alors le premier de Berrouaghia à étudier à la prestigieuse médersa d'Alger la Tha'âlibiyya[1] pour devenir *mouderrès* (enseignant en arabe). Il a formé plusieurs générations d'étudiants à Berrouaghia. Nombreux sont ceux qui m'ont exprimé leur gratitude à son égard et leur reconnaissance de la longueur d'avance dans la vie qu'il leur a donnée et la discipline qu'il leur avait inculquée lorsqu'il était leur enseignant. Cela a placé notre famille sur une voie très différente, une voie d'enseignants et de professionnels qu'elle suit encore aujourd'hui. Plus tard, pendant la Deuxième Guerre mondiale, lorsque mon grand-père a appris que les gros colons français fascistes du village voulaient éliminer son ami intime, le docteur juif Khelifa Guedj, mon grand-père l'a sauvé en le déguisant en Arabe et en le cachant dans le désert chez un ami berger nomade jusqu'à ce que l'Algérie ait été libérée du régime nazi. Comme mon père a écrit avec sagesse, ces deux anecdotes « mettent en relief les valeurs universalistes et humanistes de la tolérance, de l'amitié et de l'amour pour le prochain qui existaient à l'époque et qui malheureusement sont en train de disparaître. »

Bien avant la Révolution algérienne, les Français avaient déjà rassemblé un dossier complet et confidentiel sur mon grand-père. Comme sanction administrative, il a été muté pendant presque deux ans en 1938-39 à Perrégaux (actuellement Mohammadia) loin de sa famille à Berrouaghia par mesure disciplinaire à cause d'une visite avec Chakib Arslan[2] à Genève en 1934 et à cause de son activisme et ses conférences à la mosquée de Berrouaghia dans les années 1930. Il y a quelques années, mon père m'a montré ce dossier français confidentiel sur mon grand-père (qu'il a obtenu plus tard bien après l'indépendance) où il y était rapporté que quelqu'un avait informé les Français qu'il avait entendu dans un café mon grand-père dire qu'un jour les Français en Algérie seraient repoussés vers la mer. Dans

1. Une institution avec un enseignement bilingue arabe-français pour former des enseignants en arabe, des interprètes judiciaires, et des magistrats en droit musulman.

2. Le célèbre panislamiste (1869-1946) d'origine libanaise druze qui était considéré par les Français comme une personne suspecte et une mauvaise influence sur les jeunes nationalistes algériens émergents, y compris Messali Hadj qui l'avait rencontré en 1935 (ce qui a encouragé ce dernier à élargir son militantisme communiste en cherchant une alliance avec le monde arabo-islamique contre l'impérialisme).

ce dossier, mon grand-père était considéré déjà dans les années 1930 comme un « personnage remuant et suspect » tenant des « propos anti-français » et « permettant de douter de son loyalisme. »

Plus tard, pendant la Révolution algérienne et après que mon père avait déjà pris le maquis, mon grand-père et quelques-uns de ses compagnons seront emprisonnés et torturés par les Français en 1957 en raison de leur travail clandestin au sein de la cellule FLN de Berrouaghia. La torture a eu son effet sur l'un de ses compagnons, et il a fait un aveu écrit que mon grand-père était le responsable de la cellule FLN de Berrouaghia. Ce n'était seulement qu'après que mon grand-père avait rappelé à son compagnon les prières et les serments qu'ils avaient faits ensemble devant le tombeau du Prophète à Médine au cours de leur pèlerinage que le compagnon de mon grand-père a rétracté son aveu. Cet épisode est un exemple dramatique qui montre le pouvoir de la foi, du courage et de l'amitié face à la torture criminelle par les Français.

Mon père est allé poursuivre ses études dans une école française, le lycée Duveyrier (actuellement lycée Ibn Rochd), à Blida à partir de 1946. Il est extraordinaire que ce même lycée plus tôt dans les années 1930 et 1940 ait formé plusieurs pionniers du nationalisme algérien comme Mohamed-Lamine Debaghine[1], Abane Ramdane[2], Benyoucef Ben Khedda[3], Saâd Dahlab[4], Ali Boumendjel[5] et M'hamed Yazid[6]. Au cours de la génération

1. Militant et dirigeant du PPA depuis 1939, député élu du MTLD, membre du CNRA et du CCE, ministre des Affaires extérieures du premier GPRA.

2. Militant et membre du Comité central du PPA-MTLD, membre de l'OS, en prison lors du déclenchement de la Révolution algérienne le 1er novembre 1954, libéré après presque cinq ans de prison le 19 janvier 1955, contacté par Ouamrane et Krim Belkacem pour rejoindre le FLN en tant que conseiller politique de la zone algéroise, a rallié au FLN presque toutes les tendances politiques algériennes (Ben Khedda et les centralistes, Ferhat Abbas et l'UDMA, l'Association des oulémas, le Parti communiste algérien, les étudiants et certains syndicats importants, mais pas Messali Hadj et le MNA qui ont refusé de se rallier au FLN) pour le transformer en un véritable mouvement révolutionnaire, l'architecte du congrès de la Soummam en août 1956 et des institutions de la Révolution algérienne, membre du CNRA et du CCE. Il a été assassiné par le colonel Boussouf avec la complicité des membres militaires du CCE au Maroc en décembre 1957.

3. Membre du Comité central du PPA-MTLD, secrétaire général du PPA-MTLD, à la tête des centralistes pendant la scission du MTLD entre Messali Hadj et le Comité central en 1953-54, puis recruté par Abane Ramdane au FLN en 1955, membre du CNRA et du CCE, ministre des Affaires sociales du premier GPRA, et le président du troisième GPRA.

4. Membre du Comité central du PPA-MTLD, membre du CNRA et du CCE, ministre des Affaires étrangères du troisième GPRA.

5. Membre de l'UDMA et puis du FLN, avocat des nationalistes algériens, torturé et assassiné par les Français en mars 1957, frère d'Ahmed Boumendjel (avocat de Messali Hadj, secrétaire général de l'UDMA, membre du CNRA, conseiller politique au ministère de l'Information du GPRA).

6. Militant du PPA-MTLD, représentant du FLN aux États-Unis et à l'ONU, membre du

suivante dans les années 1950, ce lycée éduquerait des futurs maquisards comme mon père, Mokhtar Mokhtefi, Larbi Saïdi, Zizi Khelifa, Bousmaha Yahia ainsi que d'autres. Ça serait en dépit ou peut-être à cause d'un certain environnement conservateur du lycée. Pour illustrer cet environnement conservateur et abusif, mon père a raconté son premier jour de classe à l'école en 1946 lorsqu'il portait fièrement sa chéchia rouge (un couvre-chef masculin musulman), et les fils de colons ont ensuite cogné cette chéchia à plusieurs reprises comme une mauvaise plaisanterie et un jeu humiliant. Mon père a dit que la majorité des élèves du lycée étaient des fils de colons de l'extrême droite, mais il a aussi dit qu'il éprouvait beaucoup d'affection et de gratitude envers certains de ses professeurs français du lycée qui étaient libéraux.

Après une rencontre fortuite en 1956 entre mon grand-père, mon père et le colonel Si Chérif (Ali Mellah) et ses compagnons chez des amis communs à la ferme de Boukhamkham dans la région de Tléta des Douairs, mon père a pu reprendre contact avec deux personnes qui allait l'aider à prendre le maquis, Zizi Khelifa dit Si Abdelkader « *Speak-lui* », un ami d'enfance du lycée Duveyrier qui avait déjà pris le maquis, et Mohamed Bendjaffar, un ami à mon grand-père.

Juste avant de prendre le maquis, mon père, sachant que l'ALN n'avait pas beaucoup de moyens, s'est procuré par ses propres moyens au marché aux puces de Berrouaghia des pataugas (des chaussures de marche montantes et robustes à semelle épaisse) et une tenue militaire qu'il devait soudainement cacher du chef de la gendarmerie qui faisait ses rondes !

Mon père a finalement pris le maquis dans la wilaya VI en septembre 1956, quelques mois après la grève générale des étudiants algériens (voir l'annexe pour la lettre d'expulsion de mon père du lycée Bugeaud d'Alger à la suite de son absence due à cette grève générale) et juste à l'époque du congrès de la Soummam, qui énonçait les principes de base et les institutions de la Révolution algérienne et définissait la structure des wilayas et leurs dirigeants. Le colonel Si Chérif venait d'être nommé à la tête de la zone Sud renommée la wilaya VI. (Voir l'annexe pour la carte des wilayas algériennes juste après le congrès de la Soummam en août 1956.)

Comment Ali Mellah dit Si Chérif était-il devenu le premier chef de la wilaya VI ? Il l'a fait avec un parcours impressionnant et distingué. Mon père explique que Si Chérif connaissait déjà bien la région du Sud qui deviendrait la wilaya VI. En tant qu'ancien militant, il s'était échappé de sa région en Kabylie pour se réfugier dans la région du Sud parce qu'il était recherché par les Français à cause de ses activités comme membre du PPA-

---

CNRA, ministre de l'Information de tous les trois GPRA. M'hamed Yazid épousera plus tard Olive La Guardia, la nièce du célèbre maire de New York, Fiorello La Guardia.

MTLD et de l'OS dans les années 1940, bien avant le début de la Révolution algérienne. Au déclenchement de la révolution en 1954, Si Chérif a dirigé un groupe armé qui a fait plusieurs attaques réussies contre des positions ennemies en Kabylie. En 1955, Si Chérif a quitté sa région en Kabylie pour rejoindre la zone 4 (l'Algérois, la future wilaya IV) où se trouvait Ouamrane, le deuxième chef de cette région après Rabah Bitat. Il sera envoyé en 1956 en tant que chef d'un groupe d'éclaireurs dans la région du Sud (la future wilaya VI et une région que Si Chérif connaissait bien déjà) par Krim Belkacem (le premier chef de la région de la Kabylie, la future wilaya III) quand ce dernier a appris que Bellounis (le chef d'un groupe messaliste armé du MNA), à la suite de sa défaite en Kabylie, s'était replié vers le sud pour se réorganiser et regrouper ses forces armées. Finalement, avec le congrès de la Soummam en 1956, le colonel Si Chérif (qui a participé à la préparation du congrès, mais son rapport a été présenté au congrès à sa place par Ouamrane à cause d'une absence excusée[1]) est nommé comme chef de la wilaya VI et comme membre suppléant du CNRA. Les gens qui le connaissaient comme mon père, Krim Belkacem, Ouamrane, Si M'Hamed, Chaïd Hamoud dit Si Abderrahmane et Mustapha Benamar reconnaissent tous qu'il était pieux, aimable, patriotique, éloquent et respecté.

Il est intéressant de noter que mon père décrit souvent et dans le détail des repas délicieux et copieux tout au long du livre. Peut-être cela reflète-t-il à quel point il était rare et difficile de trouver des bons repas au maquis et qu'il lui arrivait par moments de se nourrir seulement avec des oignons sauvages pour survivre.

Les choses commençaient à prendre forme dans la wilaya VI vers fin 1956 – début 1957 sous la direction du colonel Si Chérif avec l'installation d'un nouveau poste de commandement (PC) de la wilaya VI dans la nouvelle zone 2. En plus du côté militaire qui était déjà composé de Rouget comme capitaine, Chérif Ben Saïdi comme lieutenant militaire, Aïssa Benkhouya comme sergent et d'autres, il y avait Si Abderrahmane Djouadi comme commandant politique, Mustapha Benamar comme commissaire politique, Hamid Boumahdi comme commissaire politique, Chaïd Hamoud dit Si Abderrahmane comme lieutenant politique, mon père comme lieutenant et secrétaire de la wilaya, Zizi Khelifa dit Si Abdelkader « *Speak-lui* » comme commissaire politique et chef du service presse, le docteur Salim Zmirli comme chef de l'infirmerie et du service sanitaire et d'autres.

---

1. Suivant le procès-verbal de la première séance du congrès de la Soummam dans Mohammed Harbi, *Les Archives de la révolution algérienne*, p. 160-162. Si Chérif (Ali Mellah) faisait partie, avec Si Ouamrane et Si M'Hamed, de l'une des équipes du congrès (Benyoucef Ben Khedda, *Abane – Ben M'hidi : Leur apport à la Révolution Algérienne*, p. 29).

Ils ne savaient pas que des problèmes graves dans un avenir très proche allaient engloutir la wilaya VI.

Au maquis dans la wilaya VI, mon père a été un témoin direct de l'intersection de tant de luttes intestines et de problèmes internes de la Révolution algérienne, dont les conflits entre le FLN et le MNA et entre les Arabes et les Kabyles. Il y avait beaucoup trop de combats entre Algériens au lieu des Algériens contre le colonialisme français. Je crois qu'il est important que les Algériens connaissent mieux la vérité sur leur histoire pour être en mesure d'affronter leurs démons et de pouvoir les surmonter.

Mon père a consacré beaucoup d'espace dans son livre aux groupes messalistes armés, comme les groupes respectifs de Si Ziane, Si Haouès et surtout de Bellounis, qui ont gagné du terrain dans la wilaya VI à la différence des autres wilayas, allant jusqu'à occuper partiellement sa partie sud, devenue leur fief le plus important. Mon père avait surtout affaire au groupe messaliste armé de Bellounis, qui avait causé le plus de dégâts à la wilaya VI et qui avait ralenti l'avancée du FLN dans le Sud algérien, et non à ceux de Si Ziane et de Si Haouès, qui se considéraient comme messalistes mais qui étaient autonomes de Messali Hadj.

Le groupe armé de Bellounis, par contre, était au départ une création du MNA et de Messali Hadj dès 1955 quand Messali Hadj lui a demandé d'établir un maquis MNA en Kabylie[1]. Après avoir été pourchassé vicieusement de la Kabylie par Amirouche envoyé par Krim Belkacem[2] (par

1. Philippe Gaillard, *L'Alliance : La guerre d'Algérie du général Bellounis (1957-1958)*, p. 38-39.

2. Voir Philippe Gaillard, *L'Alliance : La guerre d'Algérie du général Bellounis (1957-1958)*, p. 41-42. Les tentatives de réconciliation entre le FLN et le MNA ont échoué dès le début de 1955 (voir Philippe Gaillard, *L'Alliance*, p. 37-38, Belaïd Abane, *Nuages sur la Révolution : Abane au cœur de la tempête*, p. 208-209 et Benjamin Stora, « La différenciation entre le F.L.N. et le courant messaliste (été 1954-décembre 1955) », *Cahiers de la Méditerranée*, n°26, 1, 1983, p. 46, 48, 52-53). Les dirigeants du FLN demandaient à Messali Hadj de se rallier au FLN, lui offrant même la présidence. Les dirigeants du MNA ont insistaient sur l'inverse, un ralliement des maquis FLN au MNA, qui assurerait la direction politique (Philippe Gaillard, *L'Alliance*, p. 37-38). Le MNA installait entre-temps un maquis parallèle en Kabylie et en l'Algérois au début de 1955 (Philippe Gaillard, *L'Alliance*, p. 38-39). Plus tard la même année, le FLN et le MNA se sont tous les deux tournés vers la violence et les affrontements meurtriers l'un contre l'autre dans une guerre fratricide (Belaïd Abane, *Nuages sur la Révolution*, p. 209-210, 220 et Benjamin Stora, « La différenciation entre le F.L.N. et le courant messaliste », p. 53-57, 59). Tout comme leurs homologues du MNA l'ont fait à l'égard du FLN, les dirigeants du côté du FLN, dont Mohamed Boudiaf, Krim Belkacem, Amar Ouamrane, Abane Ramdane et Yacef Saadi, ont pris la décision de combattre les groupes MNA en Kabylie, l'Algérois et en France au cours de 1955 (Belaïd Abane, *Nuages sur la Révolution*, p. 214, 219 et Benjamin Stora, « La différenciation entre le F.L.N. et le courant messaliste », p. 53, 56-57, 59). Abane Ramdane a joué un rôle important dans cette décision (Jacques Valette, *La guerre d'Algérie des Messalistes 1954-1962*, p. 36-

exemple, les massacres à Guenzet[1] à l'été 1955 et à Melouza[2] fin mai 1957), Bellounis à la mi-1957 s'est enfui pour aller se réfugier au sud dans la wilaya VI et s'est aussi rallié (ou, selon lui, s'est allié) à l'armée française qui lui a permis d'opérer comme « général » autoproclamé avec son ANPA (Armée nationale du peuple algérien) dans un secteur opérationnel. (Voir l'annexe pour la carte du secteur opérationnel de Bellounis et son ANPA à la fin de 1957.) Vers la fin de 1957, il a rompu ses liens avec Messali et a déclaré son indépendance de lui[3]. D'une manière honteuse, Messali et le MNA ne se sont prononcés publiquement sur Bellounis qu'en mai 1958, continuant à isoler les messalistes[4]. À la suite des atrocités que Bellounis avait commises contre les civils locaux et ses propres soldats, le général français Salan lui a communiqué un ultimatum afin de rejoindre officiellement l'armée française en juin 1958, ce qu'il refuserait[5], en partie parce que Bellounis avait estimé qu'il serait l'interlocuteur valable et il ne voulait pas abandonner cette aspiration en étant simplement un rallié[6]. Le général Salan a décidé de détruire l'ANPA à la fin de juin 1958[7]. Bellounis

---

37, Philippe Gaillard, *L'Alliance*, p. 39 et Benjamin Stora, « La différenciation entre le F.L.N. et le courant messaliste », p. 53).

1. Philippe Gaillard, *L'Alliance : La guerre d'Algérie du général Bellounis (1957-1958)*, p. 41-42.

2. Le massacre de Melouza, dans lequel plus de 300 Algériens ont été tués, a impliqué le colonel Saïd Mohammedi, chef de la wilaya III, le capitaine Mohand Ouddak alias Arab, chef de la zone sud de la wilaya III, et il a finalement été déclenché par l'aspirant Abdelkader Barriki alias Sahnoun, un protégé d'Amirouche (commandant et député de Saïd Mohammedi à l'époque). Voir Philippe Gaillard, *L'Alliance : La guerre d'Algérie du général Bellounis (1957-1958)*, p. 65-71. Le FLN a tenté de faire porter la responsabilité du massacre à l'armée française ou aux harkis, mais il est désormais clair que le FLN était responsable (Philippe Gaillard, *L'Alliance*, p. 70-71 et Benjamin Stora, *Messali Hadj 1898-1974*, p. 263). Mohand Arab témoignera plus tard en 1959 qu'il a seulement ordonné l'encerclement de Melouza, mais a ensuite découvert que Barriki avait initié le massacre (Philippe Gaillard, *L'Alliance*, p. 70-71) après que les habitants du village ont refusé de transférer leur allégeance pour Messali au FLN (Jacques Valette, *La guerre d'Algérie des Messalistes 1954-1962*, p. 142-143). Bien plus tard dans un entretien en 1991, le colonel Saïd Mohammedi a admis que le FLN était responsable du massacre qu'il considérait comme des représailles contre des traîtres qui tuaient les maquisards de l'ALN pendant des années (Benjamin Stora et al., *Les années algériennes*, série documentaire télévisée sur Antenne 2 en 1991).

3. Philippe Gaillard, *L'Alliance : La guerre d'Algérie du général Bellounis (1957-1958)*, p. 62.

4. Benjamin Stora, *Dictionnaire biographique des militants nationalistes algériens*, p. 169.

5. Jacques Valette, *La guerre d'Algérie des Messalistes 1954-1962*, p. 242. Voir aussi Philippe Gaillard, *L'Alliance : La guerre d'Algérie du général Bellounis (1957-1958)*, p. 165 qui mentionne les directives du général Salan en juin 1958 pour « obtenir le maximum d'intégration de bellounistes dans les forces françaises ».

6. Jacques Valette, *La guerre d'Algérie des Messalistes 1954-1962*, p. 244.

7. *Ibid.*, p. 246-247.

sera finalement liquidé dans des circonstances obscures en juillet 1958 par l'armée française ou par ses ex-partisans[1]. Après la mort de Bellounis, le MNA a publié un communiqué de soutien pour lui rendre hommage, une autre preuve pour le FLN de la duplicité et de la trahison du MNA[2]. Pour sa part, le FLN a annoncé que Bellounis avait été « exécuté par des patriotes du FLN »[3].

---

1. Charles-Robert Ageron, « Une troisième force combattante pendant la guerre d'Algérie : L'armée nationale du peuple algérien en son chef le "général" Bellounis (mai 1957-juillet 1958) », *Revue française d'histoire d'outre-mer*, tome 85, n°321, 4e trimestre 1998, p. 73, Jacques Valette, *La guerre d'Algérie des Messalistes 1954-1962*, p. 252-255 et Philippe Gaillard, *L'Alliance : La guerre d'Algérie du général Bellounis (1957-1958)*, p. 177-178. Les archives françaises racontent plusieurs versions qui disent que Bellounis a été tué par un régiment de l'armée française à la suite d'un renseignement obtenu d'un rallié ; ou qu'il a été tué par une patrouille des forces de l'ordre alors qu'il s'enfuyait déguisé ; ou qu'il a été capturé et fait prisonnier par un régiment de l'armée française puis a été abattu par deux de ses ex-partisans ralliés alors qu'il a tenté de s'enfuir (le langage des règlements de comptes) ; ou qu'il a rencontré un escadron des chasseurs qui l'avait conduit, librement et non en prisonnier, dans un camp militaire où le lendemain il a été tué par vengeance par des harkis qui l'avaient reconnu. « En tout cas, l'exécution sommaire ne fait pas de doute ; en témoignent les quatre impacts de balle éloignés de 4 ou 5 cm sur la poitrine [visible sur une photo dans les archives françaises SHD 1H 1706] » (Philippe Gaillard, *L'Alliance*, p 178). Par contre, Thomas Oppermann dans *Le problème algérien*, p. 145 prétend que Bellounis a été tué « dans un combat contre une patrouille de ses ex-partisans » (cité dans Charles-Robert Ageron, « Une troisième force combattante pendant la guerre d'Algérie », p. 73 et Philippe Gaillard, *L'Alliance*, p. 179).

2. Belaïd Abane, *Résistances algériennes : Abane Ramdane et les fusils de la rébellion*, p. 493. Philippe Gaillard dans *L'Alliance : La guerre d'Algérie du général Bellounis (1957-1958)* remarque que Messali Hadj « était resté muet sur Bellounis même après qu'il eut pris publiquement ses distances » pour permettre de « récupérer ce qui était récupérable » (p. 182) et qu'il « esquivera » la question sur son lien avec Bellounis pour essayer de maintenir des relations avec les autres militants (p. 62). Après la mort de Bellounis, Philippe Gaillard caractérise comme « plus incomplet qu'inexact » le communiqué du MNA publié en août 1958 qui disait que Bellounis était « mort héroïquement les armes à la main parce qu'il refusait l'intégration et menait le combat pour une Algérie indépendante, libérée de tout totalitarisme et libre de choisir elle-même son propre destin » (p. 182). Je trouve plutôt ce communiqué du MNA à la fois incomplet et inexact, parce que bien que Bellounis ait refusé l'intégration complète avec l'armée française, tout en combattant aux côtés et avec l'aide de la France contre le FLN, Bellounis avait dit que « je ne conçois ni ne concevrai jamais que l'on puisse dissocier l'Algérie de la France [...] il y a là une large place pour y construire une Algérie indissolublement liée à la France. Les formules qui m'apparaissent possibles vont d'une forme de fédéralisme à définir jusqu'à l'intégration pure et simple de l'Algérie à la France » (p. 225-226). Cependant, les officiers de l'armée française ont fini par croire que pour Bellounis, son alliance avec l'armée française et sa promesse de l'intégration dans le cadre de l'Algérie française n'étaient qu'une ultime manœuvre qu'il avait l'intention d'utiliser pour devenir le dirigeant de la nation algérienne (Jacques Valette, *La guerre d'Algérie des Messalistes 1954-1962*, p. 188, 244-245).

3. *El Moudjahid* du 22 juillet 1958 cité dans Charles-Robert Ageron, « Une troisième force combattante pendant la guerre d'Algérie », p. 73 et Philippe Gaillard, *L'Alliance : La guerre d'Algérie du général Bellounis (1957-1958)*, p. 178-179. Il convient de remarquer que les

Il semble finalement que les Français ont simplement utilisé Bellounis pour les aider à obtenir un avantage militaire dans la vaste zone du Sud algérien alors qu'ils s'occupaient des frontières[1] et pour permettre d'assurer le transport des hydrocarbures de Hassi R'Mel et de Hassi Messaoud qui venaient d'être découverts en 1956[2]. Prétendant son ignorance et refusant d'assumer toute responsabilité de l'affaire, Messali Hadj, qui était resté muet pendant toute cette période, pensait que Bellounis avait été joué par les Français, ou bien que Bellounis suivait les Français pour des raisons tactiques comme l'avait fait l'empereur vietnamien Bao-Daï[3]. D'un autre côté, Jacques Valette indique qu'il y avait des contacts indirects et secrets mais incomplets entre Bellounis et Messali Hadj sur la nécessité d'informer le Père (Messali) concernant les conditions du mariage avec Tafa (la France), dont l'idée a rencontré des réticences des autres militants du MNA, et aussi concernant la justification de Bellounis de ses accords avec l'armée française que Bellounis voulait utiliser afin de contrôler la situation militaire pour laisser les mains libres à Messali Hadj pour négocier le problème politique en tant que l'interlocuteur valable[4]. Pour sa part, Bellounis, au début, se réclamait encore de Messali Hadj pour défendre ses positions de collaboration[5]. Bellounis allait enfin, mais pas après avoir déjà commencé à collaborer avec les Français pendant près de six mois (fin 1957)[6], dénoncer son allégeance avec Messali Hadj[7] qu'il considérait comme dépassé et privé

« ex-partisans » de Bellounis ou les « patriotes du FLN » mentionnés dans les différentes versions de l'histoire de la mort de Bellounis se réfèrent aux Algériens, mais à ceux ralliés à l'armée française dans le premier cas et à ceux ralliés au FLN dans l'autre cas. En tout cas, la date du 2 mai 1958 pour la mort de Bellounis donnée dans *El Moudjahid* par le FLN est certainement trop tôt, car Gaillard était un témoin direct qui a vu le cadavre exposé le lendemain de la date correcte du 14 juillet 1958 (Philippe Gaillard, *L'Alliance*, p. 178-179).

1. Jacques Valette, *La guerre d'Algérie des Messalistes 1954-1962*, p. 146 et Philippe Gaillard, *L'Alliance : La guerre d'Algérie du général Bellounis (1957-1958)*, p. 210.

2. Charles-Robert Ageron, « Une troisième force combattante pendant la guerre d'Algérie », p. 69 et Jacques Valette, *La guerre d'Algérie des Messalistes 1954-1962*, p. 163, 176, 198, 202.

3. Benjamin Stora, *Messali Hadj 1898-1974*, p. 268.

4. Jacques Valette, *La guerre d'Algérie des Messalistes 1954-1962*, p. 188-193.

5. Dans un communiqué du 8 septembre 1957 adressé à la presse, Bellounis a écrit : « Si l'on me reconnaissait comme représentant de l'Armée Nationale du Peuple Algérien et le Mouvement National (MNA) et Messali Hadj comme interlocuteurs valables je suis disposé à participer à la pacification de l'Algérie avec mon Armée […] ce que je décris plus haut est conforme à la position bien définie par le gouvernement français et Messali Hadj à maintes reprises » (Belaïd Abane, *Nuages sur la Révolution : Abane au cœur de la tempête*, p. 217 et Philippe Gaillard, *L'Alliance : La guerre d'Algérie du général Bellounis (1957-1958)*, p. 212-214).

6. Benjamin Stora, *Messali Hadj 1898-1974*, p. 267.

7. Philippe Gaillard, *L'Alliance : La guerre d'Algérie du général Bellounis (1957-1958)*, p. 62.

de moyens[1]. Il s'est appuyé sur le soutien de la France pour essayer de vaincre leur ennemi commun (le FLN) afin d'être en position de force pour négocier une autonomie algérienne qui fera de lui le « Bourguiba de l'Algérie »[2]. Dans cette ambition, Bellounis n'a pas respecté ses accords avec les Français et a constamment essayé d'aller au-delà des contraintes imposées sur lui par les Français de s'en tenir aux affaires strictement militaires sans se mêler des affaires politiques et de rester dans sa zone d'opération strictement délimitée[3]. Ce qui a abouti à une fantaisie mégalomane finalement tragique, coûteuse et sanglante.

Mon père déplore la perte des moudjahidine et de leurs dirigeants dans les accrochages meurtriers avec les groupes messalistes armés comme les Bellounistes. Il décrit aussi comment Bellounis a endoctriné la population locale avec sa propagande sectaire et pernicieuse de division et de dénigrement. Cette propagande prétendait que les membres du FLN étaient des tueurs de chiens, des coupeurs de nez et des égorgeurs, et que le FLN était dominé et dirigé par les Kabyles qui venaient les subjuguer, prendre leurs biens et leurs filles et déshonorer leurs familles. Mon père a fait remarquer que « la même propagande sera utilisée plus tard par le lieutenant Chérif Ben Saïdi lors du fameux complot contre la wilaya VI [...] De ce fait, on pourrait supposer que la présence des messalistes et leur propagande sournoise contre les Kabyles en particulier a favorisé la naissance du complot Chérif Ben Saïdi bien que ce dernier ait eu ses propres causes. »

Mon père décrit aussi comment le FLN partageait les mêmes refuges avec le MNA et comment la population algérienne se retrouvait souvent coincée entre le MNA et le FLN et obligée d'aider les deux groupes antagonistes en fonction de qui était le visiteur, parfois en même temps et quelquefois même sous le même toit ! Par exemple, mon père raconte qu'une fois il s'est trouvé sous une même tente avec un élément bellouniste. L'hôte a évité une confrontation en cachant mon père de l'autre côté de la séparation de la tente où se trouvaient sa femme et ses enfants. Mon père a eu la vie sauve seulement grâce à l'ingéniosité de l'hôte et à la bonne relation qu'il avait cultivée avec lui comme guide. Mon père était habitué à ce jeu, et il savait que la population était contrainte de le jouer par l'instinct de survie. Aussi bien le FLN que le MNA demandaient à la population de contribuer à la lutte par le paiement de cotisations et la fourniture de l'aide pour éviter des sanctions et des exactions de l'une ou de l'autre partie.

---

1. *Ibid.*, p. 146.
2. *Ibid.*, p. 62, 120.
3. Jacques Valette, *La guerre d'Algérie des Messalistes 1954-1962*, p. 145-146, 165, 208-209, 212, 214 et Philippe Gaillard, *L'Alliance : La guerre d'Algérie du général Bellounis (1957-1958)*, p. 144, 211, 222-223, 228-229.

En outre, il y avait aussi des situations plus dangereuses pour le FLN où le civil algérien ne suivait pas le FLN et le MNA à la fois, mais se penchait vers le MNA. Dans ce cas, le civil signalerait le passage des moudjahidine du FLN au MNA ou même à l'armée française s'il avait reçu des instructions des messalistes. C'est ce qui est presque arrivé une fois à mon père lors d'un autre incident plus dangereux qui a eu lieu dans un refuge situé dans les Hauts Plateaux. Mon père raconte que l'hôte de la tente prêtait allégeance aussi bien au FLN qu'au MNA, mais il penchait plus vers le MNA. Ayant remarqué que le fils de l'hôte s'était absenté, mon père a demandé à l'hôte où était passé son fils et a observé une certaine hésitation de la part de l'hôte. Mon père a vite compris que l'hôte avait envoyé son fils le dénoncer au MNA, et mon père a immédiatement quitté les lieux rapidement et discrètement.

En seulement six mois après que mon père a pris le maquis, la wilaya VI a été confrontée à un autre problème très grave en plus du conflit entre le FLN et le MNA : le terrible complot du félon Chérif Ben Saïdi et l'histoire tragique du colonel Si Chérif et de ses compagnons, des événements historiques et méconnus, dont l'importance est souvent négligée. Mon père a écrit : « J'ai personnellement été un témoin vivant de ce complot qui a failli m'emporter bêtement la vie. Je suis parmi les rares officiers survivants et témoins de ce complot terrible, tragique et dramatique qui aurait pu faire dérailler notre révolution en 1957 et l'engloutir dans un conflit ethnique arabe-kabyle sans précédent [...] Il est regrettable de constater que le complot du lieutenant Chérif Ben Saïdi contre la wilaya VI et son commandement et la grave crise qu'il a provoquée dans cette wilaya n'aient pas reçu toute l'attention voulue jusqu'à nos jours. En tant que témoin et survivant de ce complot, il me semble qu'il est grand temps d'en parler ouvertement pour en tirer les leçons qui s'imposent. »

Le complot a commencé fin mars – début avril 1957, juste au début du Ramadan, dans des circonstances étranges et mystérieuses que mon père décrit en termes dramatiques, comme le fait que Chérif Ben Saïdi a subi une étrange blessure par balle à son bras (qui a peut-être été infligée par lui-même ou, comme le pensait mon père plus tard, par le capitaine Rouget, mais certainement pas par l'armée française comme le prétendait Ben Saïdi). Entre des doutes et des rumeurs, les soupçons ont finalement été confirmés qu'il y avait en fait un complot fomenté par le lieutenant Chérif Ben Saïdi, le sergent Benkhouya (un de ses proches), et un groupe de choc des djounoud [soldats] (la plupart originaires de sa fraction des Ouled Soltane de sa région natale entre Boghari et Aumale) qui étaient en train d'éliminer en un temps record les éléments kabyles de la wilaya VI en commençant par le colonel Si Chérif lui-même, son secrétaire Moussa, le capitaine Rouget, le commandant politique Si Abderrahmane Djouadi ainsi que des centaines de cadres et djounoud de la wilaya VI, dont la plupart étaient d'origine kabyle ! De plus, beaucoup de notables de la région ainsi qu'une grande partie de la population locale commençaient à se rallier à Chérif Ben Saïdi. Le complot de Chérif Ben Saïdi a aussi créé un vide dans la wilaya VI laissant le terrain libre au messaliste Bellounis et à ses troupes pour leur permettre d'avancer[1].

Chérif Ben Saïdi a aussi fait croire aux habitants de la région que les personnes assassinées étaient des harkis (supplétifs musulmans indigènes de l'armée française) afin qu'ils l'aident à se débarrasser de leurs cadavres[2]. Il a aussi pris possession du cachet de la wilaya pour l'utiliser à commettre ses actes perfides. Il a également profité du fait que le colonel Si Chérif et lui-même portaient le même nom de guerre (Si Chérif) pour semer encore plus de confusion[3]. (Comme le fait remarquer Philippe Gaillard[4], cette confusion des noms a même induit en erreur des historiens bien connus comme Alistair Horne à affirmer de façon erronée que c'était Si Chérif, le chef de la wilaya VI (au lieu de son lieutenant militaire Chérif Ben Saïdi), qui avait fait défection aux Français et qui était devenu un harki après avoir tué le capitaine Rouget et les éléments kabyles de la wilaya VI[5]. Mon père a aussi remarqué que même le célèbre journaliste français Yves Courrière a commis une erreur similaire dans la légende d'une photo qui indiquait : « Si Chérif dans le Sud avant son ralliement »[6], alors qu'en fait ce n'était pas une photo de Chérif Ben Saïdi qui allait se rallier à l'armée française, mais celle de son chef le colonel Ali Mellah dit Si Chérif qui n'a évidemment effectué aucun ralliement.)

D'un commun accord avec Zizi Khelifa dit Si Abdelkader et Chaïd Hamoud dit Si Abderrahmane, mon père a envoyé une lettre au commandant politique (futur colonel) Si M'Hamed (Ahmed Bougara) de la wilaya IV pour l'informer du complot et lui demander de venir au secours de la wilaya VI. Après un certain retard de plus d'un mois et une autre lettre urgente concernant la wilaya VI envoyée en juin 1957 par Yacef Saadi, chef de la zone autonome d'Alger, au colonel Si Sadek (Slimane Dehilès) de la wilaya IV[7], le commandant politique Si M'Hamed est venu à la wilaya VI (en mai 1957 selon Chaïd Hamoud[8], en juin 1957 selon Philippe

1. Jacques Valette, *La guerre d'Algérie des Messalistes 1954-1962*, p. 149 et Philippe Gaillard, *L'Alliance : La guerre d'Algérie du général Bellounis (1957-1958)*, p. 83.

2. Chaïd Hamoud, *Sans Haine ni Passion*, p. 113.

3. Voir aussi Chaïd Hamoud, *Sans Haine ni Passion*, p. 115.

4. Philippe Gaillard, *L'Alliance : La guerre d'Algérie du général Bellounis (1957-1958)*, p. 47, note 72.

5. Alistair Horne, *A Savage War of Peace : Algeria 1954-62*, p. 223.

6. Yves Courrière, *La Guerre d'Algérie, tome III : L'Heure des colonels*, p. 224.

7. Philippe Gaillard, *L'Alliance : La guerre d'Algérie du général Bellounis (1957-1958)*, p. 80.

8. Chaïd Hamoud, *Sans Haine ni Passion*, p. 118.

Gaillard[1]) accompagné du commandant militaire Si Lakhdar, du capitaine Si Tayeb El-Djoughlali et du commandant Si Azzedine, chef du commando Ali Khodja, ainsi qu'une escorte de membres du commando Ali Khodja.

Tel que rapporté par Si Azzedine[2], Chérif Ben Saïdi, pendant son interrogatoire, a avoué qu'il avait tué le capitaine Rouget (parce que, selon lui, ce dernier « faisait du tort à notre cause » et il « prenait nos filles, la pureté de nos familles »[3]), mais il a accusé le capitaine Rouget d'être coupable de l'assassinat du colonel Si Chérif. L'interrogatoire a ensuite relevé des contradictions dans certaines déclarations de Chérif Ben Saïdi et a recueilli des preuves incriminantes provenant du trésorier de Chérif Ben Saïdi qui avait une somme d'argent qui correspondait à la somme que le colonel Si Chérif avait sur lui. Certains, comme Si Azzedine, voulaient exécuter Chérif Ben Saïdi à cause des preuves recueillies contre lui pendant l'interrogatoire. Si M'Hamed a refusé, en faisant remarquer que les chefs de villages n'étaient pas encore entièrement convaincus. Si M'Hamed a suspendu l'interrogatoire pour le continuer après le dîner, et il a donné des instructions à ses hommes leur ordonnant de ne pas arrêter Chérif Ben Saïdi s'il essayait de s'enfuir, parce qu'en fuyant, Chérif Ben Saïdi signerait son crime. Et effectivement, Chérif Ben Saïdi s'est échappé quelques instants plus tard, et c'est comme ça que les notables de la région ont finalement compris qu'il était impliqué dans l'assassinat du colonel Si Chérif (Ali Mellah) et que Chérif Ben Saïdi allait se rallier à l'armée française. Les notables ont fini par transférer leur soutien pour Chérif Ben Saïdi à Si M'Hamed. Mon père a noté que dans une lettre envoyée au service de presse de la wilaya IV faisant le point sur la wilaya VI, Si M'Hamed a écrit : « Nous venons de dissocier Chérif Saïdi du peuple. Il est indispensable de continuer. Le Sud fait intégralement corps avec notre patrie. »[4] Mon père a remarqué avec perspicacité que « c'est ainsi que le fractionnement [...] a été vite éloigné en trois mois à peine, grâce à la sagesse visionnaire et au flair politique de Si M'Hamed qui, connaissant bien les coutumes et traditions des gens du Sud, a su vite dissocier Chérif Ben Saïdi de l'appui et de la confiance que les notables de la région lui avaient accordés. Ben Saïdi a été finalement démasqué. Le secours de la wilaya IV a porté ses fruits et a sauvé la révolution du péril [...] ».

Abdelkader Blidi dit Si Mustapha, un membre du commando Ali Khodja de la wilaya IV, apporte un autre témoignage de la rencontre entre les

1. Philippe Gaillard, *L'Alliance : La guerre d'Algérie du général Bellounis (1957-1958)*, p. 80.

2. Commandant Azzedine, *On nous appelait fellaghas*, p. 123-127.

3. Yves Courrière, *La Guerre d'Algérie, tome III : L'Heure des colonels*, p. 68 et Commandant Azzedine, *On nous appelait fellaghas*, p. 125.

4. Commandant Azzedine, *On nous appelait fellaghas*, p. 129.

membres du commandement de la wilaya IV et Chérif Ben Saïdi à Kef Lakhdar[1]. Si M'Hamed a reproché à Chérif Ben Saïdi d'avoir tué, en plus du capitaine Rouget, le colonel Si Chérif (Ali Mellah) ainsi que des simples djounoud venus de la Kabylie, qui n'avaient rien avoir avec les agissements du capitaine Rouget. Chérif Ben Saïdi n'avait pas une bonne réponse. Sur conseil du commandant renseignements et liaisons Omar Oussedik dit Si Tayeb de la wilaya IV, Si M'Hamed a décidé, sans l'annoncer, d'envoyer Chérif Ben Saïdi à l'extérieur, mais pas apparemment pour l'exécuter. Si M'Hamed a alors indiqué que c'était l'heure du dîner et a donné l'ordre de laisser Chérif Ben Saïdi aller consulter ses hommes. Chérif Ben Saïdi a informé ses hommes qu'il pensait qu'ils allaient être exécutés et qu'ils devraient s'enfuir. Quelques heures plus tard, Si M'Hamed s'est rendu compte que Chérif Ben Saïdi n'allait pas revenir. Si M'Hamed craignait que lui et ses hommes risquaient d'être repérés par l'armée française, alors il fallait quitter les lieux. Il s'avérerait plus tard que Chérif Ben Saïdi se serait livré à l'armée française.

Jacques Valette rapporte aussi que, selon les chefs militaires français, lors de cette rencontre entre les membres du commandement de la wilaya IV et Chérif Ben Saïdi, le commandant Si Lakhdar a apparemment aidé à sauver ce dernier en refusant de l'arrêter malgré les consignes du colonel Si Sadek, car il y aurait eu un accord entre Chérif Ben Saïdi et Si Lakhdar pour éliminer le chef messaliste Bellounis[2]. Cependant, il s'est avéré plus tard que la source du renseignement sur l'accord entre Chérif Ben Saïdi et Si Lakhdar (un commandant du FLN) contre Bellounis n'était qu'une rumeur de ce dernier pour dévaloriser Chérif Ben Saïdi[3] qui était devenu un rallié rival à l'armée française.

Philippe Gaillard note que dans les archives du colonel Godard (un officier parachutiste qui était chef du service des renseignements français sous le général Massu), le récit du commandant Azzedine sur le complot de Chérif Ben Saïdi est marqué comme un possible « Cinéma ? »[4]. Mon père n'a pas assisté à cette rencontre entre Si M'Hamed et Chérif Ben Saïdi, mais à son arrivée quelques jours plus tard après la rencontre, il a remarqué le moral amélioré et l'attitude plus optimiste de la population locale en raison de la présence de Si M'Hamed, Si Lakhdar, Si Azzedine et le commando Ali

1. Abdelkader Blidi dit Si Mustapha, *Dans les maquis de la liberté : Récit d'un rescapé du Commando Ali Khodja*, p. 103-104.

2. Jacques Valette, « Un contre-maquis durable de la guerre d'Algérie : L'affaire Si Cherif (1957-1962) », *Guerres mondiales et conflits contemporains*, vol. 208, no. 4, 2002, p. 11 citant les archives françaises SHD 1H 1707/1 et 1H 1703/3.

3. *Ibid.*, p. 11.

4. Philippe Gaillard, *L'Alliance : La guerre d'Algérie du général Bellounis (1957-1958)*, p. 81, note 150.

Khodja. Il a noté : « Pour ma part, je n'ai pas assisté à cette historique réunion, mais je suis arrivé sur les lieux juste quelques jours après cette embuscade de la wilaya IV. Je suis resté un jour avec les hommes de la wilaya IV et en particulier avec Si M'Hamed et son escorte [...] Je me souviens avoir assisté à la levée des couleurs et au chant de l'hymne national et d'autres chants patriotiques. Toute la population des villages environnants était alignée pour assister à ce fait d'armes qui a donné espoir aux gens de la région. C'était la première fois qu'ils avaient vu autant d'armes récupérées sur l'ennemi par l'ALN, qu'ils pouvaient voir ces jeunes du commando Ali Khodja, bien habillés et alignés d'une manière impeccable et ces deux prisonniers français qui étaient là, traités d'une manière honorable. Un tableau mémorable de l'ALN et de la lutte armée. Chérif Ben Saïdi avait définitivement perdu son pari ! »

Mon père raconte ce qui est arrivé à Chérif Ben Saïdi après son ralliement traître aux Français (voir aussi l'annexe pour la carte du secteur opérationnel de Chérif Ben Saïdi et ses FAFM fin 1957[1]), y compris une offre du FLN difficile à croire : « Les forces de Ben Saïdi vont constituer ce qui sera appelé officiellement Forces auxiliaires franco-musulmanes (FAFM) [...] Après le ralliement de Ben Saïdi, la France l'a autorisé à conserver le grade fictif de colonel pour maintenir la confusion au sujet du colonel Si Chérif, Ali Mellah. Toutefois, son grade effectif est celui de capitaine. De juillet 1957 jusqu'à la veille de l'indépendance, Ben Saïdi a servi fidèlement la France avec ses FAFM en menant des actions souvent meurtrières contre l'ALN dans la zone d'action qui lui a été délimitée par l'ennemi [...] En juillet 1961, Ben Saïdi a été sollicité par l'ALN et les dirigeants du FLN de rejoindre leurs rangs [...] Finalement à l'indépendance, il décide de rejoindre la France et de s'intégrer dans l'armée française. » Jacques Valette remarque que Chérif Ben Saïdi a rencontré Abderrahmane Farès, le président de l'Exécutif provisoire prévu par les accords d'Évian, en 1962 au sujet d'une éventuelle intégration dans la force locale qui devait assurer l'ordre après le cessez-le-feu, car il s'inquiétait que les Français n'allaient pas respecter leurs garanties de rapatrier lui, sa famille, ses hommes et leurs familles en France ; Abderrahmane Farès n'a pas donné suite à l'offre, et Chérif Ben Saïdi a finalement pu regagner la France tandis que ses hommes, comme les harkis

1. Une raison pour l'urgence de délimiter clairement les zones d'opération entre Bellounis et son ANPA et la harka de Chérif Ben Saïdi était les accrochages occasionnels entre les deux (Philippe Gaillard, *L'Alliance : La guerre d'Algérie du général Bellounis (1957-1958)*, p. 118-119). En novembre 1957, un adjoint important de Bellounis, Saïd Maillot, a été tué par des hommes de Chérif Ben Saïdi (Philippe Gaillard, *L'Alliance*, p. 118 et Jacques Valette, *La guerre d'Algérie des Messalistes 1954-1962*, p. 210). Bellounis a aussi été empêcher d'atteindre son objectif d'étendre sa zone vers le nord dans la Kabylie et l'Ouarsenis à cause de la résistance de Chérif Ben Saïdi et ses FAFM (Jacques Valette, *La guerre d'Algérie des Messalistes 1954-1962*, p. 149).

en général, ont été abandonnés en Algérie par les Français après l'indépendance[1].

En raison de leur expérience en Indochine, les officiers de l'armée française connaissaient l'utilité des contre-maquis constitués d'Algériens luttant contre le FLN/ALN[2]. Cependant, tous les contre-maquis de la guerre d'Algérie (Djilali Belhadj dit Kobus et sa Force K, Bellounis et son ANPA, Ben Harsallah) ont rarement réussi et ont eu de tristes fins, sauf le contre-maquis de Chérif Ben Saïdi et ses FAFM qui a duré avec un certain succès jusqu'en 1962[3]. D'abord, contrairement aux autres chefs de contre-maquis, Chérif Ben Saïdi n'était pas un ancien militant messaliste, mais un ancien militaire de l'armée française[4]. De plus, le groupe harki de Chérif Ben Saïdi opérait efficacement dans une petite région d'où provenaient ses membres qui se battaient dans un but concret pour protéger les leurs[5]. Cette formule ne pouvait être étendue au reste d'un pays aussi grand que l'Algérie[6]. En revanche, comme l'insiste mon père, les problèmes auraient été beaucoup plus sectaires et répandus si Chérif Ben Saïdi avait réussi à prendre le contrôle de la wilaya VI sans avoir à se rallier à l'armée française.

Il est donc important de noter qu'au début de son complot, Chérif Ben Saïdi ne s'est pas rallié à l'armée française et que les Français n'étaient pas derrière son complot, mais que ce dernier était le résultat des crimes, des conflits et des problèmes internes de la Révolution algérienne. C'est une réalité historique qui n'est pas bien reconnue. Par exemple, Mustapha Benamar pensait qu'un capitaine de la SAS (Sections administratives spécialisées, les services secrets français) était impliqué en manipulant les habitants de la région, sans nommer ce capitaine ni présenter des preuves[7]. L'une des contributions historiques de ce livre est la recherche que mon père a effectuée dans les Archives nationales françaises récemment ouvertes concernant la guerre d'Algérie. L'un des faits dans ces archives que mon père met en évidence est que Chérif Ben Saïdi avait pris son premier contact avec les Français pour se rallier à eux vers la mi-juin 1957[8], bien après

1. Jacques Valette, « Un contre-maquis durable de la guerre d'Algérie : L'affaire Si Cherif (1957-1962) », *Guerres mondiales et conflits contemporains*, vol. 208, no. 4, 2002, p. 31-33.

2. *Ibid.*, p. 7, 33.

3. *Ibid.*, p. 7.

4. *Ibid.*, p. 7.

5. *Ibid.*, p. 33.

6. *Ibid.*, p. 33.

7. Mustapha Benamar, *C'étaient Eux les Héros*, p. 120. Il s'agit peut-être du capitaine Roux, chef du 2e Bureau de la SAS du secteur d'Aumale, mentionné dans les Archives françaises SHD 1H 1214 et 1H 3514, auquel mon père fait référence lorsqu'il explique que Chérif Ben Saïdi avait pris ses premiers contacts avec l'armée française environ trois mois après le début de son complot.

8. Archives françaises SHD 1H 1214 et 1H 3514.

(presque trois mois) le début du complot et pas tout de suite après l'arrivée de Si M'Hamed et ses compagnons à la wilaya VI. Il s'est rallié à l'armée française pour sauver sa vie et seulement après avoir réalisé qu'il avait échoué dans ses tentatives pour prendre le contrôle de la wilaya VI.

Donc, si les Français n'étaient pas derrière le complot de Chérif Ben Saïdi, alors quelles étaient les causes internes de ce complot ? D'abord, mon père insiste que la wilaya VI avait mal démarré dès le début de la Révolution algérienne, et c'est pourquoi elle a eu tant de problèmes jusqu'à l'indépendance. La zone Sud a été dissoute au moment du déclenchement de la Révolution algérienne en 1954 suite à la découverte que le chef à l'époque collaborait avec l'administration française[1]. Mon père pensait que cette décision de dissoudre la zone Sud « a été une erreur stratégique qui était l'une des causes principales des déboires tragiques que va vivre la wilaya durant toute la période allant de 1955 à 1962. Une telle erreur laissera la voie libre à des groupes pour se constituer dans la région et d'opérer d'une manière autonome aussi bien vis-à-vis du FLN que du MNA. De plus, les gens de la région, en particulier les militants, se sont considérés comme abandonnés, négligés, n'ayant rien à offrir, ne constituant pas une partie prenante dans la lutte dans laquelle leur territoire était exclu du combat. » Mon père a consacré beaucoup d'espace dans son livre pour décrire comment la wilaya VI était particulièrement différente des autres wilayas et pour décrire l'histoire troublée et tumultueuse de la wilaya VI jusqu'à l'indépendance[2]. J'ai entendu mon père dire que la wilaya VI, ayant été dissoute plusieurs fois, était comme une orpheline de la guerre de libération d'Algérie à cause de son mauvais départ sans forme et sans chefs et parce que ses chefs subséquents ont été non seulement tués au combat avec l'armée française (comme le colonel Ahmed Ben Abderrezak dit Si Haouès), mais ont également été assassinés (comme le colonel Ali Mellah dit

1. Notez que le nom de ce chef de la zone Sud Djilali Hadjadj que Tahar Zbiri mentionne dans *Mémoires du dernier chef authentique des Aurès 1929-1962*, p. 177 correspond étrangement au nom du médecin et journaliste algérien Djilali Hadjadj, mais il fait plus probablement référence au nom très similaire de Djilali Belhadj dit Kobus (1921-58), un « faux maquisard » qui travaillait pour les services secrets français. Djilali Belhadj a formé une petite armée de faux maquisards appelée la Force K, avec son siège à Aïn Defla. Eventuellement, le FLN est arrivé à un accord avec les adjoints de Djilali Belhadj en vue de le liquider en avril 1958, et les membres restants de la Force K se sont ralliés au FLN. Mohammed Harbi, par contre, dit dans *Le FLN, mirage et réalité : Des origines à la prise du pouvoir (1945-1962)*, p. 123 que le nom du premier chef présumé de la zone Sud était l'adjudant Slimane dit Djouden, aussi un agent de renseignements français.

2. Dans *Histoire politique et militaire de la Wilaya historique VI (1956-1962)*, Slimane Kacem souligne aussi le rôle de la wilaya VI durant la guerre de libération de l'Algérie en tant que base arrière importante dans l'approvisionnement en armes des autres wilayas et son rôle dans la mise en échec du projet colonialiste français visant à séparer le Sahara algérien du reste du pays.

Si Chérif et le colonel Si Tayeb El-Djoughlali, tous deux tragiquement assassinés par des subordonnés qui ont rejeté ces dirigeants qui n'étaient pas de leur région) ou exécutés (comme le colonel Si Mohamed Chaâbani) par des Algériens. L'histoire troublée de la wilaya VI montre que lorsque les problèmes sont négligés au départ, ils auront plus tard des répercussions plus graves et plus répandues. Mon père a aussi indiqué que dès le départ, quand le colonel Si Chérif a été nommé comme chef de la wilaya VI en août 1956, il fallait « lui confier une mission officielle, au nom du CCE et du CNRA, de rallier [les messalistes] Si Haouès et Si Ziane en les nommant tous les deux comme commandants faisant partie de l'état-major et du conseil de la wilaya VI. » Si Haouès serait finalement nommé chef de la wilaya VI, mais pas avant mai 1958 (malheureusement il serait tué peu de temps après, en mars 1959, en compagnie du colonel Amirouche, lors d'une bataille avec l'armée française au Djebel Thameur). Quant à Si Ziane, il a été tragiquement tué lors d'un combat avec l'armée française beaucoup plus tôt en novembre 1956 à l'est du Boukahil. La création mal planifiée de la wilaya VI n'a été que partiellement corrigée après le complot lorsque sa zone nord a été jointe à la wilaya IV qui était plus compatible, ce qui a laissé à la wilaya VI les zones plus homogènes au sud pour qu'elle puisse être réorganisée et confiée à des dirigeants qui connaissaient mieux les habitants de la région[1].

Aussi, comme mentionné plus tôt, le conflit entre le FLN et le MNA et la propagande sectaire contre les Kabyles répandue par les groupes messalistes du MNA, comme celui de Bellounis, ont aidé à créer un environnement qui a contribué à la naissance du complot.

De plus, il y avait plusieurs Kabyles, comme le capitaine Rouget, qui ont été mutés, par mesure disciplinaire, de la wilaya III (la Kabylie) à la wilaya VI par Amirouche, parce qu'ils ont eu des déboires ou ont commis des fautes graves (mais parfois après avoir été quand même promus à un grade supérieur). Beaucoup de ces éléments kabyles ne connaissaient ni l'arabe, ni la culture, ni les traditions de la région. Certains étaient très arrogants et abusifs (y compris l'agression sexuelle contre les femmes de la région[2]), comme c'était le cas avec le capitaine Rouget. Mon père était un

1. Mustapha Benamar, *C'étaient Eux les Héros*, p. 126. Voir aussi Chaïd Hamoud, *Sans Haine ni Passion*, p. 137.

2. Voir, par exemple, Yves Courrière, *La Guerre d'Algérie, tome III : L'Heure des colonels*, p. 65 et Commandant Azzedine, *On nous appelait fellaghas*, p. 121-123. Voir aussi les Archives françaises du Centre des archives d'outre-mer (CAOM) [remplacé par les Archives nationales d'outre-mer (ANOM)] carton 5Q/130 : « Renseignements sur l'organisation de la wilaya 6 (1957-1958). Mort de Rouget. Rouget serait mort au Sebt-Aziz (commune mixte de Boghari). Il aurait été tué par ses compagnons pour des histoires de femmes. En effet, il y avait quatre femmes à Sidi Aissa, deux aux Ouled Sidi Khelif et deux aux Ouled Zenim. Il avait tué leurs maris pour les approprier, il les menaçait et ensuite les

témoin direct que Chérif Ben Saïdi avait un fort ressentiment contre les dirigeants kabyles, comme le capitaine Rouget, et leur présence dans sa région arabe natale de la wilaya VI. Mon père a aussi rapporté que le colonel Si Chérif lui avait confié et avait reconnu qu'il existait un problème de cadres dans la wilaya VI et qu'il fallait trouver des cadres de la région (il convient aussi de rappeler qu'une grande partie de la population locale de la wilaya VI soutenait également les messalistes, ce qui compliquait le problème du recrutement) : « Il m'avait signalé au cours d'un entretien auquel avait participé le commandant politique Si Abderrahmane Djouadi [...] que le problème de l'encadrement en général était sérieux et en particulier celui de la wilaya VI. Il fallait à tout prix trouver des cadres de la région pour assumer des postes importants. Mais fallait-il encore les trouver. Étant nouveau dans la wilaya et connaissant encore très peu tous ses cadres, je n'étais pas en mesure d'apporter des solutions immédiates, mais j'avais déjà constaté certaines choses qui m'avaient choqué surtout au niveau des choix des cadres, des moyens de communication et des rapports entre les cadres en place et la population locale. »

Au sujet de ce problème des cadres dans la wilaya VI, mon père a aussi cité une lettre de Si M'Hamed (Ahmed Bougara) envoyée, après le complot, au service de presse de la wilaya IV sur la situation de la wilaya VI qui montre son autocritique constructive et sa sagesse généreuse (bien qu'il n'ait pas évoqué le conflit ethnique et sectaire entre Kabyles et Arabes, il l'a plutôt présenté en termes plus généraux et régionaux comme le Nord contre le Sud) : « Je viens de me rendre compte que nous, responsables du Nord, avons conservé les séquelles regrettables de la vieille mentalité coloniale. Or, le peuple admirable du Sud [...] subit notre propre comportement arbitraire. Dès que chez nous quelqu'un commet une faute, on le mute dans le Sud pour le punir. Comment, dans ces conditions, encadrer convenablement la wilaya VI ? [...] Le Sud fait intégralement corps avec notre patrie. Insistons fermement pour qu'il ne soit plus pénalisé et reçoive désormais un encadrement politique et militaire valable, digne de son courage, de sa fière résistance. »[1] À quoi mon père a ajouté : « le Sud a aussi ses hommes et ses cadres de valeur. Il faut en tenir compte et les mettre en évidence, sinon, l'argument de "colonialisme" utilisé par Ben Saïdi pour se faire valoir auprès des siens et pour perpétrer ses crimes nous hantera à chaque fois. »

Une autre cause du complot était un incident entre Chérif Ben Saïdi et un commissaire politique d'origine kabyle[2]. Le commissaire avait donné l'ordre

---

prenait de force. (Source : date 23 avril 1957, Informateur RR.I.244/57) » (basé sur les notes de lecture de mon père).

1. Commandant Azzedine, *On nous appelait fellaghas*, p. 129.

2. Jean Taousson, *Paris-Presse l'Intransigeant*, 23 novembre 1957.

d'égorger plus de 40 moutons d'une mechta, malgré l'interdiction formelle de Chérif Ben Saïdi. Quand il l'a découvert, Chérif Ben Saïdi a exécuté le commissaire sur place. Le commandement de la wilaya VI a considéré cet incident comme un acte d'indiscipline de la part de Chérif Ben Saïdi, et depuis, ses relations avec le commandement de la wilaya se sont détériorées.

Mon père parle aussi d'une mission désastreuse qui a eu lieu vers fin 1956, début 1957 pour prendre le contrôle du territoire messaliste au sud de la wilaya VI où les unités de la wilaya VI ont été vendues par la population qui était pro-messaliste. Près de cent moudjahidine ont été tués par l'armée française, et le commandant Si Abderrahmane Djouadi, le capitaine Rouget et le lieutenant Chérif Ben Saïdi ont échappé de justesse à la mort. Le moral général dans la wilaya était très bas à cause de cette expérience douloureuse, et les relations déjà mauvaises entre Rouget et Ben Saïdi se sont détériorées encore plus et sont devenues intenables. Ils se tenaient mutuellement responsables pour le désastre : le capitaine Rouget a accusé le lieutenant Chérif Ben Saïdi et ses hommes de lâcheté et d'incompétence, alors que Ben Saïdi a rétorqué, de manière insoumise, que Rouget n'avait qu'à les rejoindre à l'avenir[1]. En conséquence, le colonel Si Chérif et le commandant Si Abderrahmane Djouadi ont décidé de séparer Ben Saïdi de Rouget, et Ben Saïdi a été muté loin de son fief natal vers la zone 2 qui était en train d'être constituée au sud de la wilaya VI. Cette décision d'isoler Ben Saïdi, ainsi que sa rébellion contre Rouget, a contribué davantage au lancement du complot, avec Rouget servant de catalyseur à Ben Saïdi pour perpétrer son crime.

Il y a lieu de noter aussi l'importance de certaines lettres provocatrices, bien qu'on puisse se demander à quel point les sources sont fiables. Mon père a découvert que les archives françaises, Chérif Ben Saïdi dans la presse coloniale, et les gens de sa région avaient tous parlé d'une lettre du Comité central exécutif adressée au colonel Si Chérif et tombée entre les mains de Chérif Ben Saïdi, dans laquelle il était indiqué qu'il fallait abattre tous les chefs arabes « peu sûrs et indisciplinés »[2]. Chaïd Hamoud dit Si Abderrahmane parle d'une lettre pendant une mission dangereuse vers mars 1957 pour récupérer les armes dans la wilaya V destinées à la wilaya VI. Après quelques pertes de vie aux mains de l'armée française, Chérif Ben Saïdi a écrit une lettre au colonel Si Chérif lui demandant de le dispenser de cette mission dangereuse, et le colonel Si Chérif a répondu par une lettre sévère réaffirmant ses ordres avec une « condamnation à mort » en

1. Yves Courrière, *La Guerre d'Algérie, tome III : L'Heure des colonels*, p. 65-66 et Commandant Azzedine, *On nous appelait fellaghas*, p. 122-123.

2. Les archives françaises du Service historique de la Défense (SHD) à Vincennes 1H 3514 et 1H 2591, interview de mon père le 18 octobre 2011 avec les gens de la région du Kef Lakhdar comme Dahrib Ahmed Ben Hatek (un agent de liaison), et Jean Taousson, *Paris-Presse l'Intransigeant* du 23 novembre 1957.

cas de désobéissance[1]. Chérif Ben Saïdi a utilisé cette lettre pour convaincre les hommes de sa compagnie, dont la plupart étaient originaires de sa fraction des Ouled Soltane, que les dirigeants kabyles de la wilaya VI venus de la wilaya III voulaient leur mort[2]. Yves Courrière et Si Azzedine parlent d'une autre désobéissance de la part de Chérif Ben Saïdi contre le capitaine Rouget (Rouget accusant Ben Saïdi de lâcheté, d'incompétence et d'insubordination et Ben Saïdi accusant Rouget de négligence et de débauche) lors de la mission dangereuse plus tôt vers la fin de 1956 visant à éliminer les groupes messalistes armés du MNA dans la partie sud de la wilaya VI[3]. (Jacques Valette mentionne une opération ratée contre la zone pétrolière pendant cette période[4].) En outre, il y avait une lettre envoyée en avril 1957 par un groupe de centaines de djounoud de la wilaya VI à la wilaya IV contre le « colonialisme des Kabyles »[5].

Malgré toutes ces circonstances atténuantes et le manque criant de bonnes institutions d'arbitrage dans la Révolution algérienne, il faut être clair qu'en fin de compte le félon Chérif Ben Saïdi et ses compagnons ont commis des crimes de mutinerie et d'assassinat. Ils ont non seulement tué de mauvais éléments comme le capitaine Rouget, mais ils ont aussi assassiné le colonel Si Chérif lui-même, qui avait une réputation impeccable, ainsi que des centaines de cadres et de djounoud innocents de la wilaya VI, simplement parce qu'ils étaient des Kabyles. Mon père pensait que le complot n'était pas encore un autre nouvel épisode sanglant dans une bataille entre Arabes et Kabyles, mais par contre un acte criminel de trahison qui a failli devenir un conflit sectaire plus grand entre Arabes et Kabyles : « Il s'agit plutôt d'un acte désespéré, insensé, certes horrible et impardonnable d'un Algérien "arabophone" qui a voulu se faire justice lui-même tout en tentant de prendre en main les leviers de commande de la wilaya. C'est une trahison. À lire Yves Courrière, le lecteur est tenté de croire qu'Arabes et Kabyles ont fréquemment l'habitude de "s'entretuer". Ceci est une affirmation fausse. Toutefois, ce complot a failli tourner la population de la wilaya à majorité arabophone contre tout ce qui est kabyle et par là même faire déborder le conflit en un conflit sectaire au-delà des frontières de la wilaya VI. »

Je crois que l'un des principaux objectifs de ce livre de mon père consiste à faire la lumière sur l'homme extraordinaire qui était le colonel Si Chérif

1. Chaïd Hamoud, *Sans Haine ni Passion*, p. 107.

2. *Ibid.*, p. 108.

3. Yves Courrière, *La Guerre d'Algérie, tome III : L'Heure des colonels*, p. 65-66 et Commandant Azzedine, *On nous appelait fellaghas*, p. 122-123, 124-125.

4. Jacques Valette, « Un contre-maquis durable de la guerre d'Algérie : L'affaire Si Cherif (1957-1962) », *Guerres mondiales et conflits contemporains*, vol. 208, no. 4, 2002, p. 8.

5. Gilbert Meynier, *Histoire intérieure du FLN 1954-1962*, p. 398 cité dans Philippe Gaillard, *L'Alliance : La guerre d'Algérie du général Bellounis (1957-1958)*, p. 80, note 148.

(Ali Mellah) et sur l'histoire négligée et méconnue du complot de Chérif Ben Saïdi qui a abouti à l'assassinat tragique du colonel Si Chérif et de ses compagnons dans la wilaya VI, tout en tirant les leçons qui s'imposent. Ce complot aurait pu se propager dans un conflit sectaire plus généralisé entre Arabes et Kabyles au sein du FLN lui-même, en plus du conflit FLN – MNA, et aurait pu à son tour engloutir, au-delà de la wilaya VI, toute la Révolution algérienne dans les flammes. Il me semble que les dirigeants devraient être plus réceptifs aux gens qui étaient sous leur autorité et plus sensibles aux intérêts locaux des habitants de la région, dont certains auraient dû être recrutés comme cadres. Dans tout ce qui a été rapporté par mon père et par d'autres, le colonel Si Chérif avait reconnu le besoin de recruter les cadres de la région et était sensible aux populations locales qui, au retour, avaient beaucoup de respect et d'estime à son égard[1], mais cela ne semblait pas suffisant pour contrer les dégâts et les abus des certains éléments kabyles comme le capitaine Rouget qui ont été rejetés par la wilaya III et envoyés à la wilaya VI. C'était aussi peut-être trop demander au colonel Si Chérif de réhabiliter ces éléments difficiles[2]. En réagissant, Chérif Ben Saïdi a manipulé, pour poursuivre ses propres ambitions politiques, ces problèmes très graves d'une manière sectaire, trompeuse et meurtrière, surtout après sa désobéissance au dernier ordre de mission dangereux du capitaine Rouget et du colonel Si Chérif. Je crois aussi que des institutions auraient également dû être formées et soutenues pour résoudre les différends. Le capitaine Rouget, en particulier, aurait dû être mis devant un tribunal pour répondre de ses actes sauvages et abusifs. Il me semble finalement qu'en sauvant la wilaya VI sans exécutions et sans représailles, Si M'Hamed (Ahmed Bougara) de la wilaya IV a montré comment gagner la confiance et le soutien de la population locale. En démasquant Chérif Ben Saïdi, Si M'Hamed a donné un exemple profond et efficace de « soft power » (la puissance douce) qui a évité encore plus de division et de violence.

Après le complot, Si M'Hamed a reconstitué la wilaya VI en nommant, à titre intérimaire, Si Tayeb El-Djoughlali comme colonel, mon père comme commandant renseignements et liaisons, et Chaïd Hamoud dit Si Abderrahmane comme capitaine. (Mon père a remarqué que plus tard, le CCE blâmerait la wilaya IV et Si M'Hamed pour avoir pris cette initiative de

---

1. Par exemple, voir aussi Yves Courrière, *La Guerre d'Algérie, tome III : L'Heure des colonels*, p. 66 : « [Le] premier souci [de Chérif Ben Saïdi] fut de se débarrasser d'Ali Mellah qui était pour lui beaucoup plus dangereux que Rouget. En effet, le chef de wilaya avait su convaincre la population. Il lui avait fait partager ses objectifs de lutte contre le colonialisme et d'indépendance nationale. Son grade, son attitude sans reproche et la confiance dont il jouissait auprès de nombreux notables constituaient autant d'écueils insurmontables sur la route de Si Chérif [Ben Saïdi]. »

2. Comme le remarque Chaïd Hamoud dans *Sans Haine ni Passion*, p. 119.

reconstituer en partie les cadres de la wilaya VI et combler le vide laissé par le complot de Ben Saïdi. Mon père a observé que « cette attitude très bureaucratique du CCE montre bien comment l'extérieur était déconnecté de la réalité du terrain et des besoins vitaux de la lutte [à l'intérieur]. »)

Si Tayeb El-Djoughlali a donné l'ordre à mon père, à Chaïd Hamoud dit Si Abderrahmane et à quelques compagnons d'aller en mission à la wilaya V pour récupérer les armes revenant à la wilaya VI, menant au premier voyage mouvementé de mon père au Maroc fin 1957 – début 1958.

Il est intéressant de noter ici qu'un jour sous une tente pendant ce premier voyage au Maroc, Chaïd Hamoud dit Si Abderrahmane et ses compagnons ont appris à la radio le lancement réussi de Spoutnik, le premier satellite artificiel de la Terre mis en orbite par les Soviétiques en octobre 1957. Ils étaient émerveillés par l'exploit technologique soviétique, mais ça leur a aussi donné à réfléchir au contraste avec leur situation pénible actuelle en tant que maquisards algériens[1].

Une fois arrivés au Maroc, après beaucoup de retard et sans explications, mon père et Chaïd Hamoud dit Si Abderrahmane ont finalement pu rencontrer le haut commandement de la wilaya V, y compris le capitaine Slimane de la zone 8, le commandant Lotfi, le colonel Boumediene et le colonel Boussouf[2]. Comme j'ai perçu la description de Chaïd Hamoud de ces rencontres, le colonel Boumediene avait une attitude hautaine, et le colonel Boussouf était très arrogant, voire dédaigneux et méprisant. Le colonel Boumediene leur avait reproché de s'être éloignés de l'intérieur et avait transféré toute responsabilité pour leur situation au CCE[3]. Le colonel Boussouf, sans les laisser parler pendant 45 minutes, leur avait dressé un réquisitoire insultant de la wilaya IV, utilisant par exemple des mots comme *mikrada* (singerie), et les avait renvoyés à l'intérieur pour trouver leurs réponses sur le devenir de la wilaya VI[4]. Contrairement aux autres membres du haut commandement de la wilaya V, le commandant Lotfi avait une certaine maturité et une approche sympathique et agréable, malgré le fait qu'il ne leur avait donné aucune explication ni fait aucune promesse et leur avait demandé d'attendre[5].

Sans le savoir et par une coïncidence improbable de l'histoire, ces rencontres avec le haut commandement de la wilaya V comme le colonel Boussouf ont eu lieu à peu près en même temps (décembre 1957) que l'assassinat d'Abane Ramdane au Maroc par le colonel Boussouf et avec la complicité des autres membres militaires du CCE (Krim Belkacem,

1. Chaïd Hamoud, *Sans Haine ni Passion*, p. 157.
2. *Ibid.*, p. 159-164, 168-172.
3. *Ibid.*, p. 169-170.
4. *Ibid.*, p. 170-172.
5. *Ibid.*, p. 168.

Mahmoud Chérif, Lakhdar Bentobbal et Amar Ouamrane). Ces complices prétendraient qu'ils ne voulaient que l'emprisonnement d'Abane Ramdane plutôt que son exécution comme le voulait le colonel Boussouf[1] (les membres civils du CCE, Ferhat Abbas, Lamine Debaghine et Abdelhamid Mehri, n'en étaient même pas informés). L'assassinat était la conséquence de rancunes personnelles[2] et d'une lutte pour le pouvoir entre une révolution

---

1. Mohamed Lebjaoui, *Vérités sur la Révolution algérienne*, p. 157-159 et Yves Courrière, *La Guerre d'Algérie, tome III : L'Heure des colonels*, p. 180-192. Krim Belkacem raconte à Mohamed Lebjaoui qu'il était d'accord seulement pour l'arrestation d'Abane Ramdane à cause de son soi-disant « travail fractionnel » (Mohamed Lebjaoui, *Vérités sur la Révolution algérienne*, p. 157). Selon ces sources et d'autres, il convient de noter cependant que ces complices ont fermé les yeux pendant que Boussouf et ses sbires ont étranglé Abane Ramdane en décembre 1957. Krim Belkacem et Mahmoud Chérif, qui étaient même présents lors du guet-apens criminel au Maroc, apparemment ont eu à la fin peur qu'ils seront eux aussi assassinés par Boussouf. C'est la raison pour laquelle Mahmoud Chérif a empêché Krim Belkacem d'essayer de sauver Abane Ramdane quand ils se sont rendu compte ce que Boussouf était en train de faire. Mahmoud Chérif avait même averti Krim Belkacem : « Si tu bouges, nous y passerons tous. » (Mohamed Lebjaoui, *Vérités sur la Révolution algérienne*, p. 158). Mahmoud Chérif a aussi mis sa main dans la poche de sa veste pour donner l'impression à Boussouf et ses hommes qu'il était armé (Mohamed Lebjaoui, *Vérités sur la Révolution algérienne*, p. 158 et Yves Courrière, *L'Heure des colonels*, p. 187-188). Krim Belkacem a aussi décrit que Boussouf « avait à ce moment-là la tête d'un monstre » et qu'il « se mit à proférer des injures et des menaces indirectes contre tous ceux qui voudraient agir un jour comme l'avait fait Abane. Il allait et venait d'un pas rapide, saccadé, et Krim eut la certitude qu'il se demandait s'il n'allait pas les liquider eux aussi sur-le-champ. » (Mohamed Lebjaoui, *Vérités sur la Révolution algérienne*, p. 159). Belaid Abane n'accepte pas cette version de Krim Belkacem qui met l'entière responsabilité de l'assassinat d'Abane Ramdane sur Boussouf. Belaid Abane, s'appuyant sur plusieurs sources écrites et témoignages directs (entre autres, Ouamrane, Ferhat Abbas, Mohamed Lebjaoui et Mabrouk Belhocine), croit plutôt que Boussouf avait agi avec le plein soutien de Krim Belkacem (Belaïd Abane, *Vérités sans tabous : L'assassinat d'Abane Ramdane*, p. 177, 195, 198, 221, 247-248, 253). En tout cas, même cette prétendue idée d'emprisonnement a été décidée illégalement en secret avec un piège trompeur.

2. Notamment la jalousie de Krim Belkacem envers Abane Ramdane, le désir de vengeance de Boussouf contre Abane Ramdane et le mépris d'Abane Ramdane pour ces deux derniers. Voir Belaïd Abane, *Vérités sans tabous : L'assassinat d'Abane Ramdane*, p. 36-38, 211, 220, 253. Par exemple, lorsque Krim Belkacem a voulu prendre la place d'Abane Ramdane lors d'une conférence de presse au Caire en 1957 préparée par Abane Ramdane, ce dernier a insulté Krim en lui disant qu'il ne maîtrisait ni l'arabe, ni le français, ni l'anglais et l'a traité d'*aghyoul* [âne] (Belaïd Abane, *Vérités sans tabous*, p. 220). Abane Ramdane a aussi humilié Krim Belkacem en lui disant que « si l'administration coloniale ne lui avait pas refusé la poste de garde champêtre, il n'aurait sans doute pas pris le maquis » (Belaïd Abane, *Vérités sans tabous*, p. 211), négligeant de mentionner qu'après cela, Krim Belkacem a été au maquis pendant quinze ans bien avant la révolution, mobilisant et formant des militants en Kabylie pour se préparer à faire la guerre (Ferhat Abbas, *Autopsie d'une guerre*, p. 211-212). Abane Ramdane a aussi déclaré que « Boussouf a une cervelle d'oiseau » (Belaïd Abane, *Vérités sans tabous*, p. 211). Abane Ramdane a aussi critiqué et réprimandé Boussouf devant ses subordonnés pour son système autoritaire, féodal et corrompu dans la wilaya V lors de sa visite au Maroc en mai 1957, attirant la haine vengeresse de Boussouf (Belaïd Abane, *Vérités*

des institutions civiles à l'intérieur représentée par Abane Ramdane et le pouvoir brut, militaire et autoritaire à l'extérieur représenté par les membres militaires du CCE comme le colonel Boussouf[1]. Cet assassinat, ainsi que la précédente réunion du CNRA d'août 1957 au Caire, marquaient la mort du congrès de la Soummam après seulement un peu plus d'un an et le renversement des principes de base de la Révolution algérienne énoncés par ce congrès, y compris la primauté de l'intérieur sur l'extérieur, la primauté du politique sur le militaire, et, d'une manière la plus flagrante possible dans l'exemple de l'étranglement tragique de l'architecte du congrès Abane Ramdane lui-même, l'interdiction des étranglements et des mutilations et l'exigence d'un tribunal avec le droit de défense pour toutes les exécutions.

Il me semble que les expériences que mon père et Chaïd Hamoud dit Si Abderrahmane avaient vécues dans la wilaya V vers la fin de 1957 ont confirmé, dans une moindre mesure, cette mort des principes du congrès de la Soummam. Mon père et Chaïd Hamoud dit Si Abderrahmane n'ont pas pu obtenir de la wilaya V (à l'extérieur) les armes revenant à la wilaya VI (à l'intérieur), et par conséquent ils ont été forcés d'acheter quelques armes au marché noir au Maroc. (En plus des détournements d'armes par le haut commandement de la wilaya V, il y a eu aussi l'accumulation des fonds, comme l'a signalé Abane Ramdane à Ferhat Abbas en août 1957 : « C'est ainsi qu'à mon passage au Maroc, j'ai appris que la wilaya V disposait de plus d'un milliards de francs, alors que dans la IV et la III nous n'avions pas le moindre sou. Et quand j'en ai fait le reproche à Boussouf, il s'est rebiffé. Il ne comprend pas que cet argent est à l'Algérie et non à sa seule wilaya. »[2]) L'hostilité enragée du haut commandement de la wilaya V au Maroc à l'extérieur, en particulier du colonel Boussouf, envers la wilaya IV à l'intérieur était déjà bien visible vers la fin de 1957. En plus, le haut commandement de la wilaya V a renvoyé mon père et Chaïd Hamoud dit Si Abderrahmane de l'extérieur à l'intérieur d'une façon dédaigneuse et sans aucune réponse.

Il faut aussi signaler ici que plus tard lorsque le commandant Lotfi est devenu colonel et nommé le chef de la wilaya V en mai 1958, il prenait, avec son attitude plus ouverte, tolérante et démocratique et son dévouement ultime à la lutte dans l'intérieur, de plus en plus de distance des colonels de l'extérieur, comme le colonel Boussouf et le colonel Boumediene[3]. Le

---

sans tabous, p. 36-38, 253 et Ferhat Abbas, *Autopsie d'une guerre*, p. 211). (Il convient de souligner ici que ces rancunes personnelles ne devraient jamais être une raison suffisante pour assassiner quelqu'un !)

1. Voir, par exemple, l'excellent et très émouvant livre de Belaïd Abane, *Vérités sans tabous : L'assassinat d'Abane Ramdane.*

2. Ferhat Abbas, *Autopsie d'une guerre*, p. 211.

3. Comme le remarque Khalfa Mameri dans son livre *Colonel Lotfi.*

colonel Lotfi s'était aussi plaint à Ferhat Abbas déjà en juin 1959 : « Notre Algérie va échouer entre les mains des colonels, autant dire des analphabètes. J'ai observé, chez le plus grand nombre d'entre eux, une tendance aux méthodes fascistes. Ils rêvent tous d'être des "Sultans" au pouvoir absolu. Derrière leurs querelles, j'aperçois un grave danger pour l'Algérie indépendante. Ils n'ont aucune notion de la liberté, de l'égalité entre les citoyens. Ils conserveront du commandement qu'ils exercent le goût du pouvoir et de l'autoritarisme. Que deviendra l'Algérie entre leurs mains ? [...] Notre peuple est menacé [...] Où allons-nous ? »[1] (Ces déclarations troublantes sur les colonels par le colonel Lotfi trouvent un écho prémonitoire plus tôt par Abane Ramdane s'adressant à Ferhat Abbas déjà en août 1957 : « Ce sont de futurs potentats orientaux. Ils s'imaginent avoir droit de vie et de mort sur les populations qu'ils commandent. Ils constituent un danger pour l'avenir de l'Algérie [...] Ce sont tous des assassins. Ils mènent une politique personnelle contraire à l'unité de la nation [...] L'autorité qu'ils ont exercée ou qu'ils exercent rend ces colonels arrogants et méprisants. Par leur attitude, ils sont la négation de la liberté et de la démocratie que nous voulons instaurer dans une Algérie indépendante. Je ne marche pas pour un tel avenir. L'Algérie n'est pas l'Orient où les potentats exercent un pouvoir sans partage. Nous sauverons nos libertés contre vents et marées. Même si nous devons y laisser notre peau. »[2]) Plus tard, en mars 1960, avant de quitter Tunis à l'extérieur pour aller rejoindre ses hommes dans la wilaya V et la lutte à l'intérieur du pays, le colonel Lotfi a renouvelé ses plaintes à Ferhat Abbas et a déclaré à propos des colonels à l'extérieur et leurs luttes sourdes entre eux : « J'aime mieux mourir dans un maquis que de vivre avec ces loups. »[3] Et en effet, alors qu'il traversait la frontière marocaine pour retourner à l'intérieur de l'Algérie, le colonel Lotfi a été tué lors d'un accrochage avec l'armée française, et il est tombé au champ d'honneur près de Béchar le 27 mars 1960, une autre grande tragédie pour le pays.

Mon père a aussi remarqué que « lors de ma rencontre avec le haut commandement de la wilaya V en compagnie du capitaine Si Abderrahmane à la fin de 1957, aucun membre n'a été suffisamment curieux pour nous demander de les informer sur le complot Chérif Ben Saïdi et d'expliquer les conditions du complot et les circonstances de la mort de Si Ali Mellah. Bien au contraire, ils ont fait preuve d'une apathie troublante et d'un manque d'intérêt accablant qui cachait mal leur autosuffisance et leur manque de solidarité révolutionnaire. »

1. Ferhat Abbas, *Autopsie d'une guerre*, p. 263-264.
2. *Ibid.*, p. 210-211.
3. *Ibid.*, p. 283.

Dans toutes ces expériences de mon père et d'autres, il me semble que déjà vers la fin de 1957, il se passait quelque chose de bizarre, de troublant et plein d'intrigues dans la wilaya V à la frontière du Maroc. Et en effet, en moins de cinq ans et juste après l'indépendance en 1962, l'armée des frontières (bien équipée et reposée à l'extérieur) du colonel Boumediene (à ce moment-là le chef de l'État-major général [EMG] de l'ALN) allait envahir et vaincre, au nom de Ben Bella, les moudjahidine algériens (épuisés et fourbus à l'intérieur, spécifiquement les wilayas II, III et IV) qui soutenaient le GPRA civil sous la présidence de Ben Khedda[1]. Cette crise de l'été 1962 peut être considérée comme la « deuxième mort »[2] du congrès de la Soummam[3].

Encore plus fortement que dans les expériences de mon père, cette atmosphère troublante dans la wilaya V créée par le colonel Boussouf a été révélée plus tôt dans l'expérience d'Abane Ramdane lors de sa visite à la wilaya V et au Maroc en mai 1957[4] alors qu'il se rendait à Tunis quand le CCE a fui Alger au printemps 1957 après l'emprisonnement, la torture et l'assassinat de Larbi Ben M'Hidi par les Français. Abane Ramdane a remarqué et a été perturbé par le système stalinien mis en place par le colonel Abdelhafid Boussouf dans la wilaya V avec des surveillances étroites, des fichages, des menaces, des chantages en utilisant des rapports truqués, l'emprisonnement[5], la torture, parfois même la mise à mort, le tout dans une

1. À titre d'exemple des décisions difficiles auxquelles les moudjahidine ont été confrontés pendant cette période juste après l'indépendance en 1962, Si Yahia Megherbi, un compagnon de mon père au maquis, capitaine et chef de la zone 7 de la wilaya V, a décidé d'aller à l'encontre du commandement de sa propre wilaya V et a refusé de se battre pour le colonel Boumediene et l'armée des frontières contre d'autres moudjahidine algériens des wilayas de l'intérieur et le GPRA, qu'il considérait comme l'autorité légitime. Il a payé cher pour son courage et a été emprisonné pendant un an en 1962.

2. Boukhalfa Amazit, « La crise de l'été 1962 : "La deuxième mort" du congrès de la Soummam », *El Watan*, 8 juillet 2004.

3. Ben Khedda voit trois coups d'État durant cette période : le premier en décembre 1957 avec l'assassinat d'Abane Ramdane par les membres militaires du CCE contre la primauté du politique sur le militaire, le deuxième en 1959 par la réunion des dix colonels – les « trois B » (Krim Belkacem, Bentobbal, Boussouf), les cinq chefs de wilaya (Hadj Lakhdar de la wilaya I, Ali Kafi de la wilaya II, Yazourène de la wilaya III, Slimane Dehilès dit Si Sadek de la wilaya IV, Lotfi de la wilaya V) et les deux chefs du commandement de l'Est et de l'Ouest (Mohammedi Saïd et Boumediene) – usurpant les pouvoirs du GPRA, et le troisième à l'été 1962 par l'EMG contre le GPRA (Benyoucef Ben Khedda, *L'Algérie à l'indépendance : la crise de 1962*, p. 77-78, 92, 175 et Benyoucef Ben Khedda, *Abane – Ben M'hidi : Leur apport à la Révolution Algérienne*, p. 79-80).

4. Voir Belaïd Abane, *Vérités sans tabous : L'assassinat d'Abane Ramdane*, p. 26-39 pour les détails de cette visite.

5. Par exemple, Ali Haroun et Mahieddine Moussaoui ont été menacé par un revolver et emprisonnés par un associé de Boussouf pour « paroles déplacées », mais ils ont été libérés sur l'insistance d'Abane Ramdane (il a ordonné « Ouvre-moi ces portes [de la prison] ! ») lors

atmosphère de méfiance et de paranoïa généralisée par une pratique totalitaire féodale et un réseau clientéliste de corruption[1]. Abane Ramdane ne pouvait plus rester silencieux après ce qu'il avait vu : « En responsable qui s'assume, Abane fait à Boussouf et devant ses subordonnés, le procès de son système et de ses pratiques, à commencer par cette manie de commander ses troupes à distance et de s'installer hors et loin du champ de bataille, loin de ses hommes livrés au découragement comme il l'avait constaté en traversant l'Oranie. Il le tance également sur les manières très spéciales dont il traite les combattants des autres wilayas notamment ceux de la IV dont il se méfie de manière quasi obsessionnelle. Car, "wilayiste" précoce, Boussouf avait pris l'habitude d'empiéter sur la wilaya IV dont il contrôle et parfois détourne les quotas d'armes acheminées par l'ouest. Incompréhensible est également pour Abane, cette tendance de Boussouf à accumuler des fonds (un milliard de francs) alors que d'autres wilayas en manquent cruellement, comme la IV et la III, enclavées, donc plus engagées face à l'ennemi et durement soumises au rouleau compresseur de l'ennemi. »[2] Même lorsque le colonel Boussouf a fait visiter à Abane Ramdane son système de transmissions qu'il avait installé dans sa wilaya et dont il était très fier, les jeunes officiers des transmissions cloîtrés ont informé Abane Ramdane de leur détresse et de leurs plaintes en présence de leur chef Boussouf, qui l'a pris comme une insulte personnelle à son autorité[3]. D'une manière prémonitoire, Abane Ramdane a vu le système du colonel Boussouf comme un danger pour l'Algérie indépendante : « Boussouf est en train de mettre en place un système qui va menacer nos libertés et nous opprimer dans l'Algérie future. »[4]

Après le congrès de la Soummam de 1956, Krim Belkacem s'est trouvé en infériorité numérique, et il était constamment rejeté par les autres membres civils du premier CCE (Abane Ramdane, Larbi Ben M'hidi, Benyoucef Ben Khedda et Saâd Dahlab)[5]. Krim Belkacem et les autres militaires de l'extérieur comme Boussouf et Bentobbal ont, à leur tour, marginalisé Abane Ramdane lors de la réunion du CNRA en août 1957 au Caire où plusieurs des

---

de sa visite à la wilaya V au Maroc en mai 1957 (Belaïd Abane, *Vérités sans tabous : L'assassinat d'Abane Ramdane*, p. 32-33). Un autre jeune cadre de l'ALN passera six mois au cachot parce qu'il a osé aller au-dessus de la hiérarchie et donner volontairement un rapport à Abane Ramdane qui dénonçait les abus dans la gestion de la wilaya V (Khalfa Mameri, *Abane Ramdane : Héros de la guerre d'Algérie* cité dans Belaïd Abane, *Vérités sans tabous : L'assassinat d'Abane Ramdane*, p. 36).

1. Belaïd Abane, *Vérités sans tabous : L'assassinat d'Abane Ramdane*, p. 30, 34.

2. *Ibid.*, p. 36.

3. Khalfa Mameri, *Abane Ramdane : Héros de la guerre d'Algérie* cité dans Belaïd Abane, *Vérités sans tabous : L'assassinat d'Abane Ramdane*, p. 38.

4. Belaïd Abane, *Vérités sans tabous : L'assassinat d'Abane Ramdane*, p. 38, note 3.

5. *Ibid.*, p. 20-23.

principes du congrès de la Soummam ont été renversés[1]. Ils ont aussi pu expulser les membres ex-centralistes civils du premier CCE (Benyoucef Ben Khedda et Saâd Dahlab) et désigner au deuxième CCE cinq membres militaires (Krim Belkacem, Abdelhafid Boussouf, Lakhdar Bentobbal, Amar Ouamrane et Mahmoud Chérif) pour faire une majorité contre une minorité de quatre membres civils (Abane Ramdane, Ferhat Abbas, Lamine Debaghine et Abdelhamid Mehri). De plus, ils ont fait de sorte à ce que les deux tiers des 56 membres du deuxième CNRA soient des militaires. Abane Ramdane a même été exclu des réunions du CCE, mis en quarantaine, mis sous surveillance, et personne, même pas ses amis, n'avaient l'autorisation de le voir, tout cela à cause des colonels du CCE[2].

Par conséquent, Abane Ramdane, qui critiquait les chefs militaires autoritaires avec leur vie luxueuse à l'extérieur, a insisté sur la restauration des principes précédents de la Révolution algérienne, comme la primauté de l'intérieur sur l'extérieur et la primauté du politique sur le militaire. Pour ce faire, il a menacé de revenir de Tunis à l'intérieur de l'Algérie avec le soutien des militants et de ses propres alliés militaires, comme le commandant Hadj Ali de la wilaya I (qui lui-même serait assassiné aussi au Maroc par Boussouf et Krim Belkacem en novembre 1957[3]) ainsi que d'autres militaires dans la wilaya IV, pour former son propre centre de pouvoir à l'intérieur qui pourrait rivaliser avec celui des colonels du CCE à l'extérieur (mais pas évidemment pour « nettoyer » ou liquider les colonels du CCE comme Mahmoud Chérif, Boussouf et Krim Belkacem prétendraient plus tard pour essayer de justifier leur crime envers Abane Ramdane)[4]. Abane Ramdane a clairement exprimé sa critique des colonels du CCE lors d'une réunion du CCE à Tunis en novembre 1957 lorsqu'il a insisté sur le préalable de l'indépendance algérienne avant toute négociation avec la France : « Drôle de politique pour des colonels ! Vous ne rêvez que négociations. Ce n'est plus le CCE mais le cessez-le feu ! Vous ne pensez plus combat mais pouvoir. Vous êtes devenus ces révolutionnaires de palaces que nous critiquions tant, quand nous étions à l'Intérieur. J'en ai assez. Je vais regagner le maquis et à ces hommes que vous prétendez représenter sur lesquels vous vous appuyez sans cesse pour faire régner votre dictature, je raconterai ce qui se passe à Tunis et ailleurs. »[5] C'est ainsi qu'Abane Ramdane, avec le potentiel réel qu'il possédait pour rétablir un nouveau centre de pouvoir à l'intérieur permettant de lui fournir un soutien accru, avait franchi la « ligne rouge » des colonels du CCE, et ces colonels

1. *Ibid.*, p. 64-69.
2. *Ibid.*, p. 78-79.
3. *Ibid.*, p. 120-121.
4. *Ibid.*, p. 99-107.
5. *Ibid.*, p. 117.

ont décidé, sans même informer les membres civils du CCE, de l'éliminer, d'une manière ou d'une autre[1].

Les implications de l'assassinat tragique d'Abane Ramdane sont que la voie a été ouverte à l'arbitraire, à l'excès et à la turpitude pour la Révolution algérienne et l'Algérie indépendante (« la dérive clanique et autoritaire [...] le coup de force [...] la logique du plus puissant [...] avec la mise à bas des principes soummamiens depuis 1957 »[2]), ce qui en fait un « crime fondateur »[3] et un péché originel de la nation algérienne.

L'assassinat d'Abane Ramdane a aussi des liens historiques en quelque sorte avec le complot de Chérif Ben Saïdi et l'assassinat du colonel Si Chérif (Ali Mellah) dans la wilaya VI (qui a eu lieu plus tôt au printemps de la même année 1957) en annonçant l'arrivée de l'abus arbitraire du pouvoir et de la violence qui contournent les institutions d'arbitrage (comme les tribunaux avec le droit de défense requis par le congrès de la Soummam[4]) pour atteindre des objectifs politiques. D'abord, le colonel Boussouf, le meneur de l'assassinat d'Abane Ramdane, a apparemment déclaré que « celui qui a exécuté le colonel Si Chérif de la wilaya VI [...] est un patriote »[5], même après avoir entendu la défense de Krim Belkacem de la réputation impeccable du colonel Si Chérif. Il est très révélateur et

---

1. *Ibid.*, p. 109-122.

2. *Ibid.*, p. 270.

3. *Ibid.*, p. 288.

4. Le procès-verbal du congrès de la Soummam dans Mohammed Harbi, *Les Archives de la révolution algérienne*, p. 166.

5. Voir le témoignage écrit du colonel Ouamrane daté de août 1958 concernant les circonstances de la mort d'Abane Ramdane publié dans Khalfa Mameri, *Abane Ramdane : Le Faux Procès*, p. 150-160, et aussi Belaïd Abane, *Vérités sans tabous : L'assassinat d'Abane Ramdane*, p. 171-177, si ce sont vraiment les mots de Boussouf. Khalfa Mameri ne nomme pas sa source pour ce document ni les autres témoins qui l'ont assuré de son authenticité. Il se demande aussi pourquoi Ouamrane ne l'a pas divulgué de son vivant, mais il pense que le document devrait être porté à la connaissance du public avec des réserves, et il décide néanmoins de le publier et de l'utiliser avec prudence (Khalfa Mameri, *Abane Ramdane : Le Faux Procès*, p. 80-81, 88-89). Dans un passage du document où Krim Belkacem raconte au colonel Ouamrane ce qui s'est passé avec Abane Ramdane, le colonel Boussouf, après avoir été informé que les autres membres militaires du CCE voulaient emprisonner Abane Ramdane au lieu de l'exécuter, insiste furieusement sur l'exécution d'Abane Ramdane en disant à Krim Belkacem : « Abane passera et il y en a d'autres qui passeront. N'oublie pas que celui qui a exécuté le colonel Si Chérif de la wilaya VI [...] et son adjoint est un patriote. » Krim Belkacem pensait que le colonel Si Chérif (Ali Mellah), connu pour « son esprit religieux, fraternel et son amour pour la patrie », avait été exécuté par des traitres comme Chérif Ben Saïdi qui s'est rallié aux Français. Krim Belkacem répond au colonel Boussouf : « Tu te trompes sur le cas de Si Chérif, c'est un patriote que je connais très bien d'autant plus qu'il est de notre région ; il a travaillé avec Ouamrane et moi. » Le colonel Boussouf insiste encore que « celui qui a exécuté Si Chérif était un patriote » (Khalfa Mameri, *Abane Ramdane : Le Faux Procès*, p. 153-154 et Belaïd Abane, *Vérités sans tabous : L'assassinat d'Abane Ramdane*, p. 173-174).

épouvantable que Boussouf, si ce sont vraiment ses déclarations, élèverait le criminel Chérif Ben Saïdi au niveau d'un patriote et citerait ses actions trompeuses, sanglantes et meurtrières dans son complot contre le colonel Si Chérif et ses compagnons de la wilaya VI comme un bon exemple et un précédent patriotique pour traiter le cas d'Abane Ramdane. Le complot de Chérif Ben Saïdi n'est en réalité qu'un précédent terrifiant pour une indignation vengeresse et meurtrière et, comme mon père a décrié, la notion de « se faire justice soi-même » contre ceux qui sont considérés comme des ennemis et des traîtres. On ne peut pas non plus négliger le fait que les victimes de ces deux complots, Abane Ramdane et le colonel Si Chérif, étaient tous les deux Kabyles, bien que dans le cas d'Abane Ramdane, d'autres Kabyles comme Krim Belkacem et Ouamrane étaient aussi impliqués dans le complot, alors que pour le colonel Si Chérif, c'était l'Arabe Chérif Ben Saïdi et sa fraction des Ouled Soltane qui ont mené le complot. Cependant, ces deux complots vont au-delà des considérations purement sectaires, bien que le complot de Chérif Ben Saïdi fût évidemment plus sectaire que l'assassinat d'Abane Ramdane. Une leçon à apprendre ici est peut-être que, quelles que soient les circonstances atténuantes ou à quel point la cause apparaît juste ou à quel point l'adversaire est ou semble être perfide, on ne doit pas négliger les institutions et descendre au niveau de « la loi de la jungle », de la violence de vengeance, du pouvoir brut et de l'ambition dévorante qui va dégénérer hors de contrôle comme un boomerang destructeur. Dans le cas du complot de Chérif Ben Saïdi, heureusement le colonel Si M'Hamed (Ahmed Bougara), avec sa sagesse et son habileté politique, a pu s'élever au-dessus du cycle de la violence en interrogeant, exposant et démasquant Chérif Ben Saïdi publiquement et en gagnant la confiance de la population locale. Ce faisant, le colonel Si M'Hamed a aidé à éteindre les flammes d'un potentiel conflit sectaire arabe-kabyle plus généralisé et donc à éviter encore plus de violence. Cependant, la presse officielle du FLN dans le journal *El Moudjahid* du 20 août 1957 a faussement annoncé que le colonel Si Chérif (Ali Mellah) est « tombé à la tête de ses troupes dans le Sud algérois »[1]. L'assassinat d'Abane Ramdane a aussi été dissimulé par un faux article dans *El Moudjahid* du 29 mai 1958 : « Abane Ramdane est mort au champ d'honneur »[2] sans que personne ne subisse de conséquences quant à la véritable responsabilité pour l'assassinat. Depuis, les problèmes avec les dirigeants et la direction de la Révolution algérienne n'ont fait que prendre de l'ampleur.

Ces implications de l'assassinat d'Abane Ramdane donnent un nouveau sens aux mots frappants que j'ai entendu Ben Khedda employer : « Après

1. Benjamin Stora, *Dictionnaire biographique des militants nationalistes algériens*, p. 181.
2. Belaïd Abane, *Vérités sans tabous : L'assassinat d'Abane Ramdane*, p. 164-166.

l'assassinat d'Abane Ramdane, la Révolution algérienne est devenue comme un poulet qui courrait avec sa tête coupée ! »[1] Et Ben Khedda parlait en connaissance de cause parce qu'il a dû faire face à ce « poulet sans tête » en moins de cinq ans après l'assassinat d'Abane Ramdane pendant la crise de l'été 1962 juste après l'indépendance. À ce moment-là, l'armée des frontières du colonel Boumediene (qui, ironiquement et peut-être même logiquement, a maintenant écarté son mentor Boussouf) avec le faux « Bureau politique » du FLN de Ben Bella (dont les membres n'ont pas pu être élus légitimement comme prévu par la réunion infructueuse du CNRA du début juin 1962 à Tripoli[2]) allait éliminer et remplacer le GPRA civil et la présidence de Ben Khedda. Ben Khedda a fortement dénoncé cette usurpation de pouvoir dans sa déclaration à la presse du 3 août 1962 qui démontre que les problèmes soulevés par Abane Ramdane et son assassinat continuaient encore de suppurer depuis presque cinq ans jusqu'à l'indépendance et au-delà : « Ceux qui, en dehors du recours à la volonté du peuple ou de la libre et fraternelle discussion, essaieront de se légaliser par la force seront condamnés devant l'histoire et auront trahi notre Révolution populaire [...] Quoiqu'il en soit, il se pose ici, le problème de l'intégration de l'A.L.N. et plus particulièrement de celle des frontières [...] C'est seulement dans ce cadre et sous l'égide de l'autorité centrale que peut s'opérer la fusion de l'A.L.N des frontières et celle de l'intérieur. Or certains officiers qui ont vécu à l'extérieur n'ont pas connu la guerre révolutionnaire comme leurs frères du maquis [...] Ces officiers qui sont restés pendant la durée de la guerre aux frontières tunisiennes et marocaines ont souvent tendance à ne compter que sur la force des armes. Cette conception dangereuse conduit à sous-estimer le rôle du peuple, voire à le mépriser et créer le danger de voir naître une féodalité ou une caste militariste telle qu'il en existe dans certains pays sous-développés [...] L'armée est au service de la nation, c'est-à-dire qu'elle est sous autorité directe et absolue du gouvernement qui exprime la souveraineté nationale. Elle n'est pas la source du pouvoir selon l'idée simpliste qui confond force armée et origine du droit et du pouvoir. Cette origine ne peut être que le peuple. C'est là un principe de base de notre Révolution et de toute démocratie. »[3] Par souci d'unité nationale et pour éviter encore plus d'effusions de sang, Ben Khedda a fini par accepter, à titre provisoire, le « Bureau politique » illégitime du FLN de Ben Bella à la fin de juillet 1962, mais sous réserve d'une approbation plus tard (une semaine après les élections pour l'Assemblée nationale constituante) par le CNRA, une approbation jamais réalisée. Le GPRA a

1. Rencontre avec Ben Khedda, 2000.
2. Benyoucef Ben Khedda, *L'Algérie à l'indépendance : la crise de 1962*, p. 14-17.
3. *Ibid.*, p. 152-153.

finalement implosé et s'est désintégré en août et septembre 1962 dans une passation de pouvoir chaotique et violente[1]. « Une entreprise de longue date préparée par des officiers disposant de troupes biens armées »[2], ce coup d'État de 1962 « a détourné le cours de la Révolution et engendré un système totalitaire qui a conduit l'Algérie là où elle est. »[3]

Un an plus tard, en 1963, Ben Bella allait répéter ses manœuvres illégitimes lorsqu'il a formulé sa « constitution » (qui a concentré de manière dictatoriale le pouvoir entre les mains de la présidence, à savoir Ben Bella) dans le cinéma Majestic (actuellement Atlas) à Alger en dehors de l'Assemblée nationale constituante, sabotant les efforts légitimes de Ferhat Abbas[4], qui présidait l'Assemblée nationale constituante, et entraînant la

1. *Ibid.*, p. 31-36, 158, 166-171.

2. *Ibid.*, p. 39.

3. *Ibid.*, p. 92.

4. Ferhat Abbas a suivi un parcours long et vénérable : promoteur en 1924 et président en 1927-31 de l'Association des étudiants musulmans d'Afrique du Nord (AEMAN), reprend les efforts pour l'égalité des droits du mouvement des Jeunes-Algériens et de l'émir Khaled des années 1910 et 1920, d'abord assimilationniste qui dénonce le code de l'Indigénat et soutient l'intégration des Algériens musulmans pour devenir des citoyens français à part entière avec l'égalité des droits, adjoint en 1933 du docteur Mohammed Bendjelloul président de la Fédération des élus indigènes (fondée en 1927 par Dr Bendjelloul), conseiller général de Sétif, conseiller municipal du Constantinois et délégué financier élu dans les années 1930, l'un des artisans du Congrès musulman en 1936 qui rassemble pour la première fois plusieurs partis politiques musulmans algériens (le docteur Bendjelloul et la Fédération des élus indigènes, le cheikh Abdelhamid Ben Badis et l'Association des oulémas, et le Parti communiste algérien, mais pas Messali Hadj et l'ENA, qui allait devenir le PPA en 1937) et qui revendique la suppression de toutes les lois d'exception et des rouages spéciaux, la liberté d'enseignement pour la langue arabe, les droits économiques et politiques égaux, y compris un collège électoral commun au parlement et le maintien du statut personnel musulman, soutient comme première étape le projet Blum-Violette de 1936 qui proposait d'assimiler certains Algériens musulmans (diplômés, élus, militaires et fonctionnaires) sans avoir à renoncer à leur statut personnel comme musulmans, se sépare du docteur Bendjelloul et fonde le parti Union populaire algérienne (UPA, nominalement un parti de masse plutôt qu'une union de notables élus) après l'échec du projet Blum-Violette en 1938, puis devient autonomiste soutenant l'idée d'un parlement algérien et d'un état autonome fédéré à la France, rédige le Manifeste du peuple algérien pendant la Seconde Guerre mondiale en 1943 (qui revendique l'abolition de la colonisation, l'adoption d'une constitution républicaine pour l'Algérie et la participation complète des Algériens musulmans à un gouvernement algérien) avec un additif influencé par Messali Hadj (qui revendique une Assemblée algérienne constituante élue au suffrage universel par tous les habitants de l'Algérie pour élaborer une constitution algérienne et pour établir l'Algérie en tant que nation et État) et forme les AML (Amis du manifeste et de la liberté) qui ont unifié presque tous les mouvements nationalistes algériens (les élus indigènes, l'Association des oulémas du cheikh Bachir El Ibrahimi et le PPA de Messali Hadj, mais pas le Parti communiste algérien) mais qui sont dissous en 1945 après les massacres de Sétif et Guelma du 8 mai 1945 qui ont été selon lui en partie provoqués par le PPA en plus du régime colonial, injustement emprisonné par les Français pendant un an, fonde l'UDMA (Union démocratique du manifeste algérien) en 1946 et rompt ses relations avec Messali Hadj et le PPA-MTLD, député élu de Sétif de la seconde Assemblée constituante française en 1946 et

démission et même l'emprisonnement de ce dernier[1]. Ironiquement et logiquement, en seulement trois ans après l'indépendance, le colonel Boumediene, le vice-président et ministre de la Défense, allait renverser et mettre en prison son homme de paille précédent, le président Ben Bella, dans un coup d'État militaire en juin 1965, d'une manière encore une fois illégitime[2]. Qui sème le vent récolte la tempête.

Il y a peut-être ici une autre leçon à tirer dans l'exemple des États-Unis, qui a suivi le principe du contrôle civil sur le militaire pendant sa révolution et après son indépendance, tel qu'il est enchâssé par la Constitution des États-Unis ainsi que d'autres lois. Ce contrôle civil sur le militaire, similaire au principe soummamien de la primauté du politique sur le militaire qu'Abane Ramdane a tant de fois tenté, tragiquement en vain et au prix de sa vie, de mettre en place dans la Révolution algérienne, est divisé aux États-Unis entre deux entités civiles, le congrès et le président. L'article I, section 8 de la Constitution des États-Unis stipule que « le Congrès aura le pouvoir [...] de déclarer la guerre [...] ; de lever et d'entretenir des armées [...] ; de fournir et d'entretenir une marine de guerre ; d'établir des règlements pour le commandement et la discipline des forces terrestres et navales ; de pourvoir à la mobilisation de la milice [...] ; de pourvoir à

---

du collège musulman de l'Assemblée algérienne en 1948, reconnaît que sa vision d'une solution pacifique pour l'autonomie est dépassée après la déclenchement de la guerre d'indépendance algérienne le 1er novembre 1954, puis recruté au FLN par Abane Ramdane en 1955-56, membre du CNRA et du CCE, président du première GPRA et du deuxième GPRA, remplacé par Benyoucef Ben Khedda en tant que président du troisième GPRA. Après l'indépendance, premier président de l'Assemblée nationale constituante algérienne jusqu'à sa démission en 1963 (à cause d'une corruption des délibérations pour la constitution par Ben Bella) et la retraite forcée de la vie politique et l'emprisonnement par le président Ben Bella en 1964 puis par le président Boumediene en 1976, réhabilité par le président Chadli dans les années 1980 peu de temps avant sa mort en 1985. Voir aussi les livres de Ferhat Abbas : *La Nuit coloniale*, *Autopsie d'une guerre*, *L'Indépendance confisquée* et *Demain se lèvera le jour*, entre autres, et aussi Benjamin Stora et Zakya Daoud, *Ferhat Abbas : une autre Algérie.*

1. Ferhat Abbas, *L'Indépendance confisquée : 1962-78*, p. 14-15, 62-74, 93-94, 200-201. D'une manière honteuse et injustifiée, Ferhat Abbas allait être arrêté et emprisonné l'année suivante en 1964 par Ben Bella pendant un an et plus tard placé en résidence surveillée avec Ben Khedda, Cheikh Kheireddine et Hocine Lahouel pour une autre année par Boumediene en 1976, à la suite de la publication du manifeste « Appel au peuple algérien » rédigé par les quatre détenus au moment du débat sur la nouvelle charte nationale et la nouvelle constitution de 1976 qui a maintenu le système du parti unique et le pouvoir présidentiel presque absolue (la « constitution » antérieure de 1963 avait été suspendue illégitimement pendant onze ans depuis le coup d'État de Boumediene en 1965) (*Ibid.*, p. 9-16, 17, 19-20, 105, 227). Ben Bella allait également emprisonner un autre chef historique du FLN, Mohamed Boudiaf, pendant la période des délibérations pour la constitution de 1963 (voir Boudiaf, *Où va l'Algérie ?*) et l'a condamné à mort en 1964, ce qui a forcé Boudiaf à l'exil politique à l'extérieur de l'Algérie jusqu'à son retour tragique en tant que président en 1992.

2. Ferhat Abbas, *L'Indépendance confisquée : 1962-78*, p. 19, 100-106, 110-114, 137-138, 177-178, 189-190, 225.

l'organisation, l'armement et la discipline de la milice [...] » L'article II, section 2 de la Constitution des États-Unis stipule que « le président sera commandant en chef de l'armée et de la marine des États-Unis, et de la milice des divers États [...] Il aura le pouvoir, sur l'avis et avec le consentement du Sénat, de conclure des traités, à condition que les deux tiers des sénateurs présents soient d'accord [...] » Après le président dans la chaîne du commandement et la hiérarchie militaire américaine, il y a le secrétaire de la Défense qui doit également être un civil ou un militaire à la retraite comme défini par la *National Security Act of 1947* : « Il doit y avoir un secrétaire de la Défense, nommé par le président de la vie civile, avec l'avis et le consentement du Sénat [...] » Malheureusement et tragiquement, cette division plus ou moins équilibrée aux États-Unis du contrôle civil sur le militaire entre le congrès avec ses pouvoirs de déclaration de guerre et ses pouvoirs fiscaux et le président comme commandant en chef a changé, avec les exigences des temps modernes, en faveur du président. Il engage de plus en plus, sans aucune approbation ni aucune déclaration de guerre du congrès, les forces armées américaines à des actions militaires sur une base soi-disant temporaire au nom d'une prétendue urgence nationale. Ce pouvoir présidentiel accru est seulement partiellement contrôlé par la relativement récente *War Powers Resolution of 1973* en accordant au président une période provisoire de soixante jours s'il agit militairement sans l'aval du congrès. De toute façon, dans l'ensemble, ce contrôle civil sur le militaire aux États-Unis a bien servi ce pays et l'a aidé à éviter les tendances dictatoriales des militaires qui existent dans tant de pays du monde.

Quand mon père et Chaïd Hamoud dit Si Abderrahmane sont finalement retournés du Maroc à la wilaya VI au début de 1958, ils ont trouvé que la partie sud de la wilaya VI avait été prise par la wilaya V et la partie nord de la wilaya VI par la wilaya IV, alors que le colonel Boussouf venait de leur indiquer que la wilaya VI demeurait la wilaya VI et que la situation de la wilaya VI serait prise en charge de manière satisfaisante. Comme mon père avait les qualifications nécessaires pour devenir un futur cadre du pays et a failli être tué bêtement dans le complot de Chérif Ben Saïdi, le colonel Si M'Hamed a décidé de l'envoyer poursuivre ses études à l'étranger. Le colonel Si M'Hamed a envoyé mon père étudier en employant des mots puissants, inspirants et prémonitoires, lui demandant de demeurer un témoin vivant des épreuves et des tribulations de la Révolution algérienne contre ceux qui vont la détourner et l'accaparer alors qu'ils n'y ont même pas participé[1] et pour que mon père puisse aider à construire l'avenir de l'Algérie sur une base

1. Voir aussi, par exemple, les paroles puissantes de Ben Khedda dans sa déclaration à la presse quatre ans plus tard et juste après l'indépendance pendant la crise de l'été 1962 (Benyoucef Ben Khedda, *L'Algérie à l'indépendance : la crise de 1962*, p. 152-153) citées ci-dessus, qui démontrent les paroles prémonitoires du colonel Si M'Hamed.

plus solide. Tristement et tragiquement pour le pays, le colonel Si M'Hamed (Ahmed Bougara) allait tomber au champ d'honneur dans un accrochage avec l'armée française près de Médéa juste un an après, en mai 1959.

En plus de sa valeur historique, le livre de mon père possède aussi des qualités dramatiques, surtout quand mon père raconte comment il a failli être tué à plusieurs reprises.

D'abord, il y avait les accrochages meurtriers entre le FLN et les groupes messalistes du MNA comme les Bellounistes et aussi le partage des refuges entre le FLN et le MNA, laissant la population locale souvent coincée par des loyautés divisées entre les deux antagonistes, comme dans les deux incidents dangereux mentionnés plus tôt où mon père se réfugiait dans des tentes utilisées aussi par le MNA.

Une autre fois où mon père a failli être tué était pendant le complot du félon Chérif Ben Saïdi quand les choses n'étaient pas encore très claires. Mon père raconte comment lui et Zizi Khelifa dit Si Abdelkader « *Speak-lui* » ont reçu une visite d'un sous-officier armé d'une mitraillette et portant une lettre (voir l'annexe pour cette lettre historique et trompeuse qui disait que Chérif Ben Saïdi attendait l'arrivée de mon père et lui demandait de venir et où il pouvait trouver le colonel Si Chérif alors qu'il avait déjà été assassiné) et un ordre de mission étrange signé par Chérif Ben Saïdi qui disait qu'il s'est désigné lui-même comme capitaine de la zone 2 et que tous les cadres de la wilaya devraient l'aider dans sa nouvelle mission. Malgré le fait que le visiteur semblait très évasif à leurs questions, mon père et Si Abdelkader l'ont si bien accueilli que le visiteur a fini par quitter les lieux discrètement au milieu de la nuit sans finir sa mission sur instruction de Chérif Ben Saïdi de les assassiner dans une dernière élimination de tous les éléments suspects résiduels (ce que mon père allait découvrir plus tard).

Un autre incident dangereux pendant le complot de Ben Saïdi s'est produit lors d'un déplacement de mon père et de Zizi Khelifa dit Si Abdelkader « *Speak-lui* ». Une nuit en dehors du PC de la wilaya VI, ils ont failli croiser les éléments d'une section de Ben Saïdi qui s'étaient aventurés dans la région. Mon père et Si Abdelkader n'ont jamais couru aussi vite de leur vie pour s'échapper et trouver refuge dans la forêt de Glaba.

Mon père a aussi failli être tué pendant son deuxième voyage au Maroc à la mi-1958 en route pour partir étudier à l'étranger. Mon père raconte en détail et avec beaucoup de suspense son évasion dramatique, en compagnie de ses compagnons, des avions de chasse français T6 si près de la frontière marocaine. Alors que tous ses compagnons couraient pour s'abriter des T6, son compagnon Si Mouloud s'est figé à cause de ses mauvaises expériences précédentes avec les T6. Il n'a pas pu échapper aux Français et a connu sa fin tragique et fatale. Grâce à son baroud d'honneur, Si Mouloud a sauvé la vie de ses autres compagnons. Après le départ des Français, mon père et ses compagnons ont finalement pu trouver le cadavre de Si Mouloud, mais ils ont encore failli être tués quand ils allaient l'enterrer. Heureusement, le guide a crié leur ordonnant de ne pas toucher le cadavre, car il était piégé avec un fil de fer et une mine antipersonnel cachée sous lui. Cet incident répugnant montre que les Français étaient des hypocrites et eux-mêmes n'appliquaient pas les règles de la guerre. Mon père et ses compagnons ont pu seulement réciter leurs prières, et ils ont laissé son corps comme ils l'ont trouvé. Sans nourriture et sans eau pour le reste de leur voyage, ils ont pu survivre et enfin arriver au Maroc seulement grâce à leur guide expérimenté et à une pluie miraculeuse.

Finalement, mon père s'est retrouvé dans une autre situation potentiellement dangereuse quand lui et le capitaine Si Ali Lounici ont fait une visite impromptue et inopinée au bureau de FLN à Tripoli en Libye lors d'une escale de leur bateau pour Le Caire, Égypte. Les membres du bureau les avaient pris pour des espions et ont commencé brusquement, dans une atmosphère très tendue, à leur poser des questions sur leur identité, leur itinéraire et sur l'autorisation de leur voyage. La situation dangereuse n'a été désamorcée que lorsque, par un coup de chance, l'un des membres du bureau a reconnu Si Ali Lounici qui avait été son ancien capitaine dans sa zone de la wilaya IV.

En examinant toutes les actions et les expériences de mon père au maquis, nous devons nous rappeler que mon père n'était alors qu'au début de sa vingtaine sans le bénéfice du recul, au milieu d'une lutte existentielle quotidienne pour la survie dans le brouillard de guerre.

Mon père est finalement arrivé au Caire en août 1958 pour prendre des dispositions pour poursuivre ses études à l'étranger. Il a rencontré une série de dirigeants et de responsables importants du FLN/GPRA, juste au moment de la formation du premier GPRA en septembre 1958, tels que Amar Ouamrane[1], Krim Belkacem[2], Mabrouk

1. Militant du PPA-MTLD, adjoint de Krim Belkacem à la direction régionale du PPA-MTLD de la Kabylie, deuxième chef de la zone de l'Algérois (futur wilaya IV) après Rabah Bitat, adjoint militaire de Lamine-Debaghine et responsable de la logistique, membre du CNRA et responsable de l'armement et ravitaillement pendant cette période du séjour de mon père au Caire. Après l'indépendance, député à la première Assemblée nationale constituante et puis se retire de la vie politique pour se consacrer aux affaires.

2. Responsable du PPA-MTLD pour la Kabylie, l'un des six chefs historiques du FLN lors du déclenchement de la Révolution algérienne le 1er novembre 1954, premier chef de la zone de la Kabylie (futur wilaya III), membre du CCE et du CNRA. Après l'assassinat d'Abane Ramdane en décembre 1957, il a constitué avec deux autres membres militaires du CCE, Bentobbal et Boussouf, la troïka des principaux chefs de la révolution connus comme les « 3 B ». Vice-président et ministre des Forces armées du premier GPRA pendant cette période du séjour de mon père au Caire. Plus tard, vice-président et ministre des Affaires étrangères du deuxième GPRA, vice-président et ministre de l'Intérieure du troisième GPRA et chef de la

Belhocine[1], Belaïd Abdesselam[2], Ali Oubouzar[3], Mohammed Benyahia[4], Bouchiba Lounès[5], et même aussi, sur l'insistance de Si Ali Lounici et malgré avoir été déconseillé par Ouamrane, le dissident Mustapha Lakhal[6] qui à l'époque se réfugiait avec les services secrets égyptiens. En lisant les descriptions de mon père de ses conversations intéressantes avec ces figures importantes, on a l'impression d'être présents parmi eux.

---

délégation algérienne aux négociations d'Évian. Après l'indépendance, il est écarté de la vie politique et entre dans l'opposition en exil, assassiné à Francfort en octobre 1970.

1. Militant du PPA, conseiller d'Ouamrane, directeur du cabinet de Krim Belkacem au ministère des Forces armées du premier GPRA pendant cette période du séjour de mon père au Caire. Plus tard, co-rédacteur des statuts du FLN, secrétaire général adjoint du ministère des Affaires étrangères, chef de la mission du GPRA en Amérique latine. Après l'indépendance, député pour Sétif à l'Assemblée nationale constituante, réélu en 1964, après 1965 se consacre à sa profession d'avocat et bâtonnier.

2. Militant du PPA-MTLD, membre du Comité central du MTLD, président de l'AEMAN, un membre fondateur de l'UGEMA, responsable du GPRA des étudiants et conseiller de Tewfiq Madani, ministre des Affaires culturelles du premier GPRA, pendant cette période du séjour de mon père au Caire, puis conseiller de Abdelhamid Mehri, ministre des Affaires sociales du deuxième GPRA, et conseiller aux affaires économiques dans le cabinet de Ben Khedda, président du troisième GPRA. Après l'indépendance, responsable des affaires économiques à l'Exécutif provisoire, président de la délégation algérienne dans les négociations pétrolières avec la France, premier président de la Sonatrach (1964-66), ministre de l'Industrie et de l'Énergie (1965-77), ministre des Industries légères (1977-79), et plus tard premier ministre (1992-93).

3. Membre de l'UGEMA, officier de la wilaya III, un assistant de Belaïd Abdesselam et responsable du GPRA des étudiants arabisants pendant cette période du séjour de mon père au Caire. Après l'indépendance, directeur des statistiques au secrétariat d'État au plan, secrétaire général au ministère de la Planification, secrétaire d'État au commerce extérieur, ministre de la Planification, puis se retire de la scène politique après 1987.

4. Un membre fondateur de l'UGEMA, membre du CNRA, un associé d'Ahmed Francis au ministère des Finances, directeur du cabinet de Ferhat Abbas, président du premier GPRA, pendant cette période du séjour de mon père au Caire. Plus tard, membre de la délégation algérienne aux négociations d'Évian. Après l'indépendance, ambassadeur à Moscou, ministre de l'Information, ministre de l'Enseignement supérieur et de la recherche scientifique, ministre des Finances et ministre des Affaires étrangères. Il a dirigé les efforts diplomatiques algériens réussis qui ont aidé à résoudre la crise des otages américains en Iran en 1981. Mort tragiquement avec huit autres cadres du ministère des Affaires étrangères pendant une mission de paix pour la guerre Iran-Irak dans un avion frappé présumé par un missile irakien sur le territoire iranien près de la frontière irano-turque en mai 1982, une grosse perte pour la diplomatie algérienne.

5. Un très jeune membre héroïque et légendaire originaire de Berrouaghia du célèbre commando Ali Khodja de la wilaya IV qu'Ouamrane avait envoyé étudier au Caire.

6. Mustapha Lakhal (Saïdi Djemaï ou Ali Zeghdani) était un commandant du commando Ali Khodja de la wilaya IV. Il rejoindrait plus tard le colonel Mohamed Lamouri (le chef de la wilaya I), le colonel Ahmed Nouaoura (l'adjoint de Lamouri à la wilaya I), et le colonel Mohamed Aouachria (le chef de la Base de l'Est) dans leur complot à la fin de 1958 contre le GPRA en Tunisie. Ce « complot des colonels » échouerait, et tous les quatre seront jugés et exécutés en mars 1959 par un tribunal militaire présidé par le colonel Boumediene.

Encore une fois, mon père a été déçu par le manque de curiosité et d'intérêt de la part des dirigeants du FLN/GPRA, cette fois-ci comme Krim Belkacem et Ouamrane, quant au complot de Chérif Ben Saïdi dans la wilaya VI et les circonstances de la mort du colonel Si Chérif (malgré le fait qu'ils avaient été des compagnons de Si Chérif de longue date). Mon père s'attendait à ce qu'on lui pose des questions dans des discussions, et il s'attendait à ce qu'on lui demande de faire une présentation ou d'écrire un rapport sur le terrible complot dans la wilaya VI. Au contraire, c'était le silence total sur le sujet, et mon père sentait qu'il était un témoin gênant et que sa présence dérangeait. Par exemple, Krim Belkacem s'est seulement adressé au capitaine Si Ali Lounici lorsqu'il a posé des questions sur comment ils ont laissé le pays et a demandé à Si Ali Lounici seulement et non à mon père de rédiger un rapport sur la situation à l'intérieur. Avec l'accord de Si Ali Lounici, mon père a fini par devoir lui donner, en secret, une section sur la wilaya VI et le complot afin que Si Ali Lounici puisse l'ajouter à son rapport. Je trouve épouvantable ce manque de solidarité et de responsabilité pour étudier et apprendre les leçons des crises comme celle de la wilaya VI, que ce soit de la part du haut commandement de la wilaya V au Maroc ou des dirigeants du GPRA en Égypte.

Il est intéressant de noter que Krim Belkacem voulait que mon père poursuive une formation militaire à l'académie des officiers de l'armée égyptienne, visant à le recruter pour lancer une carrière militaire, mais mon père voulait simplement poursuivre ses études en ingéniorat.

Belaïd Abdesselam a insisté pour que mon père prenne la dernière des trois premières bourses pour les États-Unis (les deux premières ayant déjà été accordées à Chérif Faïdi et Mohamed Sahnoun) au lieu d'aller en Allemagne de l'Est avec Si Ali Lounici pour étudier comme mon père l'avait prévu initialement. Belaïd Abdesselam a probablement reconnu que mon père avait les qualifications et les qualités nécessaires pour devenir un futur cadre du pays après l'indépendance, en particulier dans le domaine critique des hydrocarbures pour lequel il envisageait déjà de créer une équipe exceptionnelle. Avant de prendre sa décision finale, mon père a pris un peu de temps seul. Il a regardé le film russe *Quand volent les cigognes* (en français, connu sous le titre *Quand passent les cigognes*), et après il est sorti faire une longue promenade le long du Nil pendant toute la nuit pour réfléchir. Certaines scènes du film ont profondément affecté mon père, comme quand l'un des personnages du film, un soldat russe pendant la Deuxième Guerre mondiale, a été blessé et a eu un flash-back de toute sa vie qui défilait devant ses yeux avant de mourir. Mon père s'est souvenu de son enfance, de sa famille et aussi de ses compagnons tombés au champ d'honneur au maquis comme Larbi Saïdi (son meilleur ami d'enfance à Berrouaghia, je porte son prénom), Mohamed Rachid Amara, le colonel

Si Chérif, et Si Mouloud. Je crois que mon père a eu une sorte de libération psychologique des événements horrifiques et traumatisants, dont il avait été témoin et auxquels il avait survécu quand il était au maquis. Le film qu'il venait de voir, ses pleurs, ses souvenirs et les encouragements de Si Ali Lounici l'ont aidé à finalement décider d'accepter l'offre de Belaïd Abdesselam de la bourse pour aller étudier aux États-Unis.

Mon père a atterri à New York en février 1959 où il devait commencer ses cours d'anglais, une langue qu'il ne parlait pas. Il était surpris qu'après un certain temps, une étudiante japonaise l'a dépassé en niveau. Lorsqu'il lui a demandé comment elle avait fait pour faire autant de progrès, elle lui a révélé ses secrets : de parler tout le temps seulement en anglais en pratiquant tout ce qui a été appris en classe, de ne pas être intimidé de parler anglais, de ne pas avoir honte de sa prononciation ni de son accent, et de faire des efforts supplémentaires en écoutant des disques des leçons d'anglais. Et c'est en mettant en pratique ces conseils que mon père a finalement commencé à faire de grands progrès en anglais. Depuis ce moment-là, je sais que mon père répétait souvent ces conseils de cette étudiante japonaise aux étudiants étrangers qui apprenaient l'anglais.

Il y a lieu de raconter une petite anecdote intéressante sur la petite communauté algérienne à New York City qui essayait d'organiser une association. Après la première réunion, Mohamed Kernane a été élu à l'unanimité président et mon père vice-président. C'est précisément ce Mohamed Kernane que Chanderli, le chef du bureau du FLN à New York, ne voulait pas voir comme président de l'association. Mon père a remarqué ironiquement : « Ne pouvant annuler les résultats, il [Chanderli] nous suggère de la mettre en "veilleuse". C'est ce qui s'est finalement passé. Et notre première expérience en démocratie a connu un échec fulgurant. Ce fut un mauvais présage pour l'avenir. »

Après ses cours d'anglais à New York, mon père a pu commencer ses études en génie pétrolier à l'université de la Californie du Sud à Los Angeles en août 1959. Au début, il devrait aller à l'université du Texas à Austin et y rejoindre Chérif Faïdi qui était déjà là-bas. Mais Chérif Faïdi se plaignait de la ségrégation et la discrimination raciale qui existaient au Texas à l'époque, et alors mon père a changé d'avis et a pris la décision d'aller étudier à l'université de la Californie du Sud.

Il y a quelques anecdotes intéressantes et même marrantes de mon père du temps où il était étudiant aux États-Unis qui malheureusement ne se trouvent pas dans ses notes, mais dont il m'avait parlé. Par exemple, au début de son séjour à New York, mon père était un peu dépaysé et subissait un choc culturel, mais à son agréable surprise, Abdelkader Chanderli (à l'époque le dirigeant du bureau du FLN aux Nations Unies) lui a dit qu'il pouvait réellement trouver du *lben* (le petit-lait, un aliment que mon père adorait depuis son enfance à Berrouaghia) aux États-Unis sous le nom de « buttermilk ». Depuis ce jour, mon père a toujours eu un stock de « buttermilk » dans son réfrigérateur ! Une autre chose qui l'a aidé à réduire son dépaysement était un disque, qu'il a trouvé à son grand étonnement dans un magasin à New York, de Khelifi Ahmed, le célèbre chanteur originaire de Biskra, une ville située dans le sud de l'Algérie, qui jouait la musique du genre bédouin algérien avec la *gasba* (flûte) et le *bendir* (les tambours), une musique que mon père aimait beaucoup écouter à Berrouaghia. Encore, depuis ce jour, les chansons de Khelifi Ahmed ont toujours résonné chez mon père ! Il y a une autre anecdote intéressante beaucoup plus tôt sur la musique qui malheureusement ne se trouve pas dans les notes de mon père, mais dont il m'avait parlé. Mon père aimait tellement Khelifi Ahmed et sa musique que quand il était enfant, il voulait apprendre à jouer de la *gasba* (flûte). Alors, un jour, il a acheté une flûte au marché de Berrouaghia et l'a montré à son père. Son père l'a grondé : « Alors, au lieu de m'apporter des livres, tu m'apportes une flûte ! Tu devrais étudier et te consacrer à ton éducation au lieu de jouer de la musique ! » Et son père lui a enlevé la flûte des mains et l'a cassée en deux devant son visage ! Plus tard, mon père a transféré ses rêves brisés sur l'opportunité d'apprendre à jouer de la musique à moi, son fils, et maintenant jouer au piano et composer de la musique est l'un de mes passe-temps les plus gratifiants.

Mon père aussi n'a pas mentionné dans ses notes qu'il envoyait chaque mois une partie de l'argent de sa bourse au FLN en Algérie. Un autre épisode que mon père n'a pas mentionné était lorsque le président américain John F. Kennedy a visité Los Angeles, et mon père a participé à une manifestation avec une pancarte sur laquelle était écrit : « Kennedy, souvenez-vous de votre promesse pour l'Algérie ! », se référant aux promesses antérieures de Kennedy, du temps où il était encore sénateur, concernant l'autodétermination des nations, y compris l'Algérie.

Mon père a été impressionné par le mouvement pour les droits civiques des Noirs aux États-Unis dans les années 1960. Il a été marqué quand ses amis noirs n'étaient pas servis dans certains restaurants ou n'étaient pas admis dans certains hôtels lorsqu'ils voyageaient. Mon père aimait aussi visiter les églises de la communauté afro-américaine qui étaient actives dans ce mouvement pour les droits civiques avec leur musique gospel inspirante et émouvante.

Comme mon père a décrit, il était très actif politiquement pendant qu'il était étudiant. Par exemple, il était membre de l'*Organization of Arab Students* et de l'*All African Student Union* où il a fait connaître l'Algérie, sa culture, son peuple, son histoire et sa lutte pour l'indépendance. Il est intéressant de noter que mon père a fait la connaissance de Kofi Annan, le futur célèbre diplomate ghanéen et secrétaire général des Nations Unies, qui avait étudié aux États-Unis dans les années 1960. Mon père était aussi un membre fondateur de la section de l'UGEMA (Union générale des étudiants musulmans algériens) aux États-Unis[1]. Il y a lieu de noter que le congrès de l'UGEMA de septembre 1962 tenu à Alger après l'indépendance (le premier qui se tenait en territoire algérien) « était téléguidé par l'extérieur » et « s'est terminé en queue de poisson sans aucune résolution importante et sans l'élection d'un nouveau Bureau exécutif »[2]. À l'image du pays concernant l'absence d'une élection légitime du Bureau politique du FLN pendant la crise de l'été 1962 !

Après avoir terminé ses études en génie pétrolier aux États-Unis et son retour en Algérie après l'indépendance en 1964, mon père a été l'un des

---

1. Voir Clement Moore Henry, *L'UGEMA, Union générale des étudiants musulmans algériens (1955-1962) : Témoignages*. Mon père a dit que « Mes premiers contacts avec l'UGEMA ont commencé en 1955-1956 au cours de rencontres-débats dans les environs d'Alger, organisées en particulier par Mohammed Benyahia, qui est devenu à l'indépendance ministre des Affaires étrangères. Au cours de ces rencontres, on discutait de la situation politique et sociale de l'Algérie, des conditions des étudiants algériens et de la Révolution. Déjà se posaient les problèmes d'organisation et de participation à la Révolution. A mon arrivée au Caire, j'ai rencontré Belaïd Abdesselam, qui s'occupait des étudiants algériens à l'étranger [...] C'était donc mon premier contact avec l'UGEMA à l'étranger. Je suis allé [à la fin de décembre 1958 pour un mois] en Suisse pour obtenir mon visa pour les Etats-Unis. J'étais surtout à Genève, mais je suis allé deux ou trois fois à Lausanne, où j'ai rencontré presque tous les membres du Bureau du Comité directeur de l'UGEMA et d'autres étudiants, en particulier Messaoud Aït Chaalal, Choaieb Taleb, Ali Abdellaoui, et d'autres étudiants comme Bachir Ould Rouis, Djamel Houhou, Ali Lakhdari. Venant du maquis, j'avais l'impression d'être dans un autre monde, je dirais irréel, en déphasage avec les problèmes réels de la lutte armée. Toutefois, je participais à leurs réunions et activités soit à l'université, soit en dehors de l'université [...] Pendant la Révolution, tous les étudiants algériens à l'étranger étaient organisés en sections de l'UGEMA [...] J'étais [en février 1959] parmi les trois premiers étudiants algériens à venir aux Etats-Unis. Dès le début, nous avons créé la section de l'UGEMA aux Etats-Unis, dont j'étais membre fondateur. On était en étroite relation avec le Bureau du FLN auprès des Nations Unies [...] Je n'ai pas participé au Congrès de Tunis de 1960 ; par contre, j'ai été désigné avec trois autres collègues pour représenter la section UGEMA des Etats-Unis au Congrès de septembre 1962. C'était en fait le premier Congrès de l'UGEMA qui se tenait en territoire algérien. J'en garde cependant de très mauvais souvenirs. Trois présidents du Congrès se sont succédé. Ayant été élu secrétaire du Bureau du Congrès dès le début, j'ai finalement été élu président suite à l'échec des trois présidents avant moi, qui ont été destitués de leur fonction parce qu'ils n'avaient pas réussi à conduire les débats, qui étaient souvent houleux et anarchiques. Il était clair que le Congrès était téléguidé par l'extérieur. D'ailleurs, le Congrès s'est terminé en queue de poisson sans aucune résolution importante et sans l'élection d'un nouveau Bureau exécutif. J'ai été amené à écrire un rapport sur le déroulement du Congrès, que j'ai soumis à M. Bitat Rabah à sa demande. Les étudiants, réunis pour la première fois sur le territoire national, n'ont pas réussi à s'entendre pour élire une direction. » (Clement Moore Henry, *L'UGEMA, Union générale des étudiants musulmans algériens (1955-1962) : Témoignage*, p. 506-507).

2. Clement Moore Henry, *L'UGEMA, Union générale des étudiants musulmans algériens (1955-1962) : Témoignage*, p. 507.

pionniers de la Sonatrach et un membre fondateur de la direction Recherche et Production en tant que l'un de ses premiers directeurs avec les autres directeurs Chérif Faïdi et Nordine Aït Laoussine, sous la présidence de Belaïd Abdesselam et plus tard de Sid Ahmed Ghozali. (Mon père ne l'a pas mentionné dans ses notes, mais il travaillait au début avec son salaire différé parce que les ressources n'étaient pas encore pleinement en place.) Mon père, en tant que membre important de l'équipe technique de Belaïd Abdesselam, faisait partie intégrante de la stratégie algérienne des hydrocarbures et des négociations pétrolières. Cette stratégie était de créer une dynamique pour se hisser de la coopération imposée avec les accords d'Évian en 1962 et du rang de partenaire paritaire (mais transitoire) avec l'accord d'Alger en 1965 vers l'accession de l'Algérie à la pleine maitrise de ses hydrocarbures avec les nationalisations et l'abolition effective du régime des concessions en 1971, la dernière étape de la décolonisation moins de dix ans après l'indépendance[1]. Cette chronologie progressive a permis à la Sonatrach de gagner du temps pour renforcer ses moyens techniques et financiers avant de mettre en œuvre sa politique de prendre en charge ses hydrocarbures. À cette fin, la Sonatrach a entrepris une algérianisation de son personnel[2] et la création de sociétés mixtes de services. La Sonatrach s'est associée à 51 % avec des sociétés presque toutes américaines de réputation mondiale et spécialisées dans la recherche géophysique, le forage et la gestion de puits pour lui permettre d'acquérir toute la gamme des connaissances et de l'expérience dans les équipements et les techniques les plus avancés dans la recherche et l'exploitation des hydrocarbures. Ce faisant, la Sonatrach, le moment venu de reprendre les négociations et de prendre en charge les hydrocarbures, était en position de force face aux sociétés françaises. Mon père, avec sa formation américaine en génie pétrolier, était particulièrement bien placé pour aider, avec certains autres membres de l'équipe algérienne, à mettre en place cette stratégie, en partie grâce à son travail avec les sociétés américaines de renommée mondiale telles que *Core Laboratories* et *DeGolyer and MacNaughton*, et les sociétés mixtes telles que Alcore (une joint-venture de la Sonatrach avec *Core Laboratories*). Mon père faisait aussi partie intégrante des projets d'El-Borma et de Keskessa, parmi les premières découvertes et opérations

1. Voir Nicole Grimaud, *La politique extérieure de l'Algérie*, p. 57-60, 69-85.

2. L'Institut algérien du pétrole (IAP), créé en 1965 avec la coopération de l'Institut français du pétrole (IFP) et plus tard de l'*Institute of Gas Technology* (IGT) de Chicago ainsi que d'autres instituts et dirigé par un ami de mon père, Djelloul Baghli (en tant que directeur général de 1965 à 1988), a aussi joué un rôle important à long terme dans l'algérianisation des ingénieurs et des techniciens dans le domaine des hydrocarbures (Clement Moore Henry, *L'UGEMA, Union générale des étudiants musulmans algériens (1955-1962) : Témoignages*, p. 334-335, 391-392, 578-579).

d'exploitation de pétrole de la Sonatrach par ses propres moyens à la fin des années 1960. (Sur une note personnelle, ma mère était enceinte de moi lors d'un voyage avec mon père au Mexique lorsqu'il a participé au Congrès mondial du pétrole en 1967, et je serais né à Alger quelques mois plus tard !) À la fin, mon père et ses collègues à la Sonatrach ont aidé à créer à partir de rien « un outil formidable qui, jusqu'à l'heure actuelle, est l'instrument incontournable du développement économique de l'Algérie. »[1]

Mon père pensait qu'il pouvait être un technocrate au service de son pays et échapper aux machinations de la politique. (L'un des effets du complot traumatisant de Chérif Ben Saïdi sur mon père était qu'il ne voulait jamais se mêler à la politique : « j'ai gardé des souvenirs amers qui m'ont amené à garder une méfiance constante à l'égard du pouvoir et de tous ceux qui le représentent […] Je n'ai jamais brigué un poste politique et j'ai tout le temps refusé d'en accepter un. ») Mais, comme il l'a découvert plus tard, la politique interférait avec la méritocratie et ne pouvait pas être évitée. D'abord, Belaïd Abdesselam, un pionnier de l'industrie algérienne des hydrocarbures (il faut le reconnaître) qui a aidé à former une équipe exceptionnelle, premier président de la Sonatrach et ministre de l'Industrie et de l'Énergie dans les années 1960 et 1970, utilisait souvent les hydrocarbures algériens à des fins politiques démagogiques, ignorant les critères techniques, auxquelles mon père s'est fermement opposé. Pire encore, même, et peut-être surtout, après que mon père a terminé son doctorat en finances à l'université du Texas à Austin en 1978, il a dû faire face aux manigances du nouveau ministre de l'Industrie et de l'Énergie, Belkacem Nabi, qui a presque complètement remplacé les anciens dirigeants expérimentés de la Sonatrach par des personnes sans expérience et sans qualifications, causant beaucoup de dégâts à l'industrie algérienne des hydrocarbures. Cette ingérence politique a contribué à la décision de mon père de s'exiler de l'Algérie, d'abord en Arabie Saoudite en 1980 à APICORP (*Arab Petroleum Investments Corporation*), une compagnie d'investissements pétroliers affiliée à l'OPAEP (Organisation des pays arabes exportateurs de pétrole), puis aux États-Unis en 1986 à la Banque mondiale dans le domaine de l'énergie. Multipliez son histoire par des milliers et des milliers de cas, et cette fuite des cerveaux qui en résulte est l'une des grandes tragédies de l'Algérie.

Peut-être une autre leçon à tirer ici est que certains postes au sein du gouvernement et des entreprises publiques devraient être fondés sur le mérite et ne devraient pas dépendre de qui est au pouvoir dans le gouvernement de l'époque. Bien sûr, certains postes sont par nature nommés au gré du

---

1. Entretien avec mon père dans Clement Moore Henry, *L'UGEMA, Union générale des étudiants musulmans algériens (1955-1962) : Témoignages*, p. 510.

gouvernement au pouvoir de l'époque pour formuler et mettre en place leurs politiques. Mais d'autres postes sont de nature plus technique pour mettre en œuvre des fonctions plus élémentaires, quel que soit le gouvernement au pouvoir. Aux États-Unis, ces postes protégés sont désignés comme des postes de carrière à distinguer des postes politiques. Ferhat Abbas a déjà souligné avec sagesse un concept similaire il y a longtemps, quand il a dit que les fonctionnaires publics devraient avoir un statut clair définissant des critères pour leur nomination, leur avancement et leur retraite avec une certaine stabilité de carrière pour qu'ils ne restent pas à la merci de la bonne humeur des ministres et du pouvoir et aussi pour recruter et retenir les personnes les plus qualifiées[1].

Alors, quelle est la réponse à l'une des premières questions que mon père avait posées dans l'avant-propos de ce livre sur notre identité nationale ? Peut-être la réponse est aussi simple que profonde : laissez les gens se définir eux-mêmes ! Bien sûr, pour éviter le régionalisme, des questions importantes comme la défense militaire commune devraient être une affaire nationale, et le développement économique devrait être basé sur le mérite, les besoins nationaux et l'esprit d'entreprise de toutes les régions, tous dans le cadre des valeurs communes de la citoyenneté. Mais chaque région d'Algérie devrait avoir la liberté d'expression culturelle, politique et religieuse. Il y a une richesse inimaginable dans la diversité et le pluralisme.

Il y a peut-être ici encore une autre chose à apprendre des États-Unis qui, étant un pays si vaste et si diversifié, a développé un système fédéral où le gouvernement central a des pouvoirs bien définis et contrôlés, et tous les pouvoirs qui restent sont dévolus aux gouvernements locaux et au peuple, permettant à chaque région et province d'être des laboratoires d'expérimentation et d'expression politique. Ce système fédéral est enchâssé dans le dixième amendement de la Constitution des États-Unis qui stipule que « les pouvoirs non délégués aux États-Unis par la Constitution, ni prohibés aux États, sont réservés aux États respectivement, ou au peuple. »

Pour terminer ce livre sur une note positive, voici une anecdote incroyable de famille. D'abord, à cause de l'effet traumatisant sur mon père lié au conflit sectaire du complot de Chérif Ben Saïdi, mon père m'a confié qu'il voulait pendant longtemps que son épouse soit kabyle. Il a fini par se marier et trouver son bonheur avec une Algéroise, ma mère. La famille du côté de ma mère (qui est donc algéroise) n'avait auparavant rien à voir avec la famille du colonel Si Chérif. La providence a voulu que la nièce de ma mère, pendant ses études universitaires, tombe amoureuse d'un certain Sidali Mellah qu'elle a fini par épouser. Lorsque mon père a appris pour la première fois que son nom de famille était Mellah, il a demandé à Sidali s'il

1. Ferhat Abbas, *Demain se lèvera le jour*, p. 63-64.

avait un lien quelconque avec le colonel Ali Mellah dit Si Chérif, son ancien chef de la wilaya VI pendant ses jours au maquis. La réponse était oui. En fait, Sidali était le petit-fils du colonel Si Chérif lui-même ! Que vous appeliez cela *el-mektoub* (le destin écrit par Dieu) ou, pour les non-croyants, la synchronicité, une invraisemblable coïncidence pareille semble être un signe profond et significatif de guérison qui donne un sens à la vie. Mon père a alors pu prendre contact avec la veuve du colonel Si Chérif, Sadia Mellah née Lebdiri, et son fils Amar pour en savoir plus sur l'itinéraire intéressant de Si Chérif. Mon père a également pu participer à la dédicace d'une stèle commémorative de Si Chérif dans son village natal dans la commune de Tizi Ghenif en Kabylie. Plus tard, lors d'une visite en Algérie après la mort de mon père en 2016, j'ai eu la chance d'aller avec le petit-fils de Si Chérif, Sidali Mellah, à son village en Kabylie, au *bled* comme on dit, en compagnie de sa femme (ma cousine) et ses enfants, qui sont donc les arrière-petits-enfants du colonel Si Chérif (Ali Mellah). J'ai pu entendre son arrière-petite-fille jouer du piano, l'un de mes passe-temps favoris. J'ai aussi pu jouer à cache-cache avec ses arrière-petits-enfants sous un portrait de Si Chérif accroché au mur. En regardant dans les yeux de ses arrière-petits-enfants, je pouvais voir une certaine ressemblance avec Si Chérif qui continue de vivre en esprit. Je me suis émerveillé de voir comment les sacrifices de Si Chérif et de mon père (*Allah yarhamhoum*, que Dieu ait leurs âmes et qu'ils reposent en paix) pendant la Révolution algérienne nous ont permis de vivre des moments aussi spéciaux comme ceux-ci dans une Algérie indépendante. Comme l'a bien dit Martin Luther King Jr., le célèbre pasteur afro-américain et leader non-violent des droits civiques : « l'arc de l'univers moral est long, mais il penche vers la justice. »

Annexe : Photos, lettres et cartes

Abdelkader Megateli, le grand-père paternel de l'auteur, au milieu des années 1920 (en haut) et à la fin des années 1930 (en bas)

Ahmed Megateli, le père de l'auteur, au milieu des années 1920 (en haut) et à la fin des années 1930 (en bas)

Ahmed Megateli, le père de l'auteur, à la médersa d'Alger (la Tha'âlibiyya) au milieu des années 1930 (assis huitième à partir de la gauche au premier rang)

De gauche à droite (à Berrouaghia dans les années 1930) : la mère de l'auteur Zohor Megateli née Benramoul, la grand-mère paternelle de l'auteur Khedaoudj Megateli née Mokdad, et en troisième un parent proche du père de l'auteur.
Assise devant : la grand-mère d'un parent proche du père de l'auteur.

L'auteur (à droite) avec son père Ahmed Megateli au milieu des années 1940

L'auteur (au milieu) avec ses parents et ses sœurs (son petit frère Tawfiq n'étant pas encore né) au milieu des années 1940

L'auteur (assis troisième à gauche au deuxième rang) au lycée Duveyrier (actuellement lycée Ibn Rochd) à Blida en 2e année 1952-53.
Il y a aussi Mokhtar Mokhtefi (sixième à gauche au quatrième rang) et Larbi Saïdi (deuxième à droite au quatrième rang), le meilleur ami d'enfance de l'auteur.

L'auteur (assis en deuxième à gauche au premier rang) au lycée Bugeaud (actuellement lycée Emir Abdelkader) à Alger en 1955-56

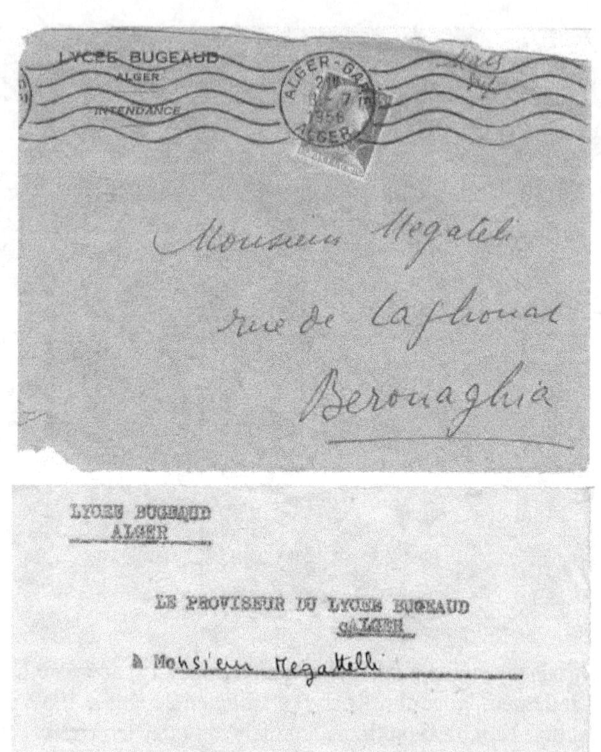

LYCEE BUGEAUD
ALGER

LE PROVISEUR DU LYCEE BUGEAUD
ALGER

à Monsieur Megattelli

J'ai le regret de vous informer que votre fils ayant quitté l'établissement irrégulièrement à la date du 19 mai est considéré comme rayé des contrôles.

Toutefois, si vous désirez qu'il soit réintégré au 1er octobre prochain, vous aurez intérêt à m'adresser la demande avant le 20 Juillet, sinon vous vous exposez - faute de place - à ne pas obtenir satisfaction.

En tout état de cause, avant sa réadmission, votre fils devra subir un examen d'entrée général.

Recevez, Monsieur, l'assurance de ma considération distinguée.

Alger, le 2 Juillet 1956
Le Proviseur,

A. Fresneau

Lettre d'expulsion de l'auteur du lycée Bugeaud (actuellement lycée Emir Abdelkader) d'Alger envoyée en juillet 1956 à la suite de son absence due à la grève générale des étudiants algériens.

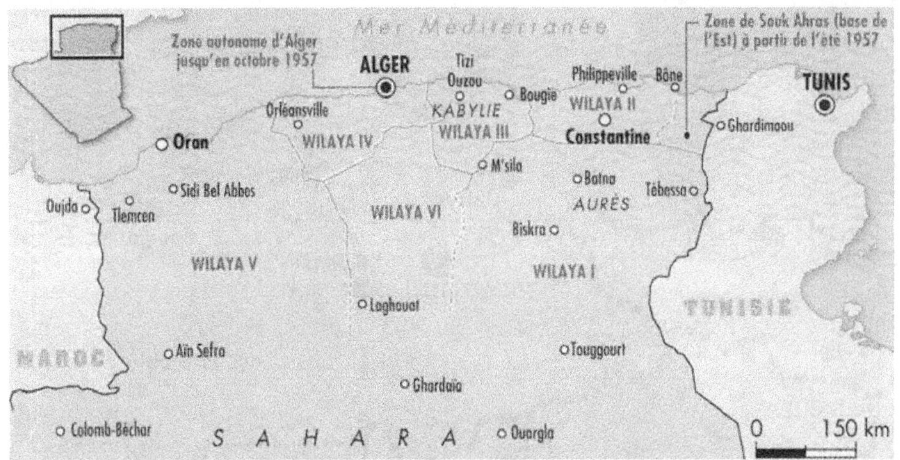

Carte des wilayas pendant la Révolution algérienne juste après le congrès de la Soummam en 1956
(Source : Wikimedia Commons)

Carte du secteur opérationnel de Bellounis, le chef d'un groupe messaliste armé du MNA, dans la wilaya VI en 1957. Bellounis était soutenu par l'armée française.
(Source : Philippe Gaillard, *L'Alliance : La guerre d'Algérie du général Bellounis (1957-1958)*, p. 2)

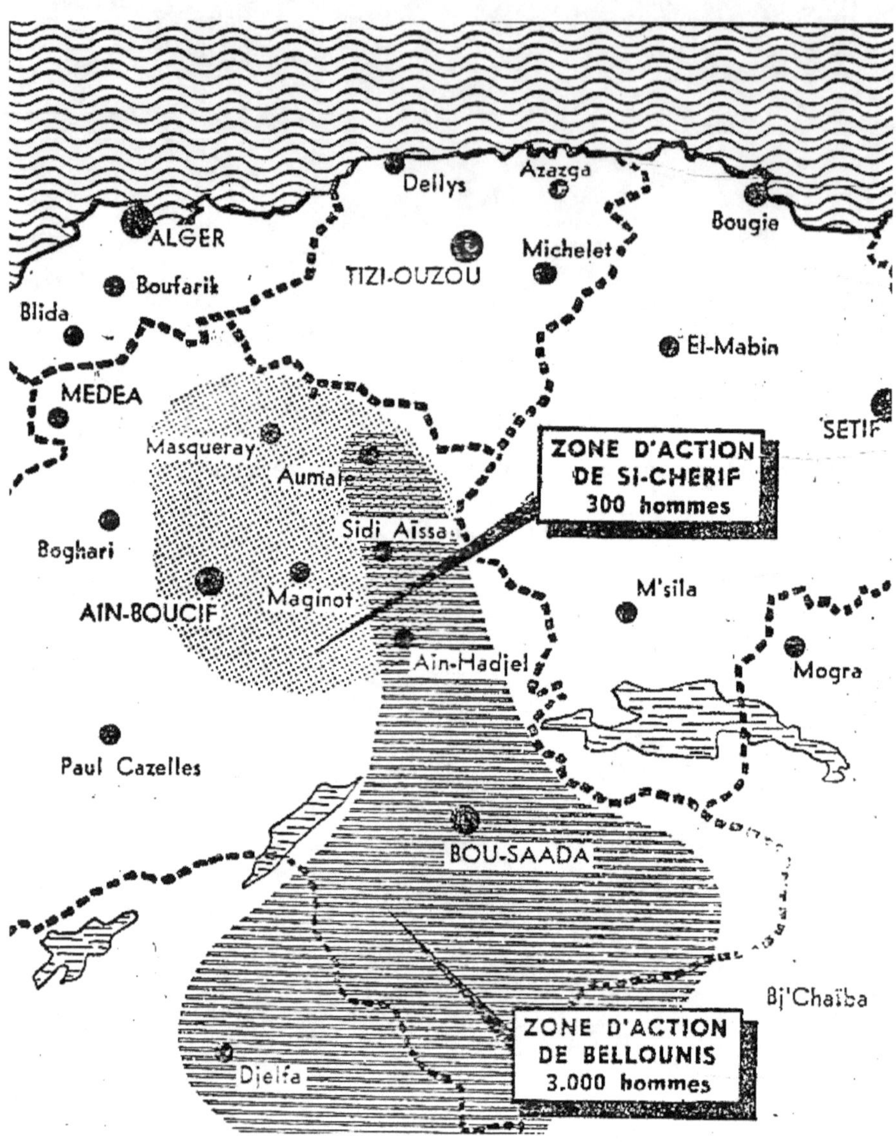

Carte des secteurs opérationnels voisins du « général » MNA Bellounis et son ANPA (Armée nationale du peuple algérien) et du « colonel » ex-FLN Chérif Ben Saïdi (à ne pas confondre avec le colonel Ali Mellah dit Si Chérif du FLN) et ses FAFM (Forces auxiliaires franco-musulmanes) dans la wilaya VI à la fin de 1957. Bellounis et Chérif Ben Saïdi étaient tous les deux soutenus par l'armée française. Ces secteurs opérationnels ont entravé le contrôle du FLN sur des zones importantes. Notez aussi la zone contestée vers le nord où il y avait des accrochages occasionnels entre l'ANPA et les FAFM et où Bellounis a été empêcher d'atteindre son objectif d'étendre sa zone à cause de la résistance de Chérif Ben Saïdi.

(Source : Jean Taousson, *Paris-Presse l'Intransigeant*, 23 novembre 1957)

Portrait du colonel Si Chérif (Ali Mellah)
(Source : la famille Mellah)

De gauche à droite : Si Chérif (Ali Mellah), Hamid Boumahdi, Si Tayeb (Omar Oussedik)
(Source : Hamoud Chaïd, *Sans Haine ni Passion*, p. 125)

De gauche à droite : Si Chérif (Ali Mellah), Si Abderrahmane Laala, Si Zoubir (Tayeb Souleimane), Si Ouamrane, Si Tayeb (Omar Oussedik), Si Omar Benmahdjoub. Assis : Mustapha le Noir (Lakhal).

Si Chérif (Ali Mellah), le premier chef de la wilaya VI, avec le haut commandement de la wilaya IV.

De gauche à droite : Si Chérif (Ali Mellah), Si M'Hamed (Ahmed Bougara), Si Salah (Mohamed Zamoum), Boukerrou (Amar Ouamrane), Si Sadek (Slimane Dehilès), Si Tayeb (Omar Oussedik).

(Source : Hamoud Chaïd, *Sans Haine ni Passion*, p. 126)

Le colonel Si M'Hamed (Ahmed Bougara) (quatrième à gauche, au milieu), chef de la wilaya IV, entouré de ses compagnons au maquis

Le lieutenant Chérif Ben Saïdi qui a mené le complot dans la wilaya VI et qui était responsable de l'assassinat du colonel Si Chérif (Ali Mellah) en 1957
(Source : Wikimedia Commons)

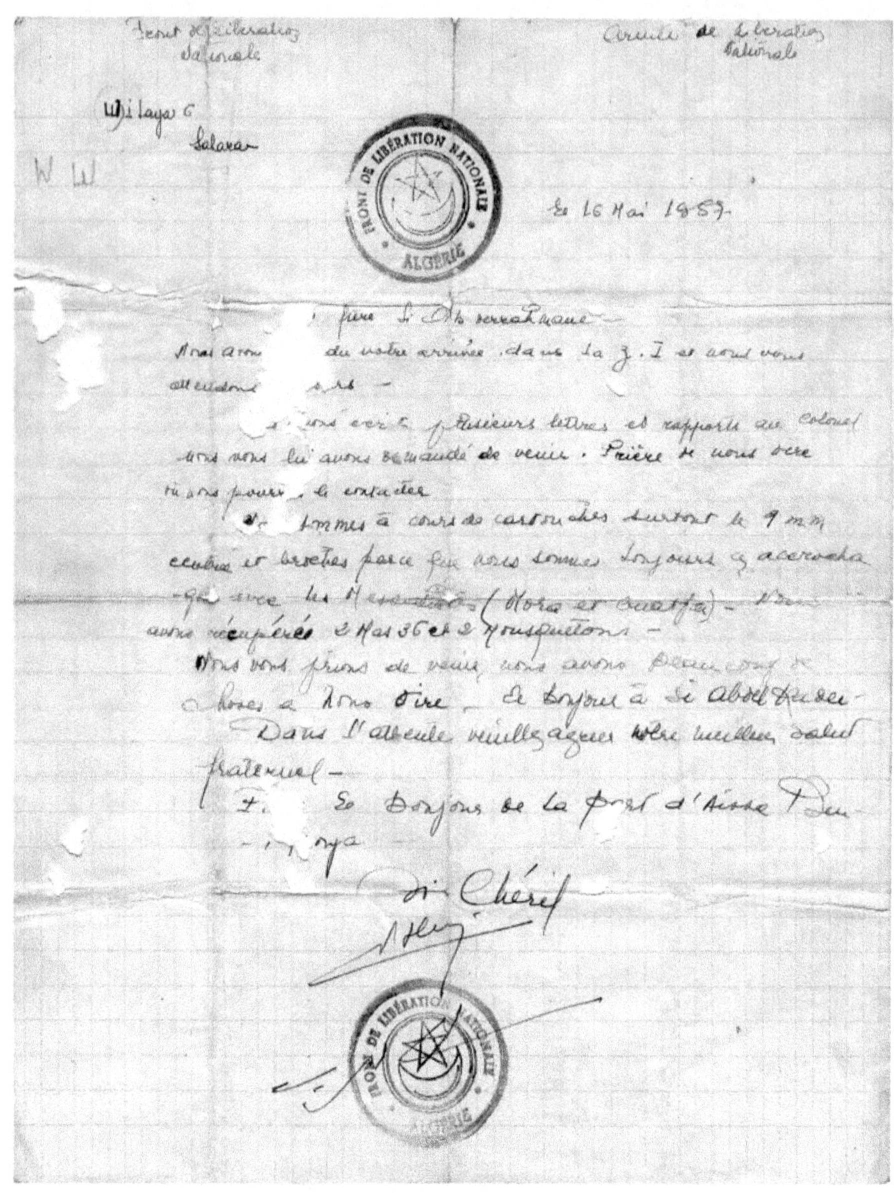

Front de Libération Nationale

Wilaya 6
Sahara

W W

Comité de Libération Nationale

FRONT DE LIBÉRATION NATIONALE ALGÉRIE

le 16 Mai 1957

[illegible] frère Si Abderrahmane —

Nous avons [illegible] de votre arrivée dans la Z. I et nous vous attendons [illegible] —

[illegible] avons écrit plusieurs lettres et rapports au colonel [illegible] nous lui avons demandé de venir. Prière de nous dire [illegible] pour le contacter

[illegible] sommes à court de cartouches surtout le 9 mm [illegible] et [illegible] parce que nous sommes toujours [illegible] accrocha[illegible] avec les [illegible] (Mora et [illegible]) — Nous avons récupérés 2 Mas 36 et 2 mousquetons —

Nous vous prions de venir, nous avons beaucoup de choses à vous dire — Le bonjour à Si Abdelkader —

Dans l'attente veuillez agréer notre meilleur salut fraternel —

[illegible] le bonjour de la part d'Aissa [illegible] [illegible]

Si Chérif

FRONT DE LIBÉRATION NATIONALE ALGÉRIE

Lettre de Chérif Ben Saïdi adressée à l'auteur le 16 mai 1957 montrant la tromperie de Ben Saïdi pendant son complot dans la wilaya VI. Plus tard, il serait découvert que Ben Saïdi et ses hommes avaient déjà assassiné le colonel Si Chérif (Ali Mellah) le 31 mars 1957. Notez également les étranges « W » dans le coin supérieur gauche de la lettre, signifiant une sorte de symbole secret.

Front de Libération Nationale

Armée de Libération Nationale

Ɯilaya 6
Sahara
W Ɯ

Le 16 Mai 1957

Au frère Si Abderrahmane

Nous avons attendu votre arrivée dans la z. I et nous vous attendons toujours.

Nous avons écrit plusieurs lettres et rapports au Colonel. Nous nous lui avons demandé de venir. Prière de nous dire où nous pourrons le contacter.

Nous sommes à cours de cartouches surtout le 9 mm centra et broche parce que nous sommes toujours en accrochages avec les Messalistes (Mora et Guatfa). Nous avons récupéré 2 Mas 36 et 2 mousquetons.

Nous vous prions de venir, nous avons beaucoup de choses à nous dire. Le bonjour à Si Abdelkader.

Dans l'attente veuillez agréer notre meilleur salut fraternel.

Passe le bonjour de la part d'Aïssa Benkhouya.

Si Chérif

Transcription de la lettre de Chérif Ben Saïdi adressée à l'auteur le 16 mai 1957 montrant la tromperie de Ben Saïdi pendant son complot dans la wilaya VI. Plus tard, il serait découvert que Ben Saïdi et ses hommes avaient déjà assassiné le colonel Si Chérif (Ali Mellah) le 31 mars 1957. Notez également les étranges « W » dans le coin supérieur gauche de la lettre, signifiant une sorte de symbole secret.

Le service de presse de la wilaya IV et de la wilaya VI au maquis.
De gauche à droite : Mahmoud Bachen (lieutenant politique de la zone 2, wilaya IV), Toufik (service de presse de la wilaya IV), Ahmed Hamdi dit Arslane (service de presse de la wilaya IV), Chaïd Hamoud dit Si Abderrahmane, et l'aspirant Farid. Assis : Zizi Khelifa dit Si Abdelkader « *Speak-lui* » (service de presse de la wilaya VI).
(Source : Hamoud Chaïd, *Sans Haine ni Passion*, p. 226)

De gauche à droite : l'auteur, le sous-lieutenant Khaled, le capitaine Baghdadi, le lieutenant Mokhtar. Assis devant : Mohamed Oussaïd.
(Source : Hamoud Chaïd. *Sans Haine ni Passion*, p. 227)

L'auteur au maquis à Figuig pendant son premier voyage au Maroc à la fin de 1957.
De gauche à droite : Ziane, le commandant Si Abderrahmane Megateli (l'auteur), le lieutenant Chaïb, le lieutenant Atmane Djennane, et le capitaine Si Abderrahmane (Chaïd Hamoud).
(Source : Hamoud Chaïd, *Sans Haine ni Passion*, p. 165)

Notez que la kachabia (une robe épaisse) de l'auteur de couleur sable était la seule qui était propice pour le camouflage par rapport aux autres kachabia de couleurs vives. Cette kachabia a été utile lors d'un accrochage dangereux avec des avions de chasse français T6 près de la frontière marocaine pendant son deuxième voyage dramatique au Maroc à la mi-1958.

L'auteur en compagnie de civils algériens au maquis près de la frontière marocaine dans la wilaya V pendant son premier voyage au Maroc à la fin de 1957.
De gauche à droite : Chaïd Hamoud dit Si Abderrahmane, le capitaine Djaber et l'auteur (en quatrième).
(Source : Mustapha Benamar, *C'étaient Eux les Héros*, p. 70)

L'auteur au maquis près de la frontière marocaine dans la wilaya V pendant son premier voyage au Maroc à la fin de 1957.
De gauche à droite : Chaïd Hamoud dit Si Abderrahmane, l'aspirant Ahmed El Ghazi et l'auteur. Accroupi : le capitaine Djaber.
(Source : Hamoud Chaïd. *Sans Haine ni Passion*, p. 175)

L'auteur au maquis en retournant en Algérie près de la frontière marocaine dans la wilaya V pendant son premier voyage au Maroc au début de 1958.
De gauche à droite : l'auteur, Abdelaziz Bouteflika, Chaïd Hamoud dit Si Abderrahmane, Mustapha Beri et Ali Rebib.
(Source : Hamoud Chaïd, *Sans Haine ni Passion*, p. 185)
Notez qu'Abdelaziz Bouteflika portait une mitraillette qu'il échangerait plus tard avec l'auteur contre son pistolet.

L'auteur au maquis près de la frontière marocaine dans la wilaya V pendant son deuxième voyage au Maroc à la mi-1958.

Debout de gauche à droite : le sous-lieutenant (futur capitaine) Si Yahia Megherbi, le commandant Si Abderrahmane Megateli (l'auteur), le capitaine Si Ali Lounici (en quatrième), le capitaine Chaïd Hamoud dit Si Abderrahmane (en sixième). Assis en premier à gauche : le lieutenant Si Mouloud, suivi par le lieutenant Si Mahmoud.

Notez que cette photo a été prise juste avant la dernière étape du voyage vers la frontière marocaine où ils ont eu un accrochage dangereux avec des avions de chasse français T6, et Si Mouloud a été tragiquement tué et tomba au champ d'honneur.

Notez aussi encore que la kachabia (une robe longue et épaisse avec une capuche) de l'auteur de couleur sable était propice pour le camouflage par rapport aux autres kachabia de couleurs vives. Cette kachabia a été utile lors de cet accrochage dangereux plus tard dans le voyage.

L'auteur (deuxième à gauche au premier rang) pendant ses cours d'anglais à l'université de Columbia à New York en 1959

L'auteur parmi les premiers étudiants algériens aux États-Unis en 1961.

Debout de gauche à droite : Abdennour Abrous (cousin de Hocine Aït Ahmed), Chérif Faïdi (premier boursier), Tarek Radjef (fils de Belkacem Radjef), Berrah Ghoulem et son épouse Meriem.

Assis au deuxième rang de gauche à droite : Nordine Aït Laoussine, Souad Zouioueche, Saïd Aït Chaalal, Bachir Kassis, Rachid Benouameur, Ali Salhi.

Assis au premier rang de gauche à droite : Madaci, Mohamed Aberkane, Bachir Ould Rouis, l'auteur (troisième boursier).

L'auteur, Chérif Faïdi et Nordine Aït Laoussine deviendront plus tard, au milieu des années 1960, des pionniers de la Sonatrach qui ont aidé à fonder la direction Recherche et Production.

L'auteur (assis au milieu) en tant que membre de l'*All African Student Union* à Los Angeles aux États-Unis au début des années 1960

L'auteur à la réception du IVe congrès de l'Union générale des étudiants musulmans algériens (UGEMA) en 1962

L'auteur représentant l'Algérie à l'ONU pendant ses années d'étudiant aux États-Unis au début des années 1960

L'auteur lors de la cérémonie de la remise de son diplôme en génie pétrolier de l'université de Californie du Sud en 1963

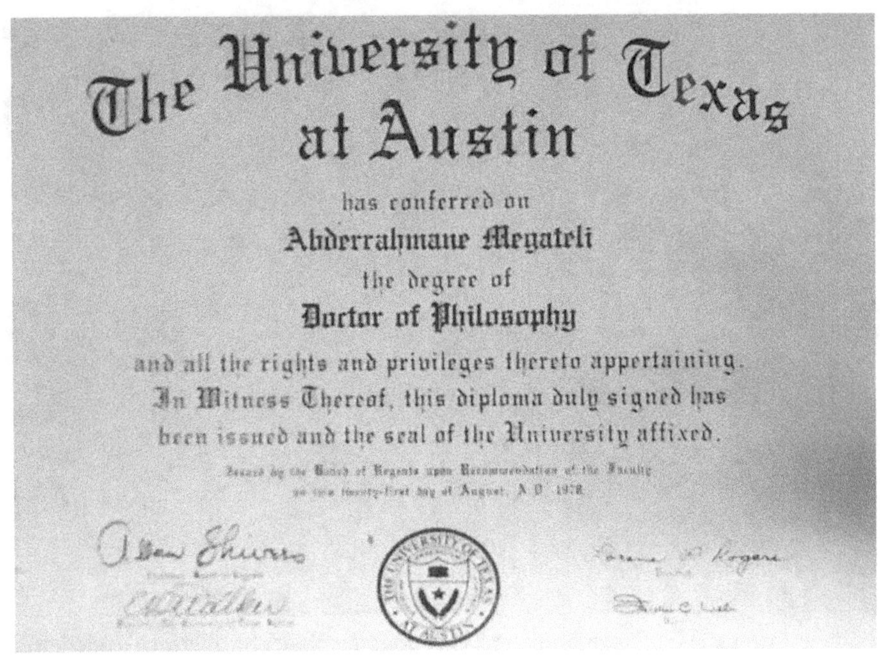

The University of Texas
at Austin

has conferred on

Abderrahmane Megateli

the degree of

Doctor of Philosophy

and all the rights and privileges thereto appertaining.
In Witness Thereof, this diploma duly signed has
been issued and the seal of the University affixed.

Issued by the Board of Regents upon Recommendation of the Faculty
on this twenty-first day of August, A.D. 1978

Le diplôme de doctorat (PhD) de l'auteur obtenu à l'université du Texas à Austin en 1978

L'auteur (à gauche) avec Benyoucef Ben Khedda en 2000

L'auteur (à gauche) commémorant une stèle pour le colonel Si Chérif (Ali Mellah) à Tizi Ghenif en Kabylie en 2006

Sigles et abréviations

AEMAN	Association des étudiants musulmans d'Afrique du Nord
AGEA	Association générale des étudiants d'Alger
AJEMA	Association de la jeunesse estudiantine musulmane d'Alger
ALN	Armée de libération nationale
ALNAFT	Agence nationale pour la valorisation des ressources en hydrocarbures
AML	Amis du manifeste et de la liberté
ANOM	Archives nationales d'outre-mer
ANP	Armée nationale populaire
ANPA	Armée nationale du peuple algérien
APICORP	Arab Petroleum Investments Corporation
ARH	Autorité de régulation des hydrocarbures
ASCOOP	Association coopérative
CAOM	Centre des archives d'outre-mer
CAU	Comité d'action universitaire
CBIRD	Cross-Border Institute for Regional Development
CCE	Comité de coordination et d'exécution
CCI	Commission de coordination et d'investigation
CFP(A)	Compagnie française des pétroles d'Algérie
CIE	Conférence internationale des étudiants
CNRA	Conseil national de la révolution algérienne
CPS	Code pétrolier saharien
CRUA	Comité révolutionnaire d'unité et d'action
DDR	Deutsche Demokratische Republik (l'Allemagne de l'Est)
EMG	État-major général
ENA	École nationale d'administration
ENA	Étoile nord-africaine
ERAP	Entreprise de recherches et d'activités pétrolières
FAFM	Forces auxiliaires franco-musulmanes
FLN	Front de libération nationale
FMI	Fonds monétaire international
FSLP	Foreign Student Leadership Project
GPRA	Gouvernement provisoire de la République algérienne

IAP	Institut algérien du pétrole
IC2	Innovation Creativity Capital
IFP	Institut français du pétrole
IGT	Institute of Gas Technology
MNA	Mouvement national algérien
MTLD	Mouvement pour le triomphe des libertés démocratiques
NIOC	National Iranian Oil Company
OCI	Organisme de coopération industrielle
OCRS	Organisation commune des régions sahariennes
ONU	Organisation des nations unies
OPAEP	Organisation des pays arabes exportateurs de pétrole
OPEP	Organisation des pays exportateurs de pétrole
OS	Organisation secrète
OS	Organisme saharien
PC	Poste de commandement
Pemex	Petróleos Mexicanos
PPA	Parti du peuple algérien
RSA	Régiment de spahis algériens
SAS	Sections administratives spécialisées
SFIO	Section française de l'internationale ouvrière
SHD	Service historique de la Défense
SN REPAL	Société nationale de recherche et d'exploitation des pétroles en Algérie
SNIP	Société nationale iranienne du pétrole
SOFREPAL	Société française de recherche et d'exploitation pétrolière en Algérie
Sonatrach	Société nationale pour la recherche, la production, le transport, la transformation, et la commercialisation des hydrocarbures
SOPEFAL	Société pétrolière française en Algérie
TOEFL	Test of English as a Foreign Language
UDMA	Union démocratique du manifeste algérien
UEAP	Union des étudiants algériens de Paris
UGEMA	Union générale des étudiants musulmans algériens
UIE	Union internationale des étudiants
UNEA	Union nationale des étudiants algériens
UPA	Union populaire algérienne
USNSA	United States National Student Association

Bibliographie

ABANE Belaïd, *Ben Bella – Kafi – Bennabi contre Abane : Les raisons occultes de la haine*, Koukou Editions, Alger, 2012.

— *Nuages sur la Révolution : Abane au cœur de la tempête*, Koukou Editions, Alger, 2015.

— *Résistances algériennes : Abane Ramdane et les fusils de la rébellion*, Casbah Editions, Alger, 2011.

— *Vérités sans tabous : L'assassinat d'Abane Ramdane, Qui ? Comment ? Pourquoi ? Et après ?*, Edition El Othmania, Alger, 2017.

ABBAS Ferhat, *Autopsie d'une guerre : L'aurore*, Éditions Garnier, Paris, 1980.

— *Demain se lèvera le jour*, Alger-Livres Éditions, Alger, 2010.

— *Guerre et Révolution d'Algérie, tome I, La Nuit coloniale*, Julliard, Paris, 1962.

— *L'Indépendance confisquée : 1962-78*, Flammarion, Paris, 1984.

ADLI Fateh, « L'aventure du colonel Ali Mellah », *Mémoria*, N°62, mars 2018.

— « Un harki dans la tourmente : Chérif Ben Saïdi », *Mémoria*, N°19, décembre 2013.

AGERON Charles-Robert, « Une troisième force combattante pendant la guerre d'Algérie : L'armée nationale du peuple algérien en son chef le "général" Bellounis (mai 1957-juillet 1958) », *Revue française d'histoire d'outre-mer*, tome 85, n°321, 4e trimestre 1998, p. 65-76.

Algérie Presse Service (APS), « Evolution des lois régissant les hydrocarbures en Algérie depuis l'indépendance » [en ligne], 23 février 2020, http://www.aps.dz/economie/102051-evolution-des-lois-regissant-les-hydrocarbures-en-algerie-depuis-l-independance.

AMAZIT Boukhalfa, « La crise de l'été 1962 : "La deuxième mort" du congrès de la Soummam », *El Watan*, 8 juillet 2004.

AMIROUCHE Hamou, *Akfadou : Un An avec le colonel Amirouche*, Casbah Editions, Alger, 2009.

— *Le jardin de la torture : L'imposture centenaire de l'Algérie française*, Amirouche Publishing, San Diego, 2018.

AZZEDINE Commandant, *On nous appelait fellaghas*, Editions Stock, Paris, 1976.

BEN KHEDDA Benyoucef, *Abane – Ben M'hidi : Leur apport à la Révolution Algérienne*, Editions Dahlab, Alger, 2000.

— *L'Algérie à l'indépendance : la crise de 1962*, Editions Dahlab, Alger, 1997.

BENAMAR Mustapha, *C'étaient Eux les Héros*, Editions Houma, Alger, 2009.

BLIDI Abdelkader dit Si Mustapha, *Dans les maquis de la liberté : Récit d'un rescapé du Commando Ali Khodja*, Editions Rafar, Alger, 2016.

BOUDIAF Mohamed, *Où va l'Algérie ?*, HIWAR-COM, Alger, 1992.

BOUKARAOUN Hacene, « The Privatization Process in Algeria », *The Developing Economies*, XXIX-2, 1991, p. 89-126.

CHAÏD Hamoud, *Sans Haine ni Passion : Pages d'histoire de l'Algérie combattante*, Co-éditions Dahlab-Enag, Alger, 2005.

CHEURFI Achour, *La Classe politique algérienne de 1900 à nos jours : Dictionnaire biographique*, Casbah Editions, Alger, 2006.

— *La Révolution algérienne (1954-1962) : Dictionnaire biographique*, Casbah Editions, Alger, 2004.

COURRIÈRE Yves, *La Guerre d'Algérie, tome I : Les Fils de la Toussaint*, Fayard, Paris, 1968.

— *La Guerre d'Algérie, tome II : Le Temps des léopards*, Fayard, Paris, 1969.

— *La Guerre d'Algérie, tome III : L'Heure des colonels*, Fayard, Paris, 1970.

— *La Guerre d'Algérie, tome IV : Les Feux du désespoir*, Fayard, Paris, 1971.

ENTELIS John, « Sonatrach : The political economy of an Algerian state institution », In : David VICTOR, David HULTS et Mark THURBER (Eds.), *Oil and Governance : State-Owned Enterprises and the World Energy Supply*, Cambridge University Press, Cambridge, 2012, p. 557-598.

FITTE Albert, « La crise pétrolière franco-algérienne de 1970-1971 », *Cahiers de la Méditerranée*, n°4, 1, 1972, p. 36-48.

GAILLARD Philippe, *L'Alliance : La guerre d'Algérie du général Bellounis (1957-1958)*, L'Harmattan, Paris, 2009.

GRIMAUD Nicole, *La politique extérieure de l'Algérie*, Editions Rahma, Alger, 1994.

— « Le conflit pétrolier franco-algérien », *Revue française de science politique*, 22e année, n°6, 1972, p. 1276-1307.

GUÉRIN Daniel, *Quand l'Algérie s'insurgeait, 1954-1962*, La Pensée Sauvage, Paris, 1979.

HACHIA Amar, *Dans l'Atlas Saharien, Témoignages*, Africa Edition, El-Oued.

HARBI Mohammed, *Le FLN, mirage et réalité : Des origines à la prise du pouvoir (1945-1962)*, Editions Jeune Afrique, Paris, 1980.

— *Les Archives de la révolution algérienne*, Editions Jeune Afrique, Paris, 1981.

HAROUN Ali, *La 7e Wilaya : La guerre du FLN en France, 1954-1962*, Editions Rahma, Alger, 1992.

HENRY Clement Moore, *L'UGEMA, Union générale des étudiants musulmans algériens (1955-1962) : Témoignages*, Casbah Editions, Alger, 2010.

HORNE Alistair, *A Savage War of Peace : Algeria 1954-62*, New York Review Books, New York, 2006.

KACEM Slimane, *Histoire politique et militaire de la Wilaya historique VI (1956-1962)*, Djelfa Info, 2017.

KAFI Ali, *Du militant politique au dirigeant militaire, Mémoires : 1946-1962*, Casbah Editions, Alger, 2004.

LEBJAOUI Mohamed, *Vérités sur la Révolution algérienne*, Gallimard, Paris, 1970.

MAMERI Khalfa, *Abane – Krim : De la double méprise au double assassinat*, Editions El-Amel, Tizi-Ouzou, 2016.

— *Abane Ramdane : Héros de la guerre d'Algérie*, L'Harmattan, Paris, 1988.

— *Abane Ramdane : Le Faux Procès*, Éditions Mehdi, Tizi-Ouzou, 2007.

— *Colonel Lotfi*, Editions El-Amel, Tizi-Ouzou, 2015.

— *Larbi Ben M'Hidi : Un symbole national*, Thala Editions, Alger, 2009.

MEGATELI Abderrahmane, *Investment Policies of National Oil Companies : A Comparative Study of Sonatrach, NIOC, and Pemex*, Praeger Publishers, New York, 1980.

— « La politique d'investissement en recherche pétrolière de Sonatrach, SNIP et PEMEX », *Revue El-Hindiss*, n°6, Union des ingénieurs algériens, 1980.

— *Petroleum Policies and National Oil Companies : A Comparative Study of Investment Policies with Emphasis on Exploration of SONATRACH (Algeria), NIOC (Iran), and PEMEX (Mexico), 1970-1975*, Thèse de doctorat, University of Texas at Austin, 1978.

MERZOUK Khaled, *Messali Hadj et ses compagnons à Tlemcen, récits et anecdotes de son époque 1898-1974*, Dar Othmania, Alger, 2008.

MEYNIER Gilbert, *Histoire intérieure du FLN 1954-1962*, Fayard, Paris, 2002.

MOKHTEFI Mokhtar, *J'étais Français-musulman : Itinéraire d'un soldat de l'ALN*, Editions Barzakh, Alger, 2016.

MONTAGNON Pierre, *La guerre d'Algérie : Genèse et engrenage d'une tragédie*, Pygmalion, Paris, 1984.

NAYLOR Phillip C., *Historical Dictionary of Algeria*, Scarecrow Press, Lanham, 2006.

PERVILLÉ Guy, *Les étudiants algériens de l'université française 1880-1962*, Casbah Editions, Alger, 1997.

REBAH Abdelatif, *Sonatrach : Une entreprise pas comme les autres*, Casbah Editions, Alger, 2018.

— « Un cadre législatif en constant remodélage » [en ligne], *El Watan*, 25 août 2018, https://www.elwatan.com/edition/contributions/un-cadre-legislatif-en-constant-remodelage-25-08-2018.

SAUL Samir, « Politique nationale du pétrole, sociétés nationales et pétrole franc », *Revue historique*, vol. 638, no. 2, 2006, p. 355-388.

SIMON Jacques, *Messali Hadj (1898-1974) : Chronologie commentée*, L'Harmattan, Paris, 2002.

— *Messali Hadj (1898-1974) : La passion de l'Algérie Libre*, Editions Tirésias, Paris, 1998.

STORA Benjamin, *Dictionnaire biographique des militants nationalistes algériens : E.N.A., P.P.A., M.T.L.D. (1926-1954)*, Éditions L'Harmattan, Paris, 1985.

— *Histoire de l'Algérie : XIXe et XXe siècles*, Éditions La Découverte, Paris, 2012.

— « La différenciation entre le F.L.N. et le courant messaliste (été 1954-décembre 1955) », *Cahiers de la Méditerranée*, n°26, 1, 1983, p. 15-82.

— *Messali Hadj 1898-1974*, Fayard/Pluriel, Paris, 2012.

STORA Benjamin et DAOUD Zakya, *Ferhat Abbas : une autre Algérie*, Casbah Editions, Alger, 2011.

STORA Benjamin et al., *Les années algériennes*, coproduction Antenne 2, Première génération et INA, 1991 [série documentaire télévisée sur Antenne 2 en 1991].

TAOUSSON Jean, *Paris-Presse l'Intransigeant*, 23 novembre 1957.

TOUSCOZ Jean, « La nationalisation des sociétés pétrolières françaises en Algérie et le droit international », *Revue belge de droit international*, vol. VIII, no. 2, 1972, p. 482-502.

VALETTE Jacques, *La guerre d'Algérie des Messalistes 1954-1962*, L'Harmattan, Paris, 2001.

— « Un contre-maquis durable de la guerre d'Algérie : L'affaire Si Cherif (1957-1962) », *Guerres mondiales et conflits contemporains*, vol. 208, no. 4, 2002, p. 7-34.

ZBIRI Tahar, *Mémoires du dernier chef authentique des Aurès 1929-1962*, Editions ANEP, Alger, 2011.

SHD (Service historique de la Défense) à Vincennes
Source : Philippe Gaillard, *L'Alliance, La guerre d'Algérie du général Bellounis (1957-1958)*
(Un astérisque signale les cartons ou dossiers à consulter avec dérogation)

1 H

1216-4	Arrondissement de Djelfa.
1247*	Bulletin de renseignements du 2e Bureau de l'état-major
1250*-1 et 4	Bellounis. Operations, mouvements, renseignements, directives et instructions.
1251*	Bellounis. Operations, mouvements, renseignements, directives et instructions.
1393-6	Si Chérif.
1424-1	Bulletins de renseignements mensuels du 2e bureau de l'état-major de la 10e région militaire, 1956.
1425-1 et 2	Bulletins de renseignements mensuels du 2e bureau de l'état-major de la 10e région militaire, 1957 et 1958.
1426	Bulletins de renseignements mensuels du 2e bureau de l'état-major de la 10e région militaire, 1959 et 1960.
1427	Bulletins de renseignements mensuels du Bulletins de de l'état-major de la 10e région militaire, 1961.
1428	Bulletins de renseignements mensuels du 2e bureau de l'état-major de la 10e région militaire, 1962.
1431*	Bulletins de renseignements hebdomadaires du 2e bureau de l'état-major de la 10e région militaire, 1959.
1447	Synthèses mensuelles de renseignements, Algérois et Kabylie, 1956.
1450	Synthèses mensuelles de renseignements, territoires du Sud, 1952-1957.
1459-2	Synthèses mensuelles de renseignements de la gendarmerie, 1961-1962
1558-2*	Partis et mouvements politiques, 1956-1962 (2e bureau, section fichiers).
1950*	Documents récupérés sur des rebelles, wilayas V et VI
1699*-4	Les commandants des wilayas de l'ALN.
1701*	Bellounis, historique, directives et rapports.
1702*	Operations CSA-FLN. Exactions, 1957-1958.
1703*	Affaires impliquant Bellounis et les CSA, 1957-1960.
1704*	Affaires impliquant Bellounis et les CSA, 1958.
1705*	Affaires impliquant Bellounis et les CSA, 1958.
1706*	Affaires impliquant Bellounis et les CSA, 1958.
1707*	Kobus et Si Chérif.
1713-1	Divers, notamment Meftah en décembre 1958.
1716*	MNA 1955 et 1957-1962, et FAAD.
1717*	FLN-MNA. Melouza, 1955-1960.

1896-2	Secteur autonome de Djelfa.
1945-4	Opérations « jeux »
2580*-2	Bellounis et Si Chérif.
2592*-4	Dossier historique Bellounis ; notes du 5e bureau.
2884*-6	Directives et comptes rendus Lacoste, Salan, etc.
3291*	Renseignements sur l'expérience Bellounis.
3514-1 et 2*	Si Chérif et Bellounis.
4397*-3	Activités des bandes de Bellounis ; historique (et exemplaire de l'« affiche bleue »).
4622-2	JMO du secteur de Laghouat, 1953-1962.
4705	JMO du secteur d'Aumale, 1957-1958.
4712*-1	JMO du secteur de Bou-Saada.
4716	JMO du secteur de Djelfa.
4723-4 et 6	JMO du secteur de Laghouat.
4765-1	« Expérience Bellounis ».

1 K

745	Papiers du General Heux, dont le premier carton est consacré à Kobus.

7 U*

224-1	JMO du 2e régiment d'infanterie.
339-2	JMO du15e bataillon de chasseurs alpins.
654-2	JMO du 1/5e régiment étranger d'infanterie.
671-1 et 2	JMO de la 2e compagnie saharienne portée de légion.
673-1 et 2	JMO de la 3e compagnie saharienne portée de légion.
723	JMO de la 11e demi-brigade de parachutistes de choc.
724-3	JMO du groupe mobile de la 11e DBPC.
887-1	JMO du 27e régiment de dragons.
937-2 et 4	JMO du 3e régiment de chasseurs de l'Afrique.
973-11	JMO du 1/8e régiment de spahis algériens.
1027-1	JMO du 2e régiment étranger de cavalerie.
3027	JMO du 3e régiment de parachutistes coloniaux.
3030	JMO du 3e RPC (suite).
3046-2	JMO du 6e régiment de parachutistes de l'infanterie de marine.

SHD (Service historique de la Défense) à Vincennes
Source : Gilbert Meynier, *Histoire Intérieure du FLN 1954-1962*

10T536	Rapport de Amirouche sur les liquidations de la Bleuite
698-2	Notes du 22 septembre 1959
1H1101-1 et 3	Rapport sur Finance FLN
1H101-2	Notes sur Algériens dans les rangs de l'armée française
1H1102-2	Rapport sur Finance FLN
1H1095-1	Recrutement dans l'ALN Wilaya 4
1H1096-4	Manifestations de janvier 1960
1H1101-1	Rapport portant organisation de la Wilaya 5
1H1101-3	Victimes algériennes de la guerre
1H1102-1	Rapport Services Français sur crise du parti
1H1102-4	Rapport période du 4 au 17 janvier 1959 sur la situation de l'ALN
1H1102-5	Victimes algériennes de la guerre
1H1111-1	La population et le FLN
1H1124-2	Rapport du commandant Bourgue
1H1126-2	Victimes algériennes de la guerre et algériens dans l'armée française : statistiques
1H1164-1	Stagiaires à l'étranger
1H1165-2	Rapport sur Finance FLN
1H1235-3	Rapport opération Émeraude
1H1241	Notes sur le rôle de la femme, lettre de Si Tayeb (Oussedik) sur situation de la wilaya 4 et rapport concertation Amirouche, M'Hamed et Haoues sur l'arabe
1H1243	Compte rendu manuscrit entrevue du 10 juin 1960 avec De Gaulle
1H1244-5	Rapport des colonels expédiés au GPRA de la réunion inter-wilayas du 6-12 décembre 1958
1H1247	Bulletin Intérieure de la zone autonome d'Alger septembre 1957
1H1268-1	Ordre du FLN p. 36
1H1401-1	Victimes algériennes de la guerre algériennes de la guerre
1H1430	Rapports sur ALN et le MNA
1H1431	Lettre de janvier 1959 du Colonel Si M'Hamed à l'état-major Ouest
1431-1	Stagiaires en formation à l'étranger
1H1432	Rapport sur la Wilaya 4
1H1434	Tract de la Wilaya 1 aux Européens
1H1435	Rapports français 1961
1H1446	Mot d'ordre du FLN Anniversaire débarquement des Français par une journée de deuil et rapport du deuxième bureau novembre 1958
1H1447-3	Les Mahkamat du FLN
1H1447-1	Appui population dans le Titteri
1H1449	Organisation FLN
1H1454	Notes de Zighout Youssef

1H1458	Lutte contre la SAS et rapport Wilaya
1H1459	Victimes algériennes de la guerre
1H1463-1	Victimes algériennes de la guerre
1H1539	Rapport sur les accrochages et les interceptions de convois d'armes pour février 1958 sur la frontière algéro-tunisienne
1H1562	Rapport sur manifestations populations
1H1564	Directive du 16 mars 1959 adressée par le PC de la W5 au capitaine commandant la mintaqa 8
1H1565	Serment d'un combattant
1H1585	
1H1599-4	Victimes algériennes de la guerre
1H1600	Organisations ALN Wilaya 5
1H1611	Texte sur les européens et les juifs.
1H1619-1	PV Réunion zonal W3 du 1er octobre 1960
1H1623-1	Organisation FLN Wilaya
1H1629-1	Rapports de niveaux sectoral sur l'Oranie
1H1631-1	Directive de la Wilaya 1 et lettre de Yaalaoui (régionalisme Wilaya 3 et Wilaya 1)
1H1631-2	Rapport sur la situation de la Wilaya 1 et problème des Chaouias
1H1636-1	Directives de la wilaya 2 du 15 avril 1959
1H1642-1	Note de Tahar Zbiri et de Benkhedda
1H1643-1	Directives Wilaya 1 et Wilaya 2 et lettre au nom du CCE aux frères de la santé du 7 janvier 1957
1H1644-1	Directives Wilaya 4 du Commandant Si Mohamed et lettre du 17 janvier 1961
1H1646	Textes concernant les Juifs d'Algérie et note sur l'arabe
1H1648	Victimes algériennes de la guerre et lettres du commandant Tarik de la wilaya 5
1H1649	EMG et le colonel Othmane de la wilaya 5
1H1668-3	Appel Chihani et problème de régionalisme
1H1670-2	Comportement des kabyles envers convoyeurs d'armement des frontières
1H1679-1	
1H1699	Rapports sur les colonels
1H1699-1	Rapport complot de la bleuite
1H1691-4	Les Mahkamat du FLN
1H1697-4	Note sur situation en willaya 1 (régionalisme)
1H1698-1	Lettre de Si Mustapha sur état d'âme de la population sur FLN
1H1699-1	Message d'un officier de la Wilaya 2
1H1700	Rapport du dernier conseil de la wilaya 3
1H1712-1	Rapport sur manifestation des populations
1H1719-1	Notes de Zighout Youssef
1H1740	Rapport GPRA sur conflits internes et situation du FLN
1H1740-1	Note sur état FLN avril 1961
1H1787	Rapport sur l'ALN au Maroc
1H1797-1	Echanges de lettres et directives du GPRA aux Wilayas de 1961

1H1884-1	Victimes algériennes de la guerre
1H1937	Victimes algériennes de la guerre
1H1900	Rapport des 18-21 mars 1959 sur l'ALN
1H1944	Lettre en français sur situation Wilaya 1
1H1949-3	Rapports Général Massu
1H198-1	Victimes algériennes de la guerre
1H2460	Lettre de Azzedine sur la situation à l'intérieur et les rapports avec l'extérieur
1H2480	Rapport sur attitude population vis-à-vis FLN
1H2467	Rapport sur population
1H2578	Rapport du 25 avril 1958 sur le passage de la frontière algéro-marocaine
1H2581	Note du 6 septembre 1960 sur les ralliés
1H2582	Organisation ALN Wilaya 4
1H2582	Acte de constitution de la Wilaya 6
1H2587	L'usage de la langue arabe
1H2591	Tract concernant les juifs et complot de la bleuite
1H2583	Note de service
1H2587	Appel au boycott des écoles françaises
1H2590	Qu'est-ce que la Nation ?
1H2882-3	Confrontation Chaouias
1H2882-D1	Bilans de l'armée française
1H317-1bis	Tract Wilaya 5
1H3122	Complots des lieutenants en Wilaya 5
1H3045-D1	Rapport de synthèse français
1H3251-4	Lettre de la Wilaya 2 à Tahar Zbiri
1H3068-2	Rivalités sur la ville d'Oran
1H3070-2	Rapport mensuel du 22 février au 25 mars 1959 et bulletin mensuel de Saida de Bigeard
1H3251-4	Rapport Tahar Zbiri du 11 janvier 1962 sur rapport Wilaya 1 et Wilaya 6
1H3304	Région de Beni Ounif
1H3418-3	Directive Mohand ou El-Hadj
1H3464-2	Rapport du Général Faure sur les opérations « Pelvoux » du 22 juillet au 17 octobre 1959
1H3738-1	Rapport du Général Gouraud
1H3749-1	Idem
1H3928-1	Victimes algériennes de la guerre
1H4061-3	Installation de l'organisation rural et urbaine (ORU du FLN et Organisation Politico-administrative du FLN
1H4061-5	Situation des populations
1H4065-1	Synthèse trimestrielle sur population
1H4460-1	Bilan de pacification secteur de Nedroma
1H4473-3	Etat situation des populations
1H4480-1	Cas de tribalisme

CAOM (Centre des archives d'outre-mer) à Aix-en-Provence
[remplacé par ANOM (Archives nationales d'outre-mer)]
Source : Philippe Gaillard, *L'Alliance, La guerre d'Algérie du général Bellounis (1957-1958)*

3 SAS

1	Rapports mensuels de l'ELA (échelon de liaison des affaires algériennes) de l'arrondissement de Djelfa.
2	Rapports des SAS d'Aumale et de Sidi-Aïssa concernant, notamment Si Chérif).
9 à 11	Rapports des SAS de l'arrondissement de Djelfa.
97	JMO et rapports périodiques de l'ELA de Djelfa. Rapports de la SAS d'Aïn el-Ibel.
98 et 99	Rapports de SAS de l'arrondissement de Djelfa
103* et 104*	Bellounis.
105*	Bulletins et fiches de renseignements de l'ELA de Djelfa et des SAS.
107*	Rapports de police et de gendarmerie.
108	SAS d'Aïn el-Ibel.
111*	SAS de Djelfa.

GGA

1 GM 104	(SNLA) Synthèses quotidiennes de renseignements de la direction de la sécurité générale.
9 H 47	Nationalisme, 1937-1938.
9 H 51*	PPA.
21 H 14*	Chefs indigènes de Djelfa, 1927-1955.
	Alger (SNLA)
418*	PPA 1940 à 1948.
4115*	MNA 1955 à 1957.

Service historique de la Défense (SHD), Bois de Vincennes
Recueillies par l'auteur le 22 septembre 2011

1 H Index Algérie La Xe Région Militaire et La Guerre d'Algérie

1. Bellounis, Chef rebelle messaliste, rallié en 1957
   1H 1701-1707
   1H 2470-2471
   1H 2580-2
   1H 2592-4
   1H 2884-6
   1H 3291
   1H 3514-2
   1H 4397-3
   1H 4765-1
2. Mouvement national algérien (MNA)
   1H 1250-1251
   1H 1254-2
   1H 1558-2 (coupures de presse)
   1H 1716-1718
   1H 1751
   1H 2592-4 a7
   1H 3092-3 et 4
   1H 4061-1 (Activités en métropole)
   1H 3083-3084 (Tracts)
   1H 3092-3 et 4 (Tracts)
3. Si Haoues, chef de la Wilaya 6
   1H 1700-3
   1H 1704
4. Si Meftah (successeur de Bellounis)
   1H 1250-4
5. Si Salah (Chef de la Wilaya 4)
   1H 1700-4
   1H 3480-2
   1H 2703-1 (affaire)
   1H 2480-2 (coupures de presse et photographies)
6. Syndicats algériens
   1H 3092-1
7. Syndicats d'étudiants de métropole et d'Algérie
   1H 1151-2 (coupures de presse sur les positions à l'égard du problème algérien)
8. Taguine, section administrative spécialisée (dep. de Médéa, arrondissement de Paul-Gazelles
   1H 1216-8 monographie (photographies)
9. Tizi-Reniff, section administrative spécialisée (dep. Tizi-Ouzou,

arrondissement Draa-el-Mizan)
1H 1222-2 monographie (photographie)

10. Wilaya 6
    1H 1650-2
    1H 1697
    1H 4024-2
11. Wilayas
    1H 1699-4 commandants
    1H 1700
    1H 1243 Organisation
    1H 3417-2 réunions
12. Union générale des étudiants algériens
    1H 1560-1
    1H 1703
13. Animateurs de la rébellion
    1H 1244
    1H 1675
    1H 1677
    1H 1740-1
    1H 1749-1
    1H 2737 bis-2
    1H 2884-4
    1H 3120
    1H 3122
    1H 4766-bis-1

Structures éditoriales du groupe L'Harmattan

L'Harmattan Italie
Via degli Artisti, 15
10124 Torino
harmattan.italia@gmail.com

L'Harmattan Hongrie
Kossuth l. u. 14-16.
1053 Budapest
harmattan@harmattan.hu

L'Harmattan Sénégal
10 VDN en face Mermoz
BP 45034 Dakar-Fann
senharmattan@gmail.com

L'Harmattan Cameroun
TSINGA/FECAFOOT
BP 11486 Yaoundé
inkoukam@gmail.com

L'Harmattan Burkina Faso
Achille Somé – tengnule@hotmail.fr

L'Harmattan Guinée
Almamya, rue KA 028 OKB Agency
BP 3470 Conakry
harmattanguinee@yahoo.fr

L'Harmattan RDC
185, avenue Nyangwe
Commune de Lingwala – Kinshasa
matangilamusadila@yahoo.fr

L'Harmattan Congo
67, boulevard Denis-Sassou-N'Guesso
BP 2874 Brazzaville
harmattan.congo@yahoo.fr

L'Harmattan Mali
ACI 2000 - Immeuble Mgr Jean Marie Cisse
Bureau 10
BP 145 Bamako-Mali
mali@harmattan.fr

L'Harmattan Togo
Djidjole – Lomé
Maison Amela
face EPP BATOME
ddamela@aol.com

L'Harmattan Côte d'Ivoire
Résidence Karl – Cité des Arts
Abidjan-Cocody
03 BP 1588 Abidjan
espace_harmattan.ci@hotmail.fr

Nos librairies en France

Librairie internationale
16, rue des Écoles
75005 Paris
librairie.internationale@harmattan.fr
01 40 46 79 11
www.librairieharmattan.com

Librairie des savoirs
21, rue des Écoles
75005 Paris
librairie.sh@harmattan.fr
01 46 34 13 71
www.librairieharmattansh.com

Librairie Le Lucernaire
53, rue Notre-Dame-des-Champs
75006 Paris
librairie@lucernaire.fr
01 42 22 67 13

www.ingramcontent.com/pod-product-compliance
Lightning Source LLC
LaVergne TN
LVHW011950220826
846092LV00001B/144

* 9 7 8 2 3 4 3 2 1 2 9 7 5 *